Harmes / Diaz
JavaScript Entwurfsmuster

FRANZIS
PROFESSIONAL SERIES

Ross
Harmes

Dustin
Diaz

JavaScript
Objektorientierung und Entwurfsmuster

Bibliografische Information der Deutschen Bibliothek

Die Deutsche Bibliothek verzeichnet diese Publikation in der Deutschen Nationalbibliografie;
detaillierte Daten sind im Internet über **http://dnb.ddb.de** abrufbar.

Hinweis

Alle Angaben in diesem Buch wurden vom Autor mit größter Sorgfalt erarbeitet bzw. zusammengestellt und unter Einschaltung wirksamer Kontrollmaßnahmen reproduziert. Trotzdem sind Fehler nicht ganz auszuschließen. Der Verlag und der Autor sehen sich deshalb gezwungen, darauf hinzuweisen, dass sie weder eine Garantie noch die juristische Verantwortung oder irgendeine Haftung für Folgen, die auf fehlerhafte Angaben zurückgehen, übernehmen können. Für die Mitteilung etwaiger Fehler sind Verlag und Autor jederzeit dankbar.

Internetadressen oder Versionsnummern stellen den bei Redaktionsschluss verfügbaren Informationsstand dar. Verlag und Autor übernehmen keinerlei Verantwortung oder Haftung für Veränderungen, die sich aus nicht von ihnen zu vertretenden Umständen ergeben. Evtl. beigefügte oder zum Download angebotene Dateien und Informationen dienen ausschließlich der nicht gewerblichen Nutzung. Eine gewerbliche Nutzung ist nur mit Zustimmung des Lizenzinhabers möglich.

Autorisierte Übersetzung der englischen Originalausgabe "Pro JavaScript Design Patterns" Copyright Apress 2008

Übersetzung: Doris Heidenberger
Satz: DTP-Satz A. Kugge, München
art & design: www.ideehoch2.de
Druck: Bercker, 47623 Kevelaer
Printed in Germany

ISBN 978-3-7723-**6488-4**

Vorwort

Über die Autoren

ROSS HARMES ist Frontend-Ingenieur bei Yahoo! in Sunnyvale, Kalifornien. Er ist Elektro- und Computeringenieur, hat aber den Lötkolben und das Oszilloskop schnell zur Seite gelegt und sich auf die Software-Aspekte konzentriert. Nachdem er gemerkt hatte, dass das Debuggen von Speicherlecks auch nicht das reine Vergnügen ist, tauchte er in die trüben und stürmischen Wasser der Webprogrammierung ein. Seitdem tummelt er sich hier mit großem Vergnügen.

Dies ist sein erstes Buch, aber er schreibt schon seit Jahren im Internet. Seine technischen Ausführungen sind derzeit unter `http://techfoolery.com` zu finden.

DUSTIN DIAZ ist Entwickler von Benutzeroberflächen bei Google in Mountain View, Kalifornien. Er programmiert mit Begeisterung in JavaScript, CSS und HTML und erstellt auch interaktive und benutzerfreundliche Oberflächen zur Inspiration engagierter Anwender. Dustin hat Artikel für Vitamin und das Digital Web Magazine verfasst. Er schreibt auf seiner Webseite regelmäßig Artikel über die neuesten Webentwicklungen unter `http://dustindiaz.com`.

Über den technischen Reviewer

Simon Willison ist ein Berater im Bereich Webentwicklung auf der Client- und der Server-Seite und ein Mitbegründer des Django-Web-Frameworks. Er interessiert sich für OpenID, Unobtrusive JavaScript und die schnelle Entwicklung von Anwendungen. Vor seiner freiberuflichen Tätigkeit arbeitete er im Technology Development-Team von Yahoo! und zuvor beim Lawrence Journal-World, einer vielfach ausgezeichneten lokalen Zeitung in Kansas. Er verfasst einen beliebten Webentwicklungs-Weblog unter `http://simonwillison.net/`.

Danksagungen

Wir danken unserem unerschrockenen technischen Reviewer Simon Willison, ohne den dieses Buch sehr viel weniger genau, praktisch und interessant geworden wäre. Er arbeitete sich unermüdlich durch die einzelnen Kapitel und lieferte uns wertvolles Feedback.

Wir möchten auch unseren Kollegen danken, die sich die Zeit nahmen, sich durch die frühen Entwürfe durchzuarbeiten und uns wertvolle Hinweise und Korrekturen gaben. Vor allem Dave Marr und Ernest Delgado haben sich intensiv bemüht, die Tippfehler, technischen Fehler sowie unschöne Formulierungen zu verbessern. Ebenso möchten wir Lindsey Simon und Robert Otani danken, die uns mit ihrem schier unerschöpflichen JavaScript-Humor unterstützt haben.

Dank gebührt auch unseren Freunden und Familien, die geduldig ausharrten, als wir sie mit endlosen Erörterungen und unverständlichen technischen Details tödlich gelangweilt haben. Ihre Unterstützung hat uns durch das Projekt getragen.

Und nicht zuletzt möchten wir uns bei unseren Betreuern beim Verlag ganz herzlich bedanken, durch die dieses Buch Wirklichkeit werden konnte. Die Geduld, das Verständnis und die Ausdauer von Chris Mills, Tom Welsh, Dominic Shakeshaft, Richard Dal Porto und Jennifer Whipple verdienen unseren besonderen Dank.

Einführung

JavaScript ist an einem Wendepunkt. Die Sprache und die Programmierer sind erwachsen geworden. Die Menschen erkennen, dass es sich um ein komplexes Thema handelt, das es wert ist, genauer unter die Lupe genommen zu werden.

Entwurfsmuster (Design Pattern) werden seit vielen Jahren in der Programmierung verwendet. Sie wurden das erste Mal formal in Design Patterns von Erich Gamma, Richard Helm, Ralph Johnson und John Vlissides (die auch als Gang of Four bekannt sind) dokumentiert und wurden seitdem unzählige Male auf objektorientierte Sprachen angewendet. Ein Teil der Faszination von Entwurfsmustern ist, dass sie einheitlich über viele verschiedene Sprachen und Syntaxsysteme verwendet werden können. Die Grundstruktur bleibt immer dieselbe – nur die Details verändern sich. Es ist zum Beispiel ziemlich einfach, ein in Java implementiertes Muster in C++ zu übertragen.

Dasselbe kann aber nicht von JavaScript gesagt werden. Wenngleich alle Funktionalitäten dort gleichermaßen existieren, sind sie oftmals nicht offizielle Bestandteile der Sprache und müssen durch obskure Tricks und wenig intuitive Techniken emuliert werden. Im Laufe der Jahre wurden Einsatzmöglichkeiten der Sprache entdeckt, die sich ihre Erfinder niemals hätten träumen lassen. Auch wir gehen so vor, um die gängigen objektorientierten Funktionen zu implementieren.

Dieses Buch sammelt und dokumentiert diese Tricks und Techniken. Im ersten Teil erstellen wir das Grundgerüst objektorientierter Features, auf denen wir bei der Implementierung spezieller Entwurfsmuster aufbauen können. Der zweite Teil behandelt spezielle Entwurfsmuster und deren Verwendung in JavaScript.

Wir haben uns sehr bemüht, die Beispiele in den einzelnen Kapiteln möglichst praktisch zu gestalten. Wir habe uns mit einigen der häufigsten Aufgaben befasst, die JavaScript-Programmierer in der Regel durchführen müssen, und diese dann mit Entwurfsmustern modularer, effizienter und einfacher wartbar gemacht. Wenn wir uns in mehr theoretische Beispiele hineinwagen, dient dies dazu, einen bestimmten Punkt zu veranschaulichen. Wir wissen, dass dieses Buch am Ende nach seiner Bedeutung für die alltäglichen Aufgaben und Projekte beurteilt werden wird.

Wir hoffen, dass Ihnen dieses Buch gefällt. JavaScript ist eine unglaublich komplexe und flexible Sprache, und eine, die gut zum Experimentieren geeignet ist. Spielen Sie mit Ihren Code-Beispielen. Lassen Sie es uns wissen, wenn Sie eine neue Art und Weise finden, ein Muster zu implementieren oder eine neue Verwendung für eine alte Technik. Weitere Informationen und herunterladbare Code-Beispiel finden Sie auf der Website des Buchs unter `http://www.buch.cd` und auf der Website des amerikanischen Verlags unter `http://www.apress.com`.

Wer soll dieses Buch lesen?

Das Buch ist vor allem für zwei Arten von Menschen gedacht. Die erste sind Webentwickler oder Frontendentwickler, die sich etwas in JavaScript auskennen und gerne mehr erfahren möchten. Im Besonderen richtet es sich an diejenigen, die ihr Verständnis der objektorientierten Fähigkeiten von JavaScript vertiefen möchten und die lernen möchten, wie sie Code modularer, besser wartbar und effizienter gestalten. In diesem Buch lernen sie die Grundlagen der objektorientierten Programmierung in JavaScript kennen. Ebenso lernen sie bestimmte Entwurfsmuster kennen. Es wird gezeigt, wann sie verwendet und wie sie implementiert werden können. Dieser Typ von Leser ist bereits mit der grundlegenden Syntax von JavaScript vertraut und wird sich mit den Abschnitten beschäftigen, die davon handeln, bestehenden Code zur Implementierung bestimmter Muster zu konvertieren sowie mit den Erläuterungen, wann ein Muster verwendet werden sollte oder nicht.

Der zweite Typ von Lesern sind Programmierer, die mehr in serverseitigen Sprachen wie Java und C++ erfahren sind und für die JavaScript relativ neu ist. Sie möchten ihre Kenntnisse von Entwurfsmustern und der objektorientierten Programmierung in einer clientseitigen Sprache zum Einsatz bringen. In diesem Buch erfahren sie, wie sie die gängigen objektorientierten Begriffe in JavaScript implementieren, wie Interfaces, Vererbung und Kapselung. Diese Leser werden die Codebeispiele besonders wichtig finden, da sie nicht mit den Syntaxunterschieden zwischen JavaScript und anderen objektorientierten Sprachen vertraut sind. Sie können auch schon mit bestimmten Entwurfsmustern vertraut sein und profitieren so eventuell mehr von den JavaScript-spezifischen, objektorientierten Techniken, die in Teil 1 behandelt werden.

Leser, die mit den Grundlagen von JavaScript und der objektorientierten Programmierung nicht vertraut sind, haben genügend Zeit, sich einige der Beispiele genauer anzusehen. Das ist kein Buch für Einsteiger, ein gewisses Maß an Programmierkenntnissen wird vorausgesetzt. Mit diesen Dingen im Hinterkopf versuchen wir unser Bestes – um jedes Konzept so einfach und klar wie möglich zu erläutern, damit es unabhängig von Ihren Vorkenntnissen verständlich ist.

Aufbau des Buches

Dieses Buch ist in zwei Teile geteilt. Der erste Teil behandelt die Grundlagen von objektorientiertem JavaScript. Die Kapitel sollten nacheinander gelesen werden. Jedes Kapitel baut auf dem vorherigen auf und geht davon aus, dass Sie alle vorhergehenden Kapitel gelesen haben. Es empfiehlt sich, diese Kapitel nacheinander durchzulesen, da die Kapitel im zweiten Teil die im ersten Teil verwendeten Techniken nutzen, in manchen Fällen ohne weitere Erklärungen.

Der zweite Teil behandelt bestimmte Entwurfsmuster und deren praktische Anwendung in JavaScript. Sie können die Kapitel in beliebiger Reihenfolge lesen. Einige Kapitel beziehen sich auf andere Kapitel, entweder im ersten oder im zweiten Teil, aber

Sie finden immer die Kapitelnummer, wo weiterführende Informationen zu finden sind.

1. Teil

Kapitel 1: Ausdrucksstarkes JavaScript

Wir tauchen in die Ausdrucksstärke von JavaScript ein. Wir sehen uns an, wie man mit Hilfe verschiedener Stile ähnliche Aufgabe erledigen kann, und wie alternative Ansätze zur objektorientierten Programmierung verwendet werden können, indem wir auf Konzepte aus der funktionalen Programmierung zurückgreifen. Wir erörtern, warum Sie unbedingt Entwurfsmuster verwenden sollten, und wie diese durch die Anpassung in JavaScript den Code effizienter und einfacher einsetzbar machen.

Kapitel 2: Interfaces

Wir sehen uns an, wie andere objektorientierte Sprachen Interfaces implementieren und versuchen die besten Features davon in JavaScript zu emulieren. Wir untersuchen die verfügbaren Optionen zum Überprüfen der Interfaces und erstellen eine wiederverwendbare Klasse, die zum Prüfen der Objekte auf benötigte Methoden verwendet werden kann.

Kapitel 3: Kapselung und Verbergen von Informationen

Wir erkunden die verschiedenen Möglichkeiten, wie Objekte in JavaScript erstellt werden können, und die jeweils verfügbaren Techniken, um öffentliche (public), private und geschützte Methoden zu erstellen. Wir sehen uns auch die Situationen an, in denen die Verwendung komplexer gekapselter Objekte für den JavaScript-Programmierer von Vorteil sein kann.

Kapitel 4: Vererbung

Wir untersuchen die Techniken, die zum Erstellen von Unterklassen in JavaScript verwendet werden können. Wir behandeln sowohl die klassische Vererbung wie auch die Vererbung über Prototypen inklusive der Situationen, in denen sie sinnvoll sind. Wir erläutern ferner Mixin-Klassen und wie diese als Alternative zur Mehrfachvererbung verwendet werden können.

Kapitel 5: Das Singleton-Muster

Wir erörtern die Verwendungen des Singleton-Musters in JavaScript. Wir behandeln Namespaces (Namensräume), Code-Organisation und Verzweigung, wodurch Methoden basierend auf der Laufzeitumgebung dynamisch definiert werden können. Wie betrachten Muster, für die es von Vorteil ist, mit Singletons gekoppelt zu werden, wie Factories und Flyweights.

Kapitel 6: Verkettungen

Wir beschäftigen uns damit, wie in JavaScript Methoden verkettet werden können und wie dies zu sauberem und eleganterem Code führen kann. Wir erstellen mit dieser Technik eine kleine JavaScript-Bibliothek und vergleichen die Methoden darin mit den entsprechenden Implementierungen, die keine Verkettung verwenden.

2. Teil

Kapitel 7: Das Factory-Muster

Wir betrachten das Factory-Muster, mit dem man Klassen, die einander instanziieren, voneinander entkoppeln kann. Es verwendet stattdessen eine Methode, um zu entscheiden, welche spezielle Klasse instanziiert werden soll. Wir stellen das einfache Factory-Muster vor, das eine eigene Klasse (oft ein Singleton) zum Erstellen von Instanzen verwendet, sowie das komplexere Factory-Muster, das mit Unterklassen entscheidet, welche konkrete Klasse als Elementobjekt instanziiert wird.

Kapitel 8: Das Bridge-Muster

Wir sehen uns eine Möglichkeit an, zwei Objekte zu verbinden, ohne sie eng zu koppeln. Bridges verbinden zwei Objekte miteinander, während sie sich aber unabhängig voneinander verändern können. Wir zeigen Ihnen, wie Sie mit Bridges Funktionen lose an Ereignisse binden. Wir erstellen eine asynchrone Connection Queue, um zu zeigen, wie man mit Bridges den Implementierungscode sauber halten kann.

Kapitel 9: Das Composite-Muster

Wir beschäftigen uns mit einem Entwurfsmuster, das maßgeschneidert zum Erstellen dynamischer Benutzeroberflächen im Web ist: das Composite-Muster. Wir erklären die Verwendung dieses Musters zur Initiierung komplexer oder rekursiver Verhalten bei vielen Objekten mit einem einzelnen Befehl, und wie damit Objekte in komplexen Hierarchien strukturiert werden können. Wir durchlaufen die zur Implementierung des Composite-Musters erforderlichen Schritte und beschreiben Situationen, in denen es nützlich sein kann.

Kapitel 10: Das Facade-Muster

Wir erörtern eine Möglichkeit, ein Interface für ein Objekt mit mehr Features zu erstellen. Das Facade-Muster kann verwendet werden, um ein bestehendes Interface in ein einfacher verwendbares zu konvertieren. Wir erklären, wie die meisten JavaScript-Bibliotheken Facades über die spezielle Browserimplementierung der Sprache sind. Wir zeigen, wie Sie mit diesem Muster praktische Methoden erstellen können und wie mit Facades eine Ereignis-Utility-Bibliothek erstellt werden kann.

Kapitel 11: Das Adapter-Muster

Wir untersuchen ein Muster, mit dem bestehende Interfaces an Ihre Anforderungen angepasst werden können. Adapter, auch als Wrapper bezeichnet, ersetzen ein inkompatibles Interface durch eines, das mit dem vorhandenen System funktioniert. Wir beschäftigen uns mit den Möglichkeiten, wie mit einem Adapter die Unterschiede in JavaScript-Bibliotheken ausgeglichen werden können und der Übergang vereinfacht werden kann. Wir betrachten ein Webmail-API und erstellen einen Adapter, der den Umstieg auf eine neue Version vereinfacht.

Kapitel 12: Das Decorator-Muster

Wir beschäftigen uns mit einer Möglichkeit, Objekten neue Features hinzuzufügen, ohne neue Unterklassen zu erstellen. Das Decorator-Muster dient zum transparenten Wrappen (Einhüllen) von Objekten in einem anderen Objekt desselben Interfaces. Wir untersuchen die Struktur von Decorator und wie es mit dem Factory-Muster gekoppelt werden kann, um automatisch verschachtelte Objekte zu erstellen. Wir erstellen einen Profiler, um zu zeigen, wie mit Decorator ein Interface dynamisch implementiert werden kann.

Kapitel 13: Das Flyweight-Muster

Hier untersuchen wir ein weiteres Optimierungsmuster mit dem Namen Flyweight. Wir zeigen, wie es verwendet werden kann, um die Anzahl der für die Implementierung von Anwendungen benötigten Objekte erheblich zu senken, indem viele unabhängige Objekte in einige wenige gemeinsam genutzte Objekte konvertiert werden. Wir erstellen einen Webkalender und eine wiederverwendbare Tooltip-Klasse, um zu zeigen, wie Klassen in das Flyweight-Muster konvertiert werden können.

Kapitel 14: Das Proxy-Muster

Wir betrachten das Proxy-Muster, mit dem der Zugriff auf andere Objekte gesteuert werden kann. Wir zeigen, wie ein Proxy anstelle des echten Subjekts instanziiert wird und erlauben den Fernzugriff darauf. Wir untersuchen die Verwendung des Proxy, einschließlich der Verzögerung der Instanziierung einer für den Rechner sehr aufwendig zu verarbeitenden Klasse. Wir erstellen eine allgemeine Klasse, die zur Verzögerung des Ladens einer beliebigen Klasse verwendet werden kann.

Kapitel 15: Das Observer-Muster

Wir erfahren, wie man den Zustand eines Objekts beobachtet und benachrichtigt wird, wenn er sich ändert. Mit dem Observer-Muster, auch als Publisher-Subscriber-Muster bezeichnet, können Objekte das Eintreten von Ereignissen prüfen und darauf reagieren. Als Beispiel verwenden wir die Zeitungsbranche und zeigen unterschiedliche Möglichkeiten, wie das Observer-Muster funktionieren kann. Wir betrachten verschiedene Ereignisse, die bei der Verwendung einer Animationsbibliothek abonniert werden können.

Kapitel 16: Das Command-Muster

Wir betrachten eine Möglichkeit, wie ein Methodenaufruf gekapselt werden kann. Mit dem Command-Muster kann ein Methodenaufruf parametrisiert und umgangen werden, was Sie jederzeit bei Bedarf ausführen können. Wir zeigen, dass dieses Muster in vielen verschiedenen Situationen verwendbar ist – zum Beispiel zum Erstellen von Benutzeroberflächen, besonders dann, wenn eine uneingeschränkte Undo-Aktion erforderlich ist. Wir erörtern die Struktur des Command-Musters und geben einige praktische Beispiele, wie es in JavaScript verwendet werden kann.

Kapitel 17: Das Chain of Responsibility-Muster

Wir beschäftigen uns hier mit dem Chain of Responsibility-Muster, mit dem Sender und Empfänger eines Requests voneinander entkoppelt werden können. Wir erläutern, wie dieses Muster in JavaScript zur Verarbeitung der Ereigniserfassung und Event Bubbling verwendet wird. Wir zeigen, wie Sie mit diesem Muster lose gekoppelte Module erstellen und die Zuordnung von Ereignissen optimieren können.

Voraussetzungen

Um die Codebeispiele in diesem Buch möglichst klar und zweckdienlich zu machen, verwenden wir verschiedene Hilfsfunktionen für bestimmte Aufgaben, wie die Zuordnung von Event Listenern, Unterklassenbildung, Cookie-Manipulation und Verweise auf HTML-Elemente. Anstatt eine bestimmte Bibliothek zu wählen, wie YUI oder jQuery, haben wir uns entschieden, dass unser Code unabhängig von einer Bibliothek sein soll, so dass er an die Bibliothek anpassbar ist, die Sie als Leser bevorzugen. Jede große Bibliothek verfügt über Funktionen, die den von uns verwendeten Hilfsmethoden entsprechen. Sie können den vollständigen Code von der Website des Buches unter `http://www.buch.cd` und von der Website des US-Verlags unter `http://www.apress.com` herunterladen. Hier folgt eine kurze Beschreibung einer jeden Funktion:

- `$(id)`: Erhält einen Verweis auf ein HTML-Element basierend auf der ID. Kann als Argument einen String (Zeichenfolge) oder einen Array von Strings annehmen.

- `addEvent(obj, type, func)`: Ordnet die Funktion `func` als Listener dem Element `obj` zu. `type` gibt das Ereignis an, auf das die Funktion prüfen soll.

- `addLoadEvent(func)`: Ordnet die Funktion `func` dem `load`-Ereignis des `window`-Objekts zu.

- `getElementsByClass(searchClass, node, tag)`: Erhält Verweise auf alle Elemente mit der Klasse `searchClass`. Verfügt über zwei optionale Argumente, `node` und `tag`, die zur Eingrenzung der Suche verwendet werden können. Gibt einen Array zurück.

- `insertAfter(parent, node, referenceNode)`: Fügt einen Elementknoten in das `parent`-Element nach dem `referenceNode` ein.

- `getCookie(name)`: Ruft die dem `cookie`-Namen zugeordneten Zeichenfolge ab.

- `setCookie(name, value, expires, path, domain, secure)`: Legt die dem `cookie`-Namen zugeordnete Zeichenfolge auf `value` fest. Alle anderen Argumente sind optional.

- `deleteCookie(name)`: Setzt das Ablaufdatum für das Cookie namens `name` in die Vergangenheit.

- `clone(object)`: Erstellt eine Kopie des Objekts. Wird in der Prototypenvererbung verwendet und in Kapitel 14 behandelt.

- `extend(subClass, superClass)`: Führt die Schritte aus, die zum Einrichten der Klasse `subClass` als Unterklasse von `superClass` erforderlich sind. Wird in Kapitel 4 behandelt.

- `augment(receivingClass, givingClass)`: Überträgt die Methoden von `givingClass` auf `receivingClass`. Wird in Kapitel 4 behandelt.

Code herunterladen

Der Beispielcode aus jedem Kapitel ist als `zip`-Datei auf der Website des Buchs unter `http://www.buch.cd` und auf der Website des amerikanischen Verlags unter `http://www.apress.com` verfügbar.

Kontakt zu den Autoren

Die Autoren erreichen Sie unter `dustin@jsdesignpatterns.com` und `ross@jsdesignpatterns.com`.

Inhaltsverzeichnis

1. Teil:
Objektorientiertes JavaScript

1 Ausdrucksstarkes JavaScript

JavaScript ist heute eine der beliebtesten und am weitesten verbreiteten Sprachen der Welt. Da es in allen modernen Browsern eingebettet ist, ist seine Verbreitung enorm. JavaScript ist im Alltag von großer Bedeutung, da es einen großen Teil der Websites antreibt, auf die wir zugreifen. Damit trägt es wesentlich dazu bei, dass das Web seinen Benutzern eine so vielfältige Oberfläche für alle Arten der Interaktion bieten kann.

Warum sind dann immer noch manche der Auffassung, dass es eine Spielsprache ist, die eines professionellen Programmierers nicht würdig ist? Vermutlich liegt es daran, dass diese Leute die echte Leistungsstärke der Sprache und deren Einzigartigkeit in der Welt des Programmierens von heute nicht erkennen. JavaScript ist nämlich eine sehr ausdrucksstarke Sprache mit mehreren Features, die in der Familie der C-Sprachen ungewöhnlich sind.

In diesem Kapitel lernen Sie einige Features kennen, durch die JavaScript so ausdrucksstark wird. Wir sehen uns an, wie man damit dieselbe Aufgabe auf unterschiedliche Weise erledigen kann, und wie man unterschiedliche Ansätze zur objektorientierten Programmierung verwenden kann, indem wir auf Konzepte aus der funktionalen Programmierung zurückgreifen. Wir erörtern, warum Sie überhaupt Entwurfsmuster verwenden sollten und wie diese durch die Anpassung in JavaScript den Code effizienter und einfacher verwendbar machen.

1.1 Die Flexibilität von JavaScript

Eine der leistungsstärksten Eigenschaften von JavaScript ist seine Flexibilität. Als JavaScript-Programmierer können Sie Ihre Programme so einfach oder komplex gestalten, wie Sie es möchten. Die Sprache ermöglicht auch verschiedene Programmierstile. Sie können Code im funktionalen Stil schreiben oder in dem etwas komplexeren objektorientierten Stil. Sie können relativ komplexe Programme erstellen, ohne überhaupt etwas über funktionale oder objektorientierte Programmierung zu wissen. Sie können in dieser Sprache auch produktiv arbeiten, indem Sie einfach ein paar simple Funktionen schreiben. Dies kann einer der Gründe dafür sein, dass JavaScript als Spielzeug betrachtet wird, aber für uns ist das von Vorteil. Programmierer können so mit einer sehr kleinen, einfach zu erlernenden Teilmenge der Sprache nützliche Aufgaben erledigen. Das bedeutet auch, dass JavaScript mit Ihnen wächst, wenn Sie Ihre Programmierkenntnisse erweitern.

JavaScript ermöglicht die Emulation von Mustern und Ausdrücken, die in anderen Sprachen zu finden sind. Es erstellt sogar ein paar eigene. Es bietet die gleichen objektorientierten Features wie die traditionelleren serverseitigen Sprachen.

Schauen wir kurz einmal die verschiedenen Möglichkeiten der Strukturierung von Code anhand einer Beispielaufgabe an: Starten und Stoppen einer Animation. Es ist in Ordnung, wenn Sie diese Beispiele nicht verstehen, alle hier verwendeten Muster und Techniken werden im Laufe des Buchs erläutert. Betrachten Sie diesen Abschnitt einfach als praktisches Beispiel dafür, wie eine Aufgabe in JavaScript auf unterschiedliche Weise gelöst werden kann.

Wenn Sie einen prozeduralen Hintergrund haben, würden Sie vielleicht so vorgehen:

```
/* Animationen mit Funktionen starten und stoppen. */

function startAnimation() {
  ...
}

function stopAnimation() {
  ...
}
```

Dieser Ansatz ist sehr einfach, erlaubt aber nicht, Animationsobjekte zu erstellen, die einen Zustand speichern und über Methoden verfügen, die von diesem internen Zustand ausgehen. Das nächste Codestück definiert eine Klasse, mit der solche Objekte erstellt werden können:

```
/* Anim-Klasse. */

var Anim = function() {
  ...
};
Anim.prototype.start = function() {
  ...
};
Anim.prototype.stop = function() {
  ...
};

/* Einsatz. */

var myAnim = new Anim();
myAnim.start();
...
myAnim.stop();
```

Dies definiert eine neue Klasse namens `Anim` und weist der `prototype`-Eigenschaft der Klasse zwei Methoden zu. Wir behandeln diese Technik in Kapitel 3 im Detail. Wenn Sie lieber Klassen erstellen, die in einer Deklaration gekapselt sind, können Sie stattdessen Folgendes schreiben:

```
/* Anim-Klasse mit einer etwas anderen Methodendeklarationssyntax. */

var Anim = function() {
  ...
};
Anim.prototype = {
  start: function() {
    ...
  },
  stop: function() {
    ...
  }
};
```

Dies mag für klassische objektorientierte Programmierer etwas vertrauter aussehen, die an eine Klassendeklaration mit den darin verschachtelten Methodendeklarationen gewohnt sind. Wenn Sie zuvor in diesem Stil gearbeitet haben, wird Sie vielleicht auch das nächste Beispiel interessieren. Auch hier brauchen Sie sich keine Gedanken machen, wenn Sie den Code nicht verstehen:

```
/* Methode zum Function-Objekt hinzufügen, mit der Methoden deklariert
   werden können. */

Function.prototype.method = function(name, fn) {
  this.prototype[name] = fn;
};

/* Anim-Klasse mit Methoden, die mit einer Hilfsmethode erstellt wurden */

var Anim = function() {
  ...
};
Anim.method('start', function() {
  ...
});
Anim.method('stop', function() {
  ...
});
```

`Function.prototype.method` ermöglicht Ihnen, neue Methoden in Klassen einzufügen. Sie hat zwei Argumente: Das erste ist eine Zeichenfolge (String) für den Namen der neuen Methode, und das zweite ist eine Funktion, die unter diesem Namen hinzugefügt wird.

Sie können dies noch weiter ausbauen, indem Sie `Function.prototype.method` bearbeiten, um eine Verkettung zu ermöglichen. Hierzu verwenden Sie einfach `return this` nach dem Erstellen jeder Methode. In Kapitel 6 erfahren Sie mehr über Verkettungen:

```
/* Diese Version ermöglicht die Verkettung von Aufrufen. */

Function.prototype.method = function(name, fn) {
    this.prototype[name] = fn;
    return this;
};

/* Anim-Klasse mit mittels einer Hilfsmethode erstellten Methoden und
Verkettung. */

var Anim = function() {
  ...
};
Anim.
  method('start', function() {
    ...
  }).
  method('stop', function() {
    ...
  });
```

Sie haben nun fünf verschiedene Möglichkeiten kennengelernt, um dieselbe Aufgabe durchzuführen, wobei jeweils ein etwas anderer Stil verwendet wurde. Je nach Ihrem Hintergrund spricht Sie das eine mehr an als das andere. Das ist in Ordnung: JavaScript ermöglicht Ihnen, in dem Stil zu arbeiten, der für ein bestimmtes Projekt am besten geeignet ist. Jede Art weist verschiedene Eigenschaften hinsichtlich Codegröße, Effizienz und Leistung auf. Wir behandeln diese Stile alle im ersten Teil des Buches.

1.2   Eine lose typisierte Sprache

In JavaScript deklarieren Sie bei der Definition einer Variablen keinen Typ. Dies bedeutet aber nicht, dass Variablen nicht typisiert sind. In Abhängigkeit von den Daten, die eine Variable enthält, kann sie einen oder verschiedene Typen haben. Es gibt drei primitive Typen: Boolesche Werte, Zahlen und Zeichenfolgen (JavaScript unterscheidet sich hier von den meisten anderen gängigen Sprachen darin, dass es Ganzzahlen und Fließkommazahlen als einen Typ behandelt). Es gibt Funktionen, die ausführbaren Code enthalten. Es gibt Objekte, die zusammengesetzte Datentypen sind (ein Array ist ein spezielles Objekt, das eine geordnete Zusammenstellung von Werten enthält). Schließlich gibt es die Datentypen `null` und `undefined`. Primitive Datentypen werden mit Wert übergeben, während alle anderen Datentypen durch Referenz übergeben werden. Dies kann zu einigen unerwarteten Nebeneffekten führen, wenn man hier nicht aufpasst.

Wie in anderen lose typisierten Sprachen kann eine Variable den Typ ändern, je nachdem, welcher Wert ihr zugewiesen ist. Primitive Datentypen können auch von einem Typ in einen anderen konvertiert werden. Die `toString`-Methode konvertiert eine Zahl oder Booleschen Wert in eine Zeichenfolge. Die Funktionen `parseFloat` und `parseInt` konvertieren Zeichenfolgen in Zahlen. Die doppelte Verneinung, die durch zwei Ausrufezeichen ausgedrückt wird, konvertiert eine Zeichenfolge oder eine Zahl in einen Booleschen Wert:

```
var bool = !!num;
```

Lose typisierte Variablen zeichnen sich durch hohe Flexibilität aus. Da JavaScript den Typ wie erforderlich konvertiert, müssen Sie sich nicht um Typfehler kümmern.

1.3 Funktionen als Objekte erster Klasse

In JavaScript sind Funktionen Objekte erster Klasse. Sie können in Variablen gespeichert, an andere Funktionen als Argumente übergeben, aus Funktionen als Rückgabewerte übergeben und zur Laufzeit erstellt werden. Diese Features bieten eine erhebliche Flexibilität und Ausdrucksstärke bei der Behandlung von Funktionen. Wie Sie bei Ihrer Lektüre feststellen werden, sind diese Features die Grundlage, um die herum Sie ein klassisches objektorientiertes Framework aufbauen.

Sie können *anonyme Funktionen* erstellen, die mit der Syntax `function() { ... }` erstellt werden. Sie erhalten keine Namen, sondern können an Variablen zugewiesen werden. Hier ist ein Beispiel einer anonymen Funktion:

```
/* Eine anonyme Funktion, die sofort ausgeführt wird. */

(function() {
  var foo = 10;
  var bar = 2;
  alert(foo * bar);
})();
```

Diese Funktion wird definiert und ausgeführt, ohne je einer Variablen zugewiesen zu werden. Das runde Klammernpaar am Ende der Deklaration führt die Funktion sofort aus. Sie sind hier leer.

Das muss in der Praxis aber nicht immer der Fall sein:

```
/* Anonyme Function mit Argumenten. */

(function(foo, bar) {
  alert(foo * bar);
})(10, 2);
```

Diese anonyme Funktion entspricht der ersten. Anstatt mit var die inneren Variablen zu deklarieren, können Sie diese als Argumente übergeben. Sie können aus dieser Funktion auch einen Wert zurückgeben. Dieser Wert kann einer Variablen zugewiesen werden:

```
/* Anonyme Funktion, die einen Wert zurückgibt. */

var baz = (function(foo, bar) {
  return foo * bar;
})(10, 2);

// baz entspricht 20.
```

Die interessanteste Verwendung von anonymen Funktionen ist das Erstellen einer *Closure*. Eine Closure ist ein geschützter Variablenraum, der mit verschachtelten Funktionen erzeugt wird. JavaScript weist einen Geltungsbereich auf Funktionsebene auf. Dies bedeutet, dass auf eine in einer Funktion definierte Variable nicht von außen zugegriffen werden kann. JavaScript besitzt ebenso einen lexikalischen Geltungsbereich. Das heißt, die Funktionen laufen in dem Geltungsbereich, in dem sie definiert sind, nicht in dem Geltungsbereich, in dem sie ausgeführt werden – mehr dazu in Kapitel 3. Wenn man diese beiden Sachverhalte zusammennimmt, kann man damit Variablen schützen, indem diese in eine anonyme Funktion gewrappt (also verpackt) werden. Sie können damit private Variablen für Klassen erstellen:

```
/* Eine als Closure verwendete anonyme Funktion. */

var baz;

(function() {
  var foo = 10;
  var bar = 2;
  baz = function() {
    return foo * bar;
  };
})();

baz(); // baz kann auf foo und bar zugreifen, selbst wenn sie
       // außerhalb der anonymen Funktion ausgeführt wird.
```

Die Variablen `foo` und `bar` sind nur in der anonymen Funktion definiert. Da die Funktion `baz` in dieser Closure definiert wurde, hat sie immer noch Zugriff auf die beiden Variablen, selbst nachdem die Ausführung der Closure beendet wurde. Das ist ein komplexes Thema, das wir in diesem Buch immer wieder behandeln. Wir erläutern diese Technik ausführlicher in Kapitel 3 im Zusammenhang mit der Kapselung.

1.4   Die Veränderbarkeit von Objekten

In JavaScript ist alles ein Objekt (außer den drei primitiven Datentypen, und selbst die werden bei Bedarf automatisch in Objekte gewrappt). Weiterhin sind alle Objekte veränderbar. Diese beiden Tatsachen bedeuten, dass Sie einige Techniken verwenden können, die in den meisten anderen Sprachen nicht zulässig sind, wie die Zuordnung von Attributen an Funktionen:

```
function displayError(message) {
  displayError.numTimesExecuted++;
  alert(message);
};
displayError.numTimesExecuted = 0;
```

Es bedeutet auch, dass Sie Klassen nach der Definition und Objekte nach der Instanziierung verändern können:

```
/* Klasse Person. */

function Person(name, age) {
  this.name = name;
  this.age = age;
}
Person.prototype = {
  getName: function() {
    return this.name;
  },
  getAge: function() {
    return this.age;
  }
}

/* Klasse instanziieren. */

var alice = new Person('Alice', 93);
var bill = new Person('Bill', 30);

/* Klasse modifizieren. */

Person.prototype.getGreeting = function() {
```

```
  return 'Hi ' + this.getName() + '!';
};


/* Bestimmte Instanz modifizieren. */


alice.displayGreeting = function() {
  alert(this.getGreeting());
}
```

In diesem Beispiel wird die `getGreeting`-Methode der Klasse nach dem Erstellen von zwei Instanzen hinzugefügt, aber diese beiden Instanzen rufen aufgrund der Funktionsweise des `prototype`-Objekts die Methode immer noch ab. `alice` ruft die `displayGreeting`-Methode ebenso ab, die anderen Instanzen aber nicht.

Zur Veränderbarkeit von Objekten gehört auch das Konzept der Introspektion. Sie können ein Objekt zur Laufzeit untersuchen und feststellen, welche Attribute und Methoden es enthält. Sie können mit dieser Information auch Klassen dynamisch instanziieren und Methoden dynamisch ausführen, ohne während der Entwicklung die Namen zu kennen. Dies wird als Reflexion (Reflection) bezeichnet. Das sind wichtige Techniken für das dynamische Skripting und Features, die in statisch typisierten Sprachen (wie C++) fehlen.

Die meisten dieser Techniken, die wir in diesem Buch zur Emulation traditioneller objektorientierter Features verwenden, greifen auf die Veränderbarkeit von Objekten und die Reflexion zurück. Dies mag für Sie seltsam erscheinen, wenn Sie Sprachen wie C++ oder Java gewohnt sind, in denen ein Objekt nach der Instanziierung nicht erweitert werden kann und Klassen nach der Deklaration nicht modifiziert werden können. In JavaScript kann alles zur Laufzeit modifiziert werden. Das ist ein sehr mächtiges Werkzeug und ermöglicht Ihnen, Dinge zu tun, die in anderen Sprachen nicht möglich sind. Aber das hat auch einen Nachteil: Es ist nicht möglich, eine Klasse mit einem bestimmten Methodenset zu definieren und sicher zu sein, dass diese Methoden später noch intakt sind. Aus diesem Grund wird auch die Typprüfung in JavaScript kaum durchgeführt. Wir werden dies in Kapitel 2 behandeln, wenn wir uns mit Duck Typing und Interface-Prüfungen befassen.

1.5   Vererbung

Vererbung ist in JavaScript nicht so geradlinig wie in anderen objektorientierten Sprachen. JavaScript verwendet die objektbasierte (prototypbasierte) Vererbung; damit kann eine klassenbasierte (klassische Vererbung) emuliert werden. Sie können in Ihrem Code beide Stile verwenden. Wir behandeln in diesem Buch auch beide Stile. Oftmals passt ein Stil besser zu einer bestimmten konkreten Aufgabe. Jeder Stil weist auch unterschiedliche Leistungsmerkmale auf, die ein wichtiger Faktor bei der Entscheidung zugunsten eines Stils sein können. Das ist ein komplexes Thema, dem wir Kapitel 4 widmen.

1.6 Entwurfsmuster in JavaScript

1995 veröffentlichten Erich Gamma, Richard Helm, Ralph Johnson und John Vlissides, die sogenannte »Gang of Four«, ein Buch mit dem Titel *Design Patterns*. Dieses Buch führt die verschiedenen Arten auf, in denen Objekte miteinander interagieren können und erstellt für die unterschiedlichen Objekttypen ein gemeinsames Vokabular. Die Vorlagen zum Erstellen dieser verschiedenen Objekttypen werden als *Entwurfsmuster* (Design Pattern) bezeichnet. Das Buch beschreibt diese Muster in einer gewissermaßen sprachunabhängigen Weise, so dass sie überall eingesetzt werden können. Das Buch, das Sie gerade in der Hand halten, wendet diese Muster speziell auf JavaScript an.

Die Tatsache, dass JavaScript so ausdrucksstark ist, ermöglicht Ihnen ein hohes Maß an Kreativität bei der Zuweisung von Entwurfsmustern an Code. Es gibt drei Hauptgründe dafür, Entwurfsmuster in JavaScript zu verwenden:

1. Wartbarkeit: Entwurfsmuster tragen dazu bei, dass Module loser gekoppelt sein können. Dies macht das Refactoring von Code und das Auslagern verschiedener Module einfacher. Es vereinfacht auch die Zusammenarbeit in großen Teams und mit anderen Programmierern.

2. Kommunikation: Entwurfsmuster bieten oftmals ein gemeinsames Vokabular zur Behandlung verschiedener Objekttypen. Mit ihnen können Programmierer in Kürze beschreiben, wie ihr System funktioniert. Anstelle langer Erklärungen brauchen Sie nur zu sagen: »Es verwendet das Factory-Muster«. Dadurch, dass ein Muster einen Namen trägt, können wir es auf hoher Ebene diskutieren, ohne dafür ins Detail gehen zu müssen.

3. Leistungsfähigkeit: Einige der in diesem Buch behandelten Muster sind Optimierungsmuster. Sie können die Geschwindigkeit der Programmausführung erheblich verbessern und die Menge des Codes, der auf den Client übertragen werden muss, verringern. Die Flyweight- (Kapitel 13) und Proxy-Muster (Kapitel 14) sind wichtige Beispiele dafür.

Es gibt allerdings auch zwei Gründe dafür, Entwurfsmuster nicht zu verwenden:

1. Komplexität: Die Wartbarkeit hat oftmals ihren Preis, und der kann sein, dass Ihr Code komplexer wird oder von Programmierneulingen weniger schnell verstanden wird.

2. Leistungsfähigkeit: Während einige Muster die Leistung verbessern, stellen die meisten für den Code einen leichten Performance-Overhead dar. Je nach Ihren speziellen Anforderungen an Ihr Projekt kann dieser Overhead von unmerklich bis zu vollkommen unakzeptabel reichen.

Die Implementierung der Muster ist der einfache Teil. Schwieriger ist die Entscheidung, welches wann verwendet wird. Das Anwenden von Entwurfsmustern auf den Code, ohne dass dafür bestimmte Gründe vorliegen, kann gefährlich sein. Stellen Sie sicher, dass das ausgewählte Muster das am besten geeignete ist und die Leistung dadurch nicht unter die akzeptablen Grenzen fällt.

1.7 Zusammenfassung

Die Ausdrucksstärke von JavaScript stellt ein enormes Plus dar. Selbst wenn es der Sprache an bestimmten nützlichen vordefinierten Features fehlt, können Sie aufgrund der hohen Flexibilität das Gewünschte hinzufügen. Sie können Code schreiben, um eine Aufgabe auf viele verschiedene Arten zu lösen, in Abhängigkeit von Ihrem Hintergrund und Ihren persönlichen Präferenzen.

JavaScript ist lose typisiert. Programmierer deklarieren bei der Definition einer Variablen keinen Typ. Funktionen sind Objekte erster Klasse und können dynamisch erstellt werden, wodurch sich Closures erzeugen lassen. Alle Objekte und Klassen sind veränderbar und können zur Laufzeit modifiziert werden. Es stehen zwei Arten von Vererbung zur Verfügung: die prototypbasierte und die klassische, wobei jede ihre Stärken und Schwächen hat.

Entwurfsmuster können in JavaScript sehr hilfreich und vorteilhaft sein, aber sie können auch abträglich sein, wenn sie nicht korrekt eingesetzt werden. In einer leichtgewichtigen Sprache wie JavaScript können übermäßig komplexe Architekturen eine Anwendung schnell ausbremsen. Achten Sie deshalb immer darauf, dass der Programmierstil und die ausgewählten Muster zur Aufgabe passen.

2 Interfaces

Interfaces gehören zu den nützlichsten Tools in der Toolbox des Programmierers von objektorientiertem JavaScript. Das erste Prinzip des wiederverwendbaren objektorientierten Designs, das in *Design Patterns* der Gang of Four angeführt wird, »Programmieren Sie gegen ein Interface, nicht gegen eine Implementierung«, sagt bereits viel über die zentrale Bedeutung dieses Konzepts aus.

Das Problem ist, dass JavaScript über kein integriertes Verfahren zur Erstellung oder Implementierung von Interfaces verfügt. Ebenso fehlen vordefinierte Methoden, um zu bestimmen, ob ein Objekt dasselbe Methodenset wie ein anderes Objekt implementiert, was die austauschbare Verwendung von Objekten erschwert. Aber JavaScript ist ja extrem flexibel, so dass diese Features leicht hinzugefügt werden können.

In diesem Kapitel sehen wir uns an, wie andere objektorientierte Sprachen Interfaces implementieren und versuchen, die besten Features davon in JavaScript zu emulieren. Wir betrachten verschiedene Möglichkeiten der Umsetzung in JavaScript und werden am Ende eine wiederverwendbare Klasse erstellen, mit der Objekte auf die erforderlichen Methoden geprüft werden können.

2.1 Was ist ein Interface?

Ein Interface stellt eine Möglichkeit dar, um anzugeben, welche Methoden ein Objekt haben sollte. Es gibt nicht an, wie diese Methoden implementiert werden sollen, obwohl es die Semantik der Methoden anzeigen oder zumindest einen Hinweis darauf geben kann. Zum Beispiel, wenn ein Interface eine Methode namens `setName` enthält, können Sie einigermaßen sicher sein, dass die Implementierung dieser Methode ein Zeichenfolgenargument annimmt und es an eine `name`-Variable übergibt.

Hierdurch können Sie Objekte auf der Basis der von ihnen bereitgestellten Features gruppieren. Zum Beispiel kann bei einer Gruppe ganz verschiedenartiger Objekte jedes in `object.compare(anotherObject)` austauschbar verwendet werden, wenn alle Objekte das `Comparable`-Interface implementieren. Damit können Sie die Gemeinsamkeiten zwischen verschiedenen Klassen ausnutzen. Funktionen, die normalerweise erwarten würden, dass ein Argument von einer bestimmten Klasse stammt, können stattdessen so geändert werden, dass sie ein Argument eines speziellen Interfaces erwarten. So können Sie Objekte in jeder konkreten Implementierung übergeben. Dies erlaubt die identische Behandlung von nicht miteinander in Beziehung stehenden Objekten.

2.1.1 Vorteile von Interfaces

Was macht ein Interface in objektorientiertem JavaScript? Erstellte Interfaces dokumentieren sich selbst und vereinfachen die Wiederverwendbarkeit. Ein Interface gibt Programmierern an, welche Methoden eine bestimmte Klasse implementiert, wodurch sie einfacher verwendbar wird. Wenn Sie nämlich ein bestimmtes Interface kennen, wissen Sie bereits, wie die dadurch implementierten Klassen zu benutzen sind. Dies erhöht die Wahrscheinlichkeit, dass Sie die bestehenden Klassen wiederverwenden.

Interfaces stabilisieren auch die Art und Weise, wie unterschiedliche Klassen kommunizieren können. Indem man das Interface vorab kennt, lassen sich Probleme bei der Integration von zwei Objekten verringern. Sie können damit vorab angeben, welche Features und Operationen eine Klasse haben soll. Ein Programmierer kann ein Interface für eine benötigte Klasse erstellen und sie dann an einen anderen Programmierer übergeben. Der zweite Programmierer kann den Code ganz nach den eigenen Vorstellungen implementieren – solange die Klasse das Interface implementiert, sollte es funktionieren. Das ist vor allem in großen Projekten sehr hilfreich.

Das Testen und Debuggen wird viel einfacher. In einer lose typisierten Sprache wie JavaScript ist das Zurückverfolgen von Typverwechselungsfehlern sehr schwierig. Mit Interfaces können solche Fehler einfacher gefunden werden, da explizite Fehler mit aussagekräftigen Meldungen angezeigt werden, wenn ein Objekt nicht vom erwarteten Typ ist oder es nicht die erforderlichen Methoden implementiert. Logische Fehler sind dann auf die Methoden beschränkt, anstatt in der Komposition des Objekts aufzutreten. Dies macht auch den Code stabiler, da sichergestellt wird, dass Änderungen an einem Interface an allen Klassen, die es implementieren, vorgenommen werden müssen. Wenn Sie einem Interface eine Operation hinzufügen, können Sie darauf vertrauen, dass Sie sofort einen Fehler erhalten, wenn diese Operation in einer Klasse fehlt.

2.1.2 Nachteile von Interfaces

Die Verwendung von Interfaces hat auch gewisse Nachteile. JavaScript ist vor allem deshalb eine sehr ausdrucksstarke Sprache, weil es lose typisiert ist. Mit Interfaces lässt sich dagegen teilweise eine strenge Typisierung durchsetzen. Dies verringert allerdings die Flexibilität der Sprache.

JavaScript verfügt nicht über eine integrierte Unterstützung von Interfaces. Dies birgt immer die Gefahr, dass versucht wird, die native Funktionalität einer anderen Sprache zu emulieren. Es gibt kein `Interface`-Schlüsselwort, daher unterscheidet sich jede zu dessen Implementierung verwendete Methode von denen, die Sprachen wie C++ und Java verwenden, was den Umstieg auf JavaScript etwas schwieriger macht.

Die Verwendung einer Interface-Implementierung in JavaScript führt zu einer geringen Performance-Einbuße, die teils auf den Overhead des weiteren Methodenaufrufs zurückzuführen ist. Unsere Implementierung verwendet zwei `for`-Schleifen, um jede dieser Methoden in jedem der erforderlichen Interfaces zu durchlaufen. Bei großen

Interfaces und Objekten, die viele verschiedene Interfaces implementieren sollen, kann diese Prüfung eine Weile dauern und die Performance negativ beeinflussen. Wenn dies ein Thema ist, können Sie diesen Code nach der Entwicklung entfernen oder ihn an ein Debugging-Flag binden, so dass er in Produktionsumgebungen nicht ausgeführt wird. Achten Sie darauf, eine vorschnelle Optimierung zu verhindern. Durch Verwendung eines Profilers wie Firebug können Sie einfacher ermitteln, ob das Abziehen von Code wirklich notwendig ist.

Der größte Nachteil ist, dass es keine Möglichkeit gibt, andere Programmierer dazu zu zwingen, die von Ihnen erstellten Interfaces zu respektieren. In anderen Sprachen ist das Interface-Konzept integriert: Wird eine Klasse erstellt, die ein Interface implementiert, stellt der Compiler sicher, dass die Klasse das Interface auch wirklich implementiert. In JavaScript müssen Sie von Hand sicherstellen, dass eine bestimmte Klasse ein Interface implementiert. Sie können dieses Problem entschärfen, indem Sie Kodierungskonventionen und Helfer-Klassen verwenden, aber es wird nie ganz aus der Welt verschwinden. Wenn andere Programmierer in einem Projekt die Interfaces ignorieren, haben Sie keine Möglichkeit, sie zur Verwendung zu zwingen. Jeder, der in ein Projekt involviert ist, muss der Verwendung und Prüfung zustimmen; andernfalls geht ein Großteils ihres Werts verloren.

2.2 Interfaces in anderen objektorientierten Sprachen

Wir betrachten nun kurz, wie Interfaces in den drei gängigen objektorientierten Sprachen verwendet werden. Sie werden hier eine große Ähnlichkeit feststellen. Wir werden im Abschnitt »Die Interface-Klasse« versuchen, beim Erstellen unserer Interface-Klasse so viel Funktionalität wie möglich zu imitieren.

Java verwendet Interfaces in einer Weise, die für die meisten objektorientierten Sprachen typisch ist, daher beginnen wir damit. Dies ist ein Interface aus dem java.io-Package:

```
public interface DataOutput {
    void writeBoolean(boolean value) throws IOException;
    void writeByte(int value) throws IOException;
    void writeChar(int value) throws IOException;
    void writeShort(int value) throws IOException;
    void writeInt(int value) throws IOException;
    ...
}
```

Es ist eine Liste von Methoden, die eine Klasse implementieren soll, zusammen mit den Argumenten und Ausnahmen, die zu jeder Methode gehören. Jede Zeile sieht wie eine Methodendeklaration aus, außer dass sie mit einem Strichpunkt anstelle eines geschwungenen Klammernpaares endet.

Zum Erstellen einer Klasse, die dieses Interface verwendet, ist das `implements`-Schlüsselwort erforderlich:

```
public class DataOutputStream extends FilterOutputStream implements
DataOutput {
    public final void writeBoolean (boolean value) throws IOException {
        write (value ? 1 : 0);
    }

    ...

}
```

Jede im Interface aufgeführte Methode wird dann deklariert und konkret implementiert. Wenn eine der Methoden nicht implementiert wird, wird bei der Kompilierung ein Fehler angezeigt. So sieht die Ausgabe des Java-Compilers aus, wenn ein Interface-Fehler gefunden wird:

```
MyClass should be declared abstract; it does not define
writeBoolean(boolean) in
MyClass.
```

PHP verwendet eine ähnliche Syntax:

```
interface MyInterface {
    public function interfaceMethod($argumentOne, $argumentTwo);
}

class MyClass implements MyInterface {
    public function interfaceMethod($argumentOne, $argumentTwo) {
        return $argumentOne . $argumentTwo;
    }
}

class BadClass implements MyInterface {
    // Keine Methodendeklarationen.
}

// BadClass verursacht diesen Fehler zur Laufzeit:
// Class BadClass enthält eine abstrakte Methode
// and muss daher abstrakt deklariert werden.
// (MyInterface::interfaceMethod)
```

Ebenso C#:

```
interface MyInterface {
    string interfaceMethod(string argumentOne, string argumentTwo);
}

class MyClass : MyInterface {
    public string interfaceMethod(string argumentOne, string argumentTwo) {
        return argumentOne + argumentTwo;
    }
}

class BadClass : MyInterface {
    // Keine Methodendeklarationen.
}

// BadClass verursacht diesen Fehler bei der Kompilierung:
// BadClass implementiert kein Interface-Element.
// MyInterface.interfaceMethod()
```

Diese Sprachen verwenden Interfaces in etwa auf gleiche Weise. Eine Interface-Struktur enthält Informationen darüber, welche Methoden implementiert werden und welche Argumente diese Methoden haben sollen. Klassen deklarieren dann explizit, dass sie das Interface implementieren, in der Regel mit dem `implements`-Schlüsselwort. Jede Klasse kann mehr als ein Interface implementieren. Ist eine Methode aus dem Interface nicht implementiert, wird ein Fehler ausgegeben. Je nach Sprache geschieht dies bei der Kompilierung oder zur Laufzeit. Die Fehlermeldung gibt dem Anwender drei Informationen an die Hand: den Namen der Klasse, den Namen des Interfaces und den Namen der Methode, die nicht implementiert wurde.

Offensichtlich können wir Interfaces nicht ganz auf dieselbe Weise verwenden, da in JavaScript die Schlüsselwörter `interface` und `implements` wie auch die Kompatibilitätsprüfung zur Laufzeit fehlen. Es ist aber möglich, die meisten dieser Features mit einer Helfer-Klasse und expliziter Kompatibilitätsprüfung zu implementieren.

2.3   Interfaces in JavaScript emulieren

Wir betrachten drei Möglichkeiten, Interfaces in JavaScript zu emulieren: Kommentare, Attributprüfungen und Duck Typing. Keine Technik ist für sich genommen perfekt, aber eine Kombination aller drei liefert gute Ergebnisse.

2.3.1   Interfaces mit Kommentaren beschreiben

Die einfachste und am wenigsten leistungsfähigste Art der Interface-Emulation funktioniert mit Hilfe von Kommentaren. Man imitiert den Stil anderer objektorientierter Sprachen durch die Schlüsselwörter `interface` und `implements`, die aber als

Kommentar gekennzeichnet werden, so dass sie keine Syntaxfehler verursachen. Hier ist ein Beispiel, wie diese Schlüsselwörter zum Code hinzugefügt werden können, um die verfügbaren Methoden zu dokumentieren:

```
/*

interface Composite {
    function add(child);
    function remove(child);
    function getChild(index);
}

interface FormItem {
    function save();
}

*/

var CompositeForm = function(id, method, action) {
// Implementiert Composite, FormItem
    ...
};

// Composite-Interface implementieren.

CompositeForm.prototype.add = function(child) {
    ...
};
CompositeForm.prototype.remove = function(child) {
    ...
};
CompositeForm.prototype.getChild = function(index) {
    ...
};

// FormItem-Interface implementieren.

CompositeForm.prototype.save = function() {
    ...
};
```

Die Funktionalität eines Interface wird hiermit nicht sehr gut emuliert. Es gibt keine Prüfung, mit der sichergestellt wird, dass `CompositeForm` tatsächlich das korrekte Methodenset implementiert. Es werden keine Fehler ausgegeben, um den Programmierer darüber zu informieren, dass ein Problem vorliegt. Es ist wirklich eher eine Dokumentation als etwas anderes. Die Einhaltung ist vollkommen freiwillig.

Wobei dieser Ansatz aber auch ein paar Vorteile bietet: Er ist einfach umzusetzen und erfordert keine zusätzlichen Klassen oder Funktionen. Er fördert die Wiederverwendbarkeit, da die Klassen nun dokumentierte Interfaces haben und mit anderen Klassen ausgetauscht werden können, die eben diese implementieren. Er beeinträchtigt weder die Dateigröße noch die Ausführungsgeschwindigkeit. Die in diesem Ansatz verwendeten Kommentare können einfach herausgenommen werden, wenn der Code zum Einsatz kommt, was im Unterschied zur gewohnten Verwendung von Interfaces die Dateigröße nicht erhöht. Aber er ist keine Hilfe beim Testen und Debuggen, da keine Fehlermeldungen angezeigt werden.

2.3.2 Interfaces mit Attributprüfungen emulieren

Die zweite Technik ist etwas strenger. Alle Klassen deklarieren explizit, welche Interfaces sie implementieren. Diese Deklarationen können von den Objekten geprüft werden, die mit diesen Klassen interagieren möchten. Die Interfaces selbst sind immer noch reine Kommentare, aber Sie können nun ein Attribut prüfen, um zu sehen, welche Interfaces eine Klasse zu implementieren angibt:

```
/*

interface Composite {
    function add(child);
    function remove(child);
    function getChild(index);
}

interface FormItem {
    function save();
}

*/

var CompositeForm = function(id, method, action) {
    this.implementsInterfaces = ['Composite', 'FormItem'];
    ...
};

...

function addForm(formInstance) {
    if(!implements(formInstance, 'Composite', 'FormItem')) {
        throw new Error("Object does not implement a required interface.");
    }
    ...
}

// Die implements-Funktion, prüft, ob ein Objekt deklariert,
```

```
// dass es die erforderlichen Interfaces implementiert.

function implements(object) {
for(var i = 1; i < arguments.length; i++) {
// Schleife durch alle Argumente nach dem ersten.
        var interfaceName = arguments[i];
        var interfaceFound = false;
        for(var j = 0; j < object.implementsInterfaces.length; j++) {
            if(object.implementsInterfaces[j] == interfaceName) {
                interfaceFound = true;
                break;
            }
        }

        if(!interfaceFound) {
            return false; // Interface wurde nicht gefunden.
        }
    }
    return true; // Alle Interfaces wurden gefunden.
}
```

In diesem Beispiel deklariert CompositeForm, dass es zwei Interfaces implementiert: Composite und FormItem. Dies geschieht, indem die Namen in einen Array namens implementsInterfaces aufgenommen werden. Die Klasse deklariert explizit, welche Interfaces sie unterstützt. Jede Funktion, die ein Argument eines bestimmten Typs erfordert, kann dann diese Eigenschaft prüfen und einen Fehler ausgeben, wenn das benötigte Interface nicht deklariert ist.

Dieser Ansatz weist verschiedene Vorteile auf: Es wird dokumentiert, welche Interfaces eine Klasse implementiert. Sie werden Fehler erkennen, wenn eine Klasse nicht deklariert, dass sie ein erforderliches Interface unterstützt. Sie können durch die Verwendung dieser Fehler erzwingen, dass andere Programmierer diese Interfaces nutzen.

Der wichtigste Nachteil dieses Ansatzes ist, dass nicht sichergestellt wird, dass die Klasse dieses Interface wirklich implementiert. Sie wissen nur, dass sie angibt, sie zu implementieren. Es kann sehr leicht passieren, dass man eine Klasse erstellt, die die Implementierung eines Interface deklariert und dann vergisst, eine erforderliche Methode hinzuzufügen. Alle Prüfungen sind in Ordnung, aber die Methode ist nicht vorhanden, was zu Problemen im Code führen kann. Es bedeutet auch einen Zusatzaufwand, die von einer Klasse unterstützten Interfaces explizit zu deklarieren.

2.3.3   Interfaces mit Duck Typing emulieren

Im Endeffekt spielt es keine Rolle, ob eine Klasse die unterstützten Interfaces deklariert, solange die erforderlichen Methoden vorhanden sind. Hier kommt Duck Typing ins Spiel. Der Name Duck Typing kommt von der Redensart »Wenn etwas wie eine Ente (Duck) watschelt und wie eine Ente quakt, ist es eine Ente.« Mit der Technik kann nur auf der Basis der implementierten Methoden bestimmt werden, ob ein Objekt eine

Instanz einer Klasse ist. Aber dies funktioniert auch prima bei der Prüfung, ob eine Klasse ein Interface implementiert. Die Idee hinter diesem Ansatz ist einfach: Wenn ein Objekt Methoden mit denselben Namen wie die in einem Interface definierten Methoden enthält, implementiert es das Interface. Mit einer Helfer-Funktion können Sie sicherstellen, dass die erforderlichen Methoden vorhanden sind:

```
// Interfaces.

var Composite = new Interface('Composite', ['add', 'remove', 'getChild']);
var FormItem = new Interface('FormItem', ['save']);

// CompositeForm-Klasse

var CompositeForm = function(id, method, action) {
    ...
};

...

function addForm(formInstance) {
    ensureImplements(formInstance, Composite, FormItem);
    // Diese Funktion gibt einen Fehler aus, wenn eine
    // erforderliche Methode nicht implementiert ist.
    ...
}
```

Dies unterscheidet sich von den anderen beiden Ansätzen darin, dass keine Kommentare verwendet werden. Alle Aspekte davon können erzwungen werden. Die ensureImplements-Funktion nimmt zumindest zwei Argumente an. Das erste Argument ist das Argument, das Sie prüfen möchten. Die anderen Argumente sind die Interfaces, mit denen das erste Objekt verglichen wird. Die Funktion prüft, ob das Objekt, das als erstes Argument fungiert, die in diesen Interfaces deklarierten Methoden implementiert. Wenn eine Methode fehlt, wird ein Fehler mit einer entsprechenden Meldung angezeigt, die den Namen und die fehlende Methode und den Namen des nicht richtig implementierten Interface angibt. Diese Prüfung kann an jeder Stelle im Code hinzugefügt werden, an denen ein Interface sichergestellt sein muss. In diesem Beispiel möchten Sie nur, dass die addForm-Funktion das Formular hinzufügt, wenn es die benötigten Methoden unterstützt.

Während dies wahrscheinlich die nützlichste der drei Methoden ist, hat auch sie einige Nachteile. Eine Klasse deklariert nie, welche Interfaces sie implementiert, was die Wiederverwendbarkeit des Codes verringert und nicht selbst dokumentierend ist wie die anderen Ansätze. Eine Helfer-Klasse, Interface, und eine Helfer-Funktion, ensureImplements, sind erforderlich. Die Namen oder die Anzahl der in den Methoden verwendeten Argumente oder deren Typen werden nicht geprüft. Es wird nur geprüft, ob die Methode den korrekten Namen aufweist.

2.4 Die Interface-Implementierung für dieses Buch

Für dieses Buch verwenden wir eine Kombination aus dem ersten und dritten Ansatz. Wie verwenden Kommentare zur Deklaration, welche Interfaces eine Klasse unterstützt, wodurch sich die Wiederverwendbarkeit und die Dokumentation verbessern. Wir verwenden die Helfer-Klasse `Interface` und die Klassenmethode `Interface.ensureImplements` für die explizite Prüfung der Methoden. Wir geben aussagekräftige Fehlermeldungen zurück, wenn ein Objekt diese Prüfung nicht besteht. Hier folgen ein Beispiel unserer `Interface`–Klasse sowie eine Kommentarkombination:

```
// Interfaces.

var Composite = new Interface('Composite', ['add', 'remove', 'getChild']);
var FormItem = new Interface('FormItem', ['save']);

// CompositeForm-Klasse

var CompositeForm = function(id, method, action) { // implementiert
Composite, FormItem
   ...
};

...

function addForm(formInstance) {
   Interface.ensureImplements(formInstance, Composite, FormItem);
   // Diese Funktion gibt einen Fehler aus, wenn eine
   // erforderliche Methode nicht implementiert ist, die
   // Ausführung stoppt. Der Code nach dieser Zeile wird nur
   // ausgeführt, wenn die Prüfung bestanden wird.
   ...
}
```

`Interface.ensureImplements` bietet eine strenge Prüfung. Wenn ein Problem gefunden wird, wird ein Fehler ausgegeben, der entweder abgefangen oder verarbeitet werden kann oder durch den die Ausführung angehalten werden kann. Der Programmierer weiß daher immer sofort, dass ein Problem vorliegt und wo es behoben werden muss.

2.5 Die Interface-Klasse

Das Folgende ist die `Interface`-Klasse, die wir im gesamten Buch verwenden werden:

```
// Konstruktor.

var Interface = function(name, methods) {
   if(arguments.length != 2) {
```

```
        throw new Error("Interface constructor called with " +
arguments.length +
            "arguments, but expected exactly 2.");
    }

    this.name = name;
    this.methods = [];
    for(var i = 0, len = methods.length; i < len; i++) {
        if(typeof methods[i] !== 'string') {
            throw new Error("Interface constructor expects method names to
be "
                + "passed in as a string.");
        }
        this.methods.push(methods[i]);
    }
};

// Statische Klassenmethode.

Interface.ensureImplements = function(object) {
    if(arguments.length < 2) {
        throw new Error("Function Interface.ensureImplements called with "
+
            arguments.length  + "arguments, but expected at least 2.");
    }

    for(var i = 1, len = arguments.length; i < len; i++) {
        var interface = arguments[i];
        if(interface.constructor !== Interface) {
            throw new Error("Function Interface.ensureImplements expects
arguments"
                + "two and above to be instances of Interface.");
        }

        for(var j = 0, methodsLen = interface.methods.length; j <
methodsLen; j++) {
            var method = interface.methods[j];
            if(!object[method] || typeof object[method] !== 'function') {
                throw new Error("Function Interface.ensureImplements:
object "
                    + "does not implement the " + interface.name
                    + " interface. Method " + method + " was not found.");
            }
        }
    }
};
```

Wie Sie sehen, ist es bezüglich der Argumente, die jede Methode erhält, sehr streng und gibt einen Fehler aus, wenn die Prüfung nicht erfolgreich ist. Dies erfolgt absichtlich. Wenn Sie also keine Fehler erhalten, können Sie sichergehen, dass das Interface korrekt deklariert und implementiert ist.

2.5.1   Einsatzbereich der Interface-Klasse

Eine strenge Typprüfung ist nicht immer sinnvoll. Die meisten JavaScript-Programmierer haben Jahre gearbeitet, ohne je ein Interface oder die Art der angebotenen Prüfungen zu brauchen. Interfaces sind am vorteilhaftesten bei der Implementierung komplexer Systeme mit Entwurfsmustern. Man könnte den Eindruck gewinnen, dass Interfaces die Flexibilität von JavaScript reduzieren, aber im Gegenteil, sie erhöhen sie, indem sie zulassen, dass die Objekte loser gekoppelt werden. Funktionen können flexibler sein, da sie Argumente eines beliebigen Typs übergeben können und immer noch sicherstellen, dass nur Objekte mit der erforderlichen Methode verwendet werden. Es gibt ein paar Situationen, in denen Interfaces nützlich sein können.

In einem großen Projekt mit vielen verschiedenen Programmierern sind Interfaces von entscheidender Bedeutung. Oftmals werden Entwickler aufgefordert, eine Programmierschnittstelle (API) zu verwenden, die noch nicht geschrieben wurde, oder Klassen- oder Methodenrümpfe (Stubs) bereitzustellen, so dass die Entwicklung ohne Verzögerung fortgesetzt werden kann. Interfaces können in dieser Situation sehr wertvoll sein. Sie dokumentieren die API und können zur formalen Kommunikation zwischen zwei Programmierern verwendet werden. Wenn die Stubs durch die Produktions-API ersetzt werden, wissen Sie sofort, ob die erforderlichen Methoden implementiert sind. Wenn die API sich mitten in der Entwicklung verändert, kann eine andere nahtlos an ihre Stelle gesetzt werden, solange sie dasselbe Interface implementiert.

Es bürgert sich zunehmend ein, Code aus Internet-Domänen einzubinden, über den man keine direkte Kontrolle hat. Extern gehostete Bibliotheken sind nur ein Beispiel dafür, ebenso APIs zu Services wie Suchen, E-Mail und geografischen Karten. Selbst wenn diese aus vertrauenswürdigen Quellen stammen, sollten Sie vorsichtig sein, um sicherzustellen, dass durchgeführte Änderungen keine Fehler im Code verursachen. Eine Möglichkeit hierfür ist die Erstellung von Interface-Objekten für jede verwendete API und dann das Testen eines jeden erhaltenen Objekts, um sicherzustellen, dass diese Interfaces korrekt implementiert sind:

```
var DynamicMap = new Interface('DynamicMap', ['centerOnPoint', 'zoom',
'draw']);

function displayRoute(mapInstance) {
    Interface.ensureImplements(mapInstance, DynamicMap);
    mapInstance.centerOnPoint(12, 34);
    mapInstance.zoom(5);
    mapInstance.draw();
    ...
}
```

In diesem Beispiel benötigt die `displayRoute`-Funktion das übergebene Argument, um drei bestimmte Methoden zu haben. Durch die Verwendung eines `Interface`-Objekts und den Aufruf von `Interface.ensureImplements` wissen Sie sicher, dass diese Methoden implementiert sind und erhalten einen Fehler, wenn dies nicht der Fall ist. Dieser Fehler kann in einem Try/Catch-Block abgefangen und möglicherweise zum Senden eines Ajax-Requests genutzt werden, der Sie über eine externe API über das Problem informiert. Dies macht die Code-Konstruktionen stabiler und sicherer.

2.5.2   Verwendungsweise der Interface-Klasse

Der wichtigste Schritt (und einer der am schwierigsten durchzuführenden) ist zu bestimmen, ob sich die Verwendung von Interfaces im Code lohnt. Kleine und weniger schwierige Projekte profitieren nicht immer von der zusätzlichen Komplexität, die mit Interfaces einhergeht. Es ist Ihre Aufgabe zu ermitteln, ob die Vorteile die Nachteile wettmachen. Angenommen, dies ist der Fall, so sollten Interfaces wie folgt verwendet werden:

1. Nehmen Sie die Interface-Klasse in Ihre HTML-Datei auf. Die Datei Interface.js können Sie von der Website des Buches herunterladen: `http://www.buch.cd/`.

2. Gehen Sie die Methoden in Ihrem Code durch, die Objekte als Argumente verwenden. Bestimmen Sie, welche Methoden für diese Objektargumente erforderlich sind, damit der Code funktioniert.

3. Erstellen Sie Interface-Objekte für jedes einzelne Methodenset, das Sie benötigen.

4. Entfernen Sie alle expliziten Konstruktorprüfungen. Da wir Duck Typing verwenden, spielt der Objekttyp keine Rolle mehr.

5. Ersetzen Sie die Konstruktorprüfung durch `Interface.ensureImplements`.

Was gewinnen Sie hiermit? Ihr Code ist nun loser gekoppelt, da Sie nicht auf Instanzen einer bestimmten Klasse setzen. Stattdessen stellen Sie sicher, dass die erforderlichen Features vorhanden sind. Jede konkrete Implementierung kann verwendet werden, so dass Sie mehr Freiheit bei der Optimierung und dem Refactoring des Codes gewinnen.

2.5.3   Beispiel: Die Interface-Klasse verwenden

Angenommen, Sie haben eine Klasse erstellt, die einige automatisierte Testergebnisse nimmt und diese zur Anzeige auf einer Webseite formatiert. Der Konstruktor dieser Klasse nimmt als Argument eine Instanz der `TestResult`-Klasse. Er formatiert dann die im `TestResult`-Objekt gekapselten Daten und gibt sie auf Anforderung aus. Die `ResultFormatter`-Klasse sieht anfangs so aus:

```
// ResultFormatter-Klasse vor Implementierung der
// Interface-Prüfung.

var ResultFormatter = function(resultsObject) {
```

```
  if(!(resultsObject instanceOf TestResult)) {
    throw new Error("ResultsFormatter: constructor requires an instance "
      + "of TestResult as an argument.");
  }
  this.resultsObject = resultsObject;
};

ResultFormatter.prototype.renderResults = function() {
  var dateOfTest = this.resultsObject.getDate();
  var resultsArray = this.resultsObject.getResults();

  var resultsContainer = document.createElement('div');

  var resultsHeader = document.createElement('h3');
  resultsHeader.innerHTML = 'Test Results from ' +
dateOfTest.toUTCString();
  resultsContainer.appendChild(resultsHeader);

  var resultsList = document.createElement('ul');
  resultsContainer.appendChild(resultsList);

  for(var i = 0, len = resultsArray.length; i < len; i++) {
    var listItem = document.createElement('li');
    listItem.innerHTML = resultsArray[i];
    resultsList.appendChild(listItem);
  }

  return resultsContainer;
};
```

Diese Klasse führt eine Prüfung im Konstruktor aus, um sicherzustellen, dass das Argument wirklich eine Instanz von TestResult ist. Ist dies nicht der Fall, wird ein Fehler ausgegeben. Dies ermöglicht Ihnen, die renderResults-Methode zu kodieren, im Vertrauen, dass die Methoden getDate und getResults für Sie verfügbar sind. Stimmt das? Im Konstruktor testen Sie nur, dass resultsObject eine Instanz von TestResult ist. Dies stellt nicht unbedingt sicher, dass die erforderlichen Methoden implementiert sind. TestResult könnte geändert werden, so dass es keine getDate-Methode mehr hat. Die Prüfung im Konstruktor wäre somit in Ordnung, aber die renderResults-Methode wäre nicht erfolgreich.

Die Prüfung im Konstruktor schränkt also unnötigerweise ein. Sie verhindert, dass Instanzen anderer Klassen als Argumente verwendet werden, selbst wenn sie einwandfrei funktionieren würden. Angenommen, Sie haben eine Klasse namens WeatherData. Sie verfügt über eine Methode getDate und getResults und kann in der ResultFormatter-Klasse problemlos verwendet werden. Aber die Verwendung der expliziten Typprüfung (mit einem instanceOf-Operator) würde verhindern, dass Instanzen von WeatherData verwendet werden.

Die Lösung ist, die `instanceOf`-Prüfung zu entfernen und sie durch ein Interface zu ersetzen. Der erste Schritt ist, das Interface zu erstellen:

```
// ResultSet-Interface.

var ResultSet = new Interface('ResultSet', ['getDate', 'getResults']);
```

Diese Codezeile erstellt eine neue Instanz des `Interface`-Objekts. Das erste Argument ist der Name des Interfaces und das zweite ein Array von Zeichenfolgen (Strings), wobei jede Zeichenfolge der Name einer erforderlichen Methode ist. Nachdem Sie nun das Interface haben, können Sie die `instanceOf`-Prüfung durch eine Interface-Prüfung ersetzen:

```
// ResultFormatter-Klasse nach Hinzufügen der
// Interface-Prüfung.

var ResultFormatter = function(resultsObject) {
  Interface.ensureImplements(resultsObject, ResultSet);
  this.resultsObject = resultsObject;
};
```

```
ResultFormatter.prototype.renderResults = function() {
  ...
};
```

Die `renderResults`-Methode bleibt unverändert. Der Konstruktor andererseits wurde verändert, um `ensureImplements` anstelle von `instanceOf` zu verwenden. Sie können nun in diesem Konstruktor eine Instanz von `WeatherData` oder eine beliebige andere Klasse verwenden, die die erforderlichen Methoden implementiert. Indem Sie in der `ResultFormatter`-Klasse ein paar wenige Codezeilen ändern, haben Sie die Prüfung genauer (indem Sie die Implementierung der erforderlichen Methoden sicherstellen) und durchlässiger gemacht (indem jedes Objekt verwendet werden kann, das dem Interface entspricht).

2.6 Auf dem Interface basierende Muster

Das Folgende ist eine Liste einiger der Muster, die wir in den späteren Kapiteln erörtern, die im Besondern auf der Implementierung von Interfaces basieren:

- Das Factory-Muster: Die speziellen Objekte, die durch Factory erstellt wurden, können sich je nach Situation verändern. Um sicherzustellen, dass die erstellten Objekte austauschbar verwendet werden können, werden Interfaces verwendet. Dies bedeutet, dass bei Factory-Mustern die Erstellung eines Objekts sichergestellt ist, das die erforderlichen Methoden implementiert.

- Das Composite-Muster: Dieses Muster können Sie ohne Interface eigentlich nicht verwenden. Die wichtigste Idee hinter Composite ist, dass Gruppen von Objekten auf die gleiche Weise wie die sie konstituierenden Objekte behandelt werden können. Dies wird durch die Implementierung desselben Interfaces erreicht. Ohne eine Form von Duck Typing oder Typprüfung verliert das Composite-Muster viel von seiner Leistungsstärke.

- Das Decorator-Muster: Ein Decorator-Muster hüllt ein anderes Objekt transparent ein, es »wrappt« dieses. Dies geschieht durch die Implementierung des exakt selben Interfaces wie das des anderen Objekts; von außen betrachtet, sehen der Decorator und das gewrappte Objekt identisch aus. Wir stellen mittels der `Interface`-Klasse sicher, dass die erstellten Decorator-Objekte die erforderlichen Methoden implementieren.

- Das Command-Muster: Alle Command-Objekte in Ihrem Code implementieren dieselben Methoden (die normalerweise als `execute`, `run` oder `undo` benannt werden). Durch die Verwendung von Interfaces können Sie Klassen erstellen, die diese Befehle ausführen können, ohne dass sie außer der Tatsache, dass sie das korrekte Interface implementieren, etwas darüber wissen. Dadurch lassen sich extrem modulare und lose gekoppelte Benutzeroberflächen und APIs erstellen.

Interfaces sind ein wichtiges Konzept, das wir im gesamten Buch verwenden. Es lohnt sich, mit Interfaces herumzuspielen, um zu sehen, ob in Ihrer speziellen Situation die Verwendung sinnvoll ist.

2.7   Zusammenfassung

In diesem Kapitel haben wir untersucht, wie Interfaces in den gängigen objektorientierten Sprachen verwendet und implementiert werden. Wir haben gezeigt, dass alle verschiedenen Implementierungen des Interface-Konzepts einige gemeinsame Merkmale aufweisen: eine Möglichkeit anzugeben, welche Methoden zu erwarten sind, und eine Möglichkeit zu prüfen, ob diese Methoden tatsächlich implementiert sind – mit nützlichen Fehlermeldungen, falls dies nicht der Fall ist. Wir sind in der Lage, diese Features mit einer Kombination aus Dokumentation (in Kommentaren), einer Helfer-Klasse und Duck Typing zu emulieren. Die Herausforderung besteht darin zu wissen, wann diese Helfer-Klasse verwendet wird. Interfaces sind zwar nicht immer erforderlich: Eine der größten Stärken von JavaScript ist ja die Flexibilität. Das Durchsetzen strenger Typprüfungen verringert in Fällen, in denen es nicht erforderlich ist, diese Flexibilität. Aber die umsichtige Verwendung der `Interface`-Klasse kann zu robusteren Klassen und stabilerem Code führen.

3 Kapselung und Verbergen von Informationen

Objekte mit privaten Elementen zu erstellen, ist in jeder objektorientierten Sprache eine der grundlegendsten und nützlichsten Funktionen. Die Deklaration einer Methode oder eines Attributs als *privat* erlaubt es Ihnen, die Details der Implementierung vor anderen Objekten zu verbergen, und es fördert die lose Koppelung zwischen Objekten. Sie können damit die Integrität Ihrer Daten sicherstellen und Änderungen beschränken. Ebenso wird der Code zuverlässiger und das Debuggen in Umgebungen einfacher, in denen viele Leute an derselben Codebasis arbeiten. Kurz gesagt: Kapselung ist ein Grundpfeiler des objektorientierten Designs.

Obwohl JavaScript eine objektorientierte Sprache ist, verfügt es über keine integrierten Mechanismen, um Elemente als öffentlich (public) oder privat (private) zu deklarieren. Wie im vorhergehenden Kapitel über Interfaces implementieren wir dieses Feature auf unsere eigene Art und Weise. Es gibt verschiedene etablierte Muster zum Erstellen von Objekten mit öffentlichen, privaten und privilegierten Methoden, wobei jede ihre Stärken und Schwächen besitzt. Wir betrachten auch, wann JavaScript-Programmierer von komplexen verkapselten Objekten profitieren können.

3.1 Das Prinzip des Verbergens von Informationen

Schauen wir uns das Prinzip des Verbergens von Informationen an einem Beispiel an. Nehmen wir an, Sie erhalten jeden Abend einen Bericht von einem Kollegen mit den Umsatzzahlen des Tages. Dies ist ein gut definiertes Interface; Sie fordern die Informationen an, und Ihr Mitarbeiter ermittelt die Rohdaten, berechnet den Umsatz und berichtet ihn an Sie zurück. Wenn entweder Sie oder Ihr Kollege die Firma wechseln, bleibt das Interface bestehen, wobei sichergestellt ist, dass der Nachfolger die Informationen auf dieselbe Weise anfordert.

Eines Tages beschließen Sie, dass Sie die Informationen öfter erhalten möchten, als Ihr Kollege sie Ihnen geben will. Sie finden heraus, wo die Rohdaten gespeichert sind, rufen sie selbst ab und nehmen die Berechnungen vor. Es funktioniert alles prima, bis sich das Format der Daten ändert. Anstelle einer Datei mit durch Kommata getrennten Werten sind sie nun in XML formatiert. Auch können sich die Berechnungen verändern, in Abhängigkeit von der Buchhaltung und den Steuergesetzen, in denen Sie sich nicht auskennen. Wenn Sie aufhören, müssen Sie zuerst Ihren Nachfolger in der Durchführung dieser Aufgaben schulen, die komplexer sind, als nur die Endkalkulation von Ihrem Mitarbeiter anzufordern.

Sie sind von der internen Implementierung abhängig geworden. Wenn sich die Implementierung ändert, müssen Sie das gesamte System neu erlernen und von vorne anfangen. Unter objektorientierter Betrachtungsweise sind Sie zu eng an die Rohdaten gekoppelt. Das Prinzip des Verbergens von Informationen dient dazu, die Interdependenz zweier Akteure in einem System zu reduzieren. Es besagt, dass die gesamte Information zwischen zwei Akteuren durch gut definierte Kanäle beschafft werden sollte. In diesem Fall sind diese Kanäle die Interfaces Ihrer Objekte.

3.1.1 Kapselung und Verbergen von Informationen im Vergleich

Welcher Bezug besteht zwischen der Kapselung und dem Verbergen von Informationen? Sie können sich das als zwei unterschiedliche Betrachtungsweisen auf dieselbe Idee vorstellen. Das Verbergen von Informationen ist das Ziel, die Kapselung ist die Technik, um dieses Ziel zu erreichen. Dieses Kapitel behandelt vor allem konkrete Beispiele der Kapselung in JavaScript.

Die Kapselung kann als das Verbergen von internen Datendarstellungen und Implementierungsdetails in einem Objekt betrachtet werden. Die einzige Möglichkeit, auf die Daten in einem gekapselten Objekt zuzugreifen, ist die Verwendung definierter Operationen. Durch Kapselung erzwingen Sie das Verbergen von Informationen. Viele objektorientierte Sprachen verwenden Schlüsselwörter, um anzugeben, dass Methoden und Attribute verborgen werden sollten. In Java wird zum Beispiel mit dem `private`-Schlüsselwort für eine Methode sichergestellt, dass nur Code im Objekt sie ausführen kann. In JavaScript fehlt ein solches Schlüsselwort. Wir werden stattdessen das Closure-Konzept verwenden, um Methoden und Attribute zu erstellen, auf die nur von innerhalb des Objekts zugegriffen werden kann. Es ist komplizierter und verwirrender, als nur Schlüsselwörter zu verwenden, aber es kann dasselbe Ergebnis erzielt werden.

3.1.2 Die Rolle des Interfaces

Was ist die Aufgabe des Interfaces beim Verbergen von Informationen vor anderen Objekten? Es bildet einen Vertrag, der die öffentlich zugreifbaren Methoden dokumentiert. Es definiert eine Beziehung, die zwei Objekte miteinander haben können. Jedes Objekt in dieser Beziehung kann ersetzt werden, solange das Interface erhalten bleibt. Es ist nicht immer erforderlich, ein strenges Interface wie das in Kapitel 2 definierte zu verwenden. Aber meistens wird es für Sie sehr hilfreich sein, wenn die verfügbaren Methoden dokumentiert sind. Selbst wenn ein Interface vorhanden ist, ist es wichtig, keine Methoden offenzulegen, die nicht in diesem Interface definiert sind. Umgekehrt kann es für andere Objekte gefährlich sein, sich auf Methoden zu verlassen, die nicht Teil des Interfaces sind. Sie können sich ändern oder an einem beliebigen Punkt entfernt werden, wodurch das gesamte System zusammenbrechen kann.

Das ideale Software-System definiert Interfaces für alle Klassen. Diese Klassen stellen nur die Methoden bereit, die in deren Interface definiert sind, jede andere Methode wird als privat betrachtet. Alle Attribute sind privat und nur durch die Zugriffs- und Bearbeitungsoperationen zugreifbar, die in dem Interface definiert sind. In der echten Welt weist aber kaum ein System alle diese Eigenschaften auf. Guter Code sollte zwar, wenn immer möglich, darauf abzielen, aber nicht auf Kosten der Verkomplizierung eines einfachen Projekts, in dem sie nicht wirklich erforderlich sind.

3.2 Grundmuster

In diesem Abschnitt betrachten wir Beispiele der verschiedenen Möglichkeiten der Erstellung eines Objekts und der jeweils verfügbaren Features. Objekte können mit Hilfe von drei Grundmustern erstellt werden. Das vollständig offengelegte Objekt ist die einfachste, wobei hier aber nur öffentliche Elemente verfügbar sind. Das nächste Muster verbessert dies, indem Methoden mit Unterstrichen und eingerückten Attributen als privat angegeben werden. Das dritte Grundmuster verwendet Closures zum Erstellen echter privater Elemente, auf die nur durch die Verwendung privilegierter Methoden zugegriffen werden kann.

> **Hinweis:** Es gibt bei der Definition einer Klasse nicht das »korrekte« zu verwendende Muster; jedes hat Vorteile und Nachteile. Es hängt von Ihren Anforderungen ab, welches für Sie passend ist.

Wir verwenden die `Book`-Klasse als Beispiel. Die Aufgabe lautet wie folgt: Erstellen Sie eine Klasse, um die Daten für ein Buch zu speichern und eine Methode zum Anzeigen der Daten des Buchs in HMTL zu implementieren. Sie erstellen nur die Klasse, andere Programmierer werden sie instanziieren.

Das folgende ist ein Beispiel für die Verwendung:

```
// Book(isbn, title, author)
var theHobbit = new Book('0-395-07122-4', 'The Hobbit', 'J. R. R.
Tolkien');
theHobbit.display();
// Gibt die Daten durch Erstellen und Füllen eines HTML-
// Elements aus.
```

3.2.1 Das vollständig offengelegte Objekt

Die einfachste Möglichkeit, `Book` zu implementieren, ist die Erstellung einer Klasse auf herkömmliche Art und Weise, indem eine Funktion als Konstruktor verwendet wird. Wir bezeichnen dies als vollständig offengelegtes Objekt, da alle Attribute und Methoden der Klasse öffentlich und zugreifbar sind.

Die öffentlichen Attribute werden mit Hilfe des `this`-Schlüsselworts erstellt:

```
var Book = function(isbn, title, author) {
  if(isbn == undefined) throw new Error('Book constructor requires an isbn.');
  this.isbn = isbn;
  this.title = title || 'No title specified';
  this.author = author || 'No author specified';
```

```
}

Book.prototype.display = function() {
    ...
};
```

Die `display`-Methode hängt vollständig von einer genauen ISBN ab. Ohne diese können Sie das Titelbild nicht abrufen oder einen Link zum Kauf des Buchs bereitstellen. Deshalb wird ein Fehler im Konstruktor angezeigt, wenn die ISBN fehlt. Die Attribute `title` und `author` sind beide optional, so dass sie, wenn sie nicht angegeben sind, Defaultwerte bereitstellen. Der Boolesche OR-Operator, `||`, kann hier verwendet werden, um Alternativwerte zu liefern. Wenn ein `title` oder `author` angegeben ist, wird die linke Seite mit `true` ausgewertet und zurückgegeben. Wenn `title` oder `author` fehlen, wird die linke Seite des Operators mit `false` ausgewertet und stattdessen die rechte Seite zurückgegeben.

Auf den ersten Blick scheint diese Klasse allen Anforderungen zu genügen. Das größte Problem ist aber, dass Sie die Integrität der ISBN-Daten nicht prüfen können, was dazu führen kann, dass die `display`-Methode scheitert. Dies bricht den Vertrag, den Sie mit den anderen Programmierern haben. Wenn das `Book`-Objekt keine Fehler ausgibt, sollte die `display`-Methode funktionieren, was aber ohne Integritätsprüfungen nicht der Fall ist. Um dieses Problem zu beheben, implementieren Sie strengere Prüfungen für die ISBN:

```
var Book = function(isbn, title, author) {
  if(!this.checkIsbn(isbn)) throw new Error('Book: Invalid ISBN.');
  this.isbn = isbn;
  this.title = title || 'No title specified';
  this.author = author || 'No author specified';
}

Book.prototype = {
  checkIsbn: function(isbn) {
    if(isbn == undefined || typeof isbn != 'string') {
      return false;
    }

    isbn = isbn.replace(/-/. '');
    // Gedankenstriche entfernen.
    if(isbn.length != 10 && isbn.length != 13) {
      return false;
    }

    var sum = 0;
    if(isbn.length === 10) { // 10-stellige ISBN.
      If(!isbn.match(\^\d{9}\)) {
      // Zeichen 1 bis 9 müssen Ziffern sein.
        return false;
```

```
    }

    for(var i = 0; i < 9; i++) {
      sum += isbn.charAt(i) * (10 - i);
    }
    var checksum = sum % 11;
    if(checksum === 10) checksum = 'X';
    if(isbn.charAt(9) != checksum) {
      return false;
    }
  }
  else { // 13-stellige ISBN.
    if(!isbn.match(\^\d{12}\)) {
    // Zeichen 1 bis 12 müssen Ziffern sein.
      return false;
    }

    for(var i = 0; i < 12; i++) {
      sum += isbn.charAt(i) * ((i % 2 === 0) ? 1 : 3);
    }
    var checksum = sum % 10;
    if(isbn.charAt(12) != checksum) {
      return false;
    }
  }

  return true; // Alle Tests bestanden.
},

display: function() {
  ...
}
};
```

Wir fügen hier eine checkIsbn-Methode ein, die sicherstellt, dass die ISBN eine Zeichenfolge mit der korrekten Anzahl an Stellen und der korrekten Prüfsumme ist. Da es hier nun zwei Methoden für diese Klasse gibt, wird Book.prototype auf ein Objektliteral festgelegt, um mehrere Methoden zu definieren, ohne jede mit Book.prototype zu beginnen. Beide Möglichkeiten der Methodendefinition sind identisch, und wir verwenden sie in diesem Kapitel austauschbar.

Dies scheint eine Verbesserung zu sein. Sie können nun überprüfen, ob die ISBN bei Erstellung des Objekts gültig ist, wodurch sichergestellt ist, dass die display-Methode erfolgreich ist. Es taucht aber ein Problem auf: Ein anderer Programmierer bemerkt, dass ein Buch verschiedene Ausgaben haben kann, die jeweils eine eigene ISBN haben.

Er erstellt einen Algorithmus zur Auswahl aus diesen verschiedenen Ausgaben und ändert damit das isbn-Attribut direkt nach der Instanziierung des Objekts:

```
theHobbit.isbn = '978-0261103283';
theHobbit.display();
```

Selbst wenn Sie die Integrität der Daten im Konstruktor prüfen können, haben Sie keine Kontrolle darüber, was ein anderer Programmierer dem Attribut direkt zuweist. Um die internen Daten zu schützen, erstellen Sie Zugriffs- und Bearbeitungsmethoden für jedes Attribut. Eine *Zugriffsmethode* (*Accessor Method*, in der Regel namens getAttributeName) erhält den Wert eines beliebigen Attributs. Eine *Bearbeitungsmethode* (in der Regel namens setAttributeName) legt den Wert eines Attributs fest. Mit Bearbeitungsmethoden (*Mutator Methods*) können Sie jede gewünschte Art von Prüfung implementieren, bevor Sie wirklich einen neuen Wert an eines der Attribute zuweisen. Hier ist eine neue Version des Book-Objekts mit Zugriffs- und Bearbeitungsmethoden:

```
var Publication = new Interface('Publication', ['getIsbn', 'setIsbn',
'getTitle',
  'setTitle', 'getAuthor', 'setAuthor', 'display']);

var Book = function(isbn, title, author) {
  // implementiert Publication
  this.setIsbn(isbn);
  this.setTitle(title);
  this.setAuthor(author);
}

Book.prototype = {
  checkIsbn: function(isbn) {
    ...
  },
  getIsbn: function() {
    return this.isbn;
  },
  setIsbn: function(isbn) {
    if(!this.checkIsbn(isbn)) throw new Error('Book: Invalid ISBN.');
    this.isbn = isbn;
  },

  getTitle: function() {
    return this.title;
  },
  setTitle: function(title) {
    this.title = title || 'No title specified';
  },

  getAuthor: function() {
```

```
  return this.author;
},
setAuthor: function(author) {
  this.author = author || 'No author specified';
},

display: function() {
  ...
}
};
```

Beachten Sie, dass auch ein Interface definiert ist. Von nun an sollten andere Programmierer nur mit dem Objekt interagieren, indem sie die im Interface definierten Methoden verwenden. Ebenso werden Bearbeitungsmethoden im Konstruktor verwendet. Es macht keinen Sinn, dieselben Prüfungen zweimal zu implementieren, so dass Sie intern auf diese Methoden vertrauen.

Das ist genauso gut wie das vollständig veröffentlichte Objektmuster. Sie haben ein gut definiertes Interface, Zugriffs- und Bearbeitungsmethoden, die die Daten schützen, und Validierungsmethoden. Dennoch hat unser Design immer noch ein Loch. Selbst wenn wir Bearbeitungsmethoden zum Festlegen der Attribute bereitstellen, sind diese Attribute immer noch öffentlich und können noch direkt festgelegt werden. Bei diesem Muster gibt es keine Möglichkeit, dies zu verhindern. Es kann eine ungültige ISBN festgelegt werden, entweder zufällig (durch einen Programmierer, der nicht weiß, dass er das nicht direkt vornehmen soll) oder absichtlich (durch einen Programmierer, der das Interface kennt, es aber ignoriert).

Trotz dieses einzigen Nachteils weist dieses Muster immer noch viele Vorteile auf. Es ist einfach einzusetzen, und neue JavaScript-Programmierer können es schneller erlernen. Man muss kein tiefer gehendes Verständnis des Geltungsbereichs oder der Aufrufkette haben, um eine Klasse wie diese zu erstellen. Die Unterklassenbildung ebenso wie das Unit-Testen ist sehr einfach, da alle Methoden und Attribute öffentlich zugänglich sind. Die einzigen Nachteile sind die Tatsache, dass Sie die internen Daten nicht schützen können, und die Zugriffs- und Bearbeitungsmethoden zusätzlichen Code hinzufügen, der im engeren Sinn nicht benötigt wird. Dies kann dann ein Argument sein, wenn die Dateigröße in JavaScript wichtig ist.

3.2.2 Private Methoden mit Benennungskonventionen

Als Nächstes betrachten wir ein Muster, das private Elemente mit Hilfe einer Benennungskonvention emuliert. Dieses Muster behandelt eines der Probleme aus dem vorherigen Abschnitt: die Unmöglichkeit, einen anderen Programmierer daran zu hindern, zufällig alle Validierungen zu umgehen.

Es ist im Wesentlichen mit dem vollständig offengelegten Objekt identisch, enthält aber Unterstriche vor den Methoden und Attributen, die privat bleiben sollen:

```
var Book = function(isbn, title, author) {
  // implementiert Publication
  this.setIsbn(isbn);
  this.setTitle(title);
  this.setAuthor(author);
}

Book.prototype = {
  checkIsbn: function(isbn) {
    ...
  },
  getIsbn: function() {
    return this._isbn;
  },
  setIsbn: function(isbn) {
    if(!this.checkIsbn(isbn)) throw new Error('Book: Invalid ISBN.');
    this._isbn = isbn;
  },

  getTitle: function() {
    return this._title;
  },
  setTitle: function(title) {
    this._title = title || 'No title specified';
  },

  getAuthor: function() {
    return this._author;
  },
  setAuthor: function(author) {
    this._author = author || 'No author specified';
  },

  display: function() {
    ...
  }
};
```

In diesem Beispiel wurden alle Attribute umbenannt. Zu Beginn wird jedem ein Unterstrich vorangestellt, was den privaten Geltungsbereich angibt. Dies ist immer noch ein gültiger Variablenname in JavaScript, da der Unterstrich das erste gültige Zeichen in einem Bezeichner ist.

Die Benennungskonvention kann auch auf Methoden angewendet werden. Nehmen wir an, dass ein Programmierer, der Ihre Klasse verwendet, sich schwer mit dem

Erstellen einer Instanz tut, weil er immer den Fehler »Invalid ISBN« erhält. Er könnte die öffentliche Methode `checkIsbn` verwenden, um jedes mögliche Zeichen für die Prüfsummenzahl zu durchlaufen (es gibt nur zehn), bis er ein gültiges findet und damit eine Instanz von `Book` erstellt. Sie sollten diese Art von Verhalten verhindern, da die erstellte ISBN wahrscheinlich ungültig ist. Hierzu können Sie die Methodendeklaration ändern.

```
checkIsbn: function(isbn) {
    ...
}
```

Die neue Variante lautet:

```
_checkIsbn: function(isbn) {
    ...
}
```

Es ist für Programmierer immer noch möglich, mit dieser Funktion das System zu verändern, aber es ist weniger wahrscheinlich, dass das versehentlich geschieht.

Mit einem Unterstrich, einer bekannten Benennungskonvention, besagt dies, dass das Attribut (oder die Methode) intern verwendet wird, und dass der Zugriff oder das direkte Festlegen unbeabsichtigte Konsequenzen hat. Es sollte Programmierer davon abhalten, es unabsichtlich festzulegen, aber es hält immer noch nicht diejenigen ab, die es wissentlich verwenden. Dafür würden Sie echte private Methoden benötigen.

Dieses Muster weist alle Vorzüge eines vollständig offengelegten Objekts und einen Nachteil weniger auf. Es ist aber eine Konvention, der alle zustimmen müssen, damit sie wirklich nützlich ist. Es kann nicht erzwungen werden, und somit ist es keine wirkliche Lösung zum Verbergen interner Daten eines Objekts. Es wird stattdessen meist für Methoden und Attribute verwendet, die intern, aber nicht kritisch sind – Methoden und Attribute, um die sich die meisten Programmierer, die diese Klasse verwenden, nicht kümmern, da sie nicht im öffentlichen Interface stehen.

3.2.3 Geltungsbereiche, verschachtelte Funktionen und Closures

Bevor wir uns mit echten privaten Methoden und Attributen befassen, sollten wir uns einen Moment Zeit nehmen, um die Theorie hinter der verwendeten Technik zu erläutern. In JavaScript haben nur Funktionen einen *Geltungsbereich*; das heißt, auf eine in einer Funktion deklarierte Variable kann nicht außerhalb dieser Funktion zugegriffen werden. Private Attribute sind im Wesentlichen Variablen, auf die außerhalb des Objekts nicht zugegriffen werden kann. Es ist also sinnvoll, die Nicht-Zugreifbarkeit mit Hilfe des Geltungsbereichkonzepts zu verwirklichen. Auf eine in einer Funktion definierte Variable können die in der Funktion verschachtelten Funktionen zugreifen.

Hier ein Beispiel, das den Geltungsbereich in JavaScript zeigt:

```
function foo() {
  var a = 10;

  function bar() {
    a *= 2;
  }

  bar();
  return a;
}
```

In diesem Beispiel ist a in der Function foo definiert, aber die Funktion bar kann darauf zugreifen, da bar auch in foo definiert ist. Bei der Ausführung von bar wird a auf a mal 2 gesetzt. Es ist sinnvoll, dass bar auf a bei der Ausführung in foo zugreifen kann. Was geschieht aber, wenn Sie bar außerhalb von foo ausführen könnten?

```
function foo() {
  var a = 10;

  function bar() {
    a *= 2;
    return a;
  }

  return bar;
}

var baz = foo();
// baz ist nun eine Referenz auf die Funktion bar.
baz(); // gibt 20 zurück.
baz(); // gibt 40 zurück.
baz(); // gibt 80 zurück.

var blat = foo(); // blat ist eine weitere Referenz auf bar.
blat(); // gibt 20 zurück, da eine neue Kopie verwendet wird.
```

Hier wird eine Referenz auf die Funktion bar zurückgegeben und der Variable baz zugewiesen. Diese Funktion wird nun außerhalb von foo ausgeführt, und sie hat immer noch Zugriff auf a. Das ist möglich, da bei JavaScript der Geltungsbereich lexikalisch ausgelegt ist: Funktionen laufen in dem Geltungsbereich, in dem sie definiert sind (in diesem Fall der Geltungsbereich in foo), anstatt im Geltungsbereich, in dem sie ausgeführt werden. Solange bar in foo definiert ist, hat die Funktion Zugriff auf alle Variablen von foo, selbst wenn die Ausführung von foo beendet ist.

Das ist ein Beispiel einer Closure. Nachdem `foo` den von `bar` berechneten Wert ausgibt, wird der Geltungsbereich gespeichert und nur die Funktion, die `foo` zurückgibt, hat Zugriff darauf. Im vorherigen Beispiel besitzen `baz` und `blat` jeweils eine Kopie dieses Geltungsbereichs und eine Kopie von `a`, die nur sie ändern können. Die gängigste Art eine Closure zu erstellen, ist durch Rückgabe einer verschachtelten Funktion.

3.2.4 Private Elemente durch Closures

Zurück zu unserem Problem: Es soll eine Variable erstellt werden, auf die man nur intern zugreifen kann. Eine Closure scheint hier die perfekte Wahl zu sein, da Sie damit Variablen erstellen können, die nur für bestimmte Funktionen zugreifbar sind und die zwischen diesen Funktionsaufrufen beibehalten werden. Um private Attribute zu erstellen, definieren Sie Variablen im Geltungsbereich Ihrer Konstruktorfunktion. Auf diese Attribute können alle Funktionen zugreifen, die in diesem Geltungsbereich definiert sind, einschließlich der privilegierten Methoden:

```
var Book = function(newIsbn, newTitle, newAuthor) {
// implementiert Publication

  // Private Attribute.
  var isbn, title, author;

  // Private Methode.
  function checkIsbn(isbn) {
    ...
  }

  // Privilegierte Methoden.
  this.getIsbn = function() {
    return isbn;
  };
  this.setIsbn = function(newIsbn) {
    if(!checkIsbn(newIsbn)) throw new Error('Book: Invalid ISBN.');
    isbn = newIsbn;
  };

  this.getTitle = function() {
    return title;
  };
  this.setTitle = function(newTitle) {
    title = newTitle || 'No title specified';
  };

  this.getAuthor = function() {
    return author;
  };
  this.setAuthor = function(newAuthor) {
```

```
    author = newAuthor || 'No author specified';
  };

  // Konstruktor-Code.
  this.setIsbn(newIsbn);
  this.setTitle(newTitle);
  this.setAuthor(newAuthor);
};

// Public, nicht-privilegierte Methoden.
Book.prototype = {
  display: function() {
    ...
  }
};
```

Wie unterscheidet sich dies also von den anderen Mustern, die wir bislang behandelt haben? In den anderen `Book`-Beispielen haben wir Attribute immer mit dem Schlüsselwort `this` erstellt und darauf Bezug genommen. In diesem Beispiel haben wir diese Variablen mit `var` deklariert. Dies bedeutet, dass sie nur im `Book`-Konstruktor vorliegen. Wir deklarieren die `checkIsbn`-Funktion auf die gleiche Weise, wodurch sie eine private Methode wird.

Jede Methode, die den Zugriff auf diese Variablen und Funktionen benötigt, muss nur in `Book` deklariert werden. Diese werden als *privilegierte* Methoden bezeichnet, da sie öffentlich sind, aber Zugriff auf private Attribute und Methoden haben. Das `this`-Schlüsselwort wird vor diesen privilegierten Funktionen verwendet, um darauf öffentlich zugreifen zu können. Da diese Methoden im Geltungsbereich des `Book`-Konstruktors definiert sind, können sie auf die privaten Attribute zugreifen. Sie müssen dafür kein `this` verwenden, da sie nicht öffentlich sind. Alle Zugriffs- und Bearbeitungsmethoden wurden geändert, um sich direkt auf die Attribute zu beziehen, ohne `this`.

Jede öffentliche Methode, die nicht direkt den Zugriff auf private Attribute benötigt, kann normal in `Book.prototype` deklariert werden. Ein Beispiel für eine dieser Methoden ist `display`. Sie benötigt nicht den direkten Zugriff auf eines der privaten Attribute, da sie `getIsbn` oder `getTitle` aufrufen kann. Es ist eine gute Idee, eine Methode nur dann privilegiert zu machen, wenn sie den direkten Zugriff auf private Elemente benötigt. Wenn man zu viele privilegierte Methoden hat, kann dies zu Hauptspeicherproblemen führen, da neue Kopien der privilegierten Methoden für jede Instanz erstellt werden.

Mit diesem Muster können Sie Objekte mit echten privaten Attributen erstellen. Es ist für andere Programmierer unmöglich, eine Instanz von `Book` zu erstellen und direkt auf die enthaltenen Daten zuzugreifen. Sie können die vorzunehmenden Einstellungen exakt steuern, da immer die Bearbeitungsmethoden durchlaufen werden müssen.

Dieses Muster löst alle Probleme mit anderen Mustern, führt aber selbst wiederum ein paar Nachteile ein. In dem vollständig offengelegten Objektmuster werden alle Methoden aus dem Prototyp erstellt. Das bedeutet, dass von jeder nur eine Kopie im Speicher vorhanden ist, unabhängig davon, wie viele Instanzen Sie erstellen. In diesem Muster erstellen Sie aber jedes Mal bei der Instanziierung eines neuen Objekts eine neue Kopie jeder privaten und privilegierten Methode. Dies kann mehr Speicher belegen als andere Vorgehensweisen, so dass es nur verwendet wird, wenn Sie wirklich private Elemente benötigen.

Für das Muster können zudem nur schwer Unterklassen gebildet werden. Die neue vererbte Klasse hat keinen Zugriff auf die privaten Attribute oder Methoden der Superklasse. Es heißt, dass »Vererbung die Kapselung aufbricht«, da in den meisten Sprachen die Unterklasse Zugriff auf alle privaten Attribute und Methoden der Superklasse hat. In JavaScript ist dies nicht der Fall. Wenn Sie eine Klasse erstellen, für die später Unterklassen gebildet werden sollen, bleiben Sie am besten bei einer mit vollständig offengelegten Mustern.

3.3 Fortgeschrittenere Muster

Nachdem Sie nun drei Grundmuster zur Verfügung haben, stellen wir Ihnen ein paar fortgeschrittenere Muster vor. Im zweiten Teil des Buches finden Sie detailliertere Informationen über bestimmte Muster. Aber wir sehen uns bereits jetzt ein paar davon kurz an.

3.3.1 Statische Methoden und Attribute

Wenn wir unsere Kenntnisse zu Geltungsbereich und Closures anwenden, können wir damit statische Elemente erstellen, auf die sowohl privat wie öffentlich zugegriffen werden kann. Die meisten Methoden und Attribute interagieren mit einer Instanz einer Klasse – statische Elemente interagieren mit der Klasse selbst. Anders ausgedrückt: Statische Elemente funktionieren auf Klassenebene anstatt auf Instanzebene, es gibt nur eine Kopie eines jeden statischen Elements. Wie Sie später in diesem Abschnitt erfahren, werden statische Elemente direkt aus dem Klassenobjekt aufgerufen.

Hier ist die `Book`-Klasse mit statischen Attributen und Methoden:

```
var Book = (function() {

    // Private statische Attribute.
    var numOfBooks = 0;

    // Private statische Methode.
    function checkIsbn(isbn) {
        ...
    }

    // Konstruktor zurückgeben.
    return function(newIsbn, newTitle, newAuthor) {
        // implementiert Publication
```

```
  // Private Attribute.
  var isbn, title, author;

  // Privilegierte Methoden.
  this.getIsbn = function() {
    return isbn;
  };
  this.setIsbn = function(newIsbn) {
    if(!checkIsbn(newIsbn)) throw new Error('Book: Invalid ISBN.');
    isbn = newIsbn;
  };

  this.getTitle = function() {
    return title;
  };
  this.setTitle = function(newTitle) {
    title = newTitle || 'No title specified';
  };

  this.getAuthor = function() {
    return author;
  };
  this.setAuthor = function(newAuthor) {
    author = newAuthor || 'No author specified';
  };

  // Konstruktor-Code.
  numOfBooks++;
  // Verfolgt die Anzahl der instanziierten Books
  // mit dem privaten statischen Attribut.
  if(numOfBooks > 50) throw new Error('Book: Only 50 instances of Book
can be '
      + 'created.');

  this.setIsbn(newIsbn);
  this.setTitle(newTitle);
  this.setAuthor(newAuthor);
 }
})();

// Öffentliche statische Methode.
Book.convertToTitleCase = function(inputString) {
  ...
};

// Öffentliche nicht-privilegierte Methoden.
```

```
Book.prototype = {
  display: function() {
    ...
  }
};
```

Das ist ähnlich der bereits in diesem Kapitel im Abschnitt »Private Elemente durch Closures« erstellten Klasse, enthält aber einige wesentliche Unterschiede. Private und privilegierte Elemente werden immer noch im Konstruktor deklariert, jeweils mit `var` und `this`, aber der Konstruktor hat sich von einer normalen Funktion in eine verschachtelte Funktion geändert, die an die Variable `Book` zurückgegeben wird. Dies ermöglicht das Erstellen einer Closure, in der private statische Elemente deklariert werden können. Die leeren Klammern nach der Funktionsdeklaration sind sehr wichtig. Sie dienen zur sofortigen Ausführung der Funktion, sobald der Code geladen wird (nicht beim Aufruf des `Book`-Konstruktors). Das Ergebnis dieser Ausführung ist eine weitere Funktion, die zurückgegeben wird und als `Book`-Konstruktor festgelegt wird. Bei der Instanziierung von `Book` wird diese innere Funktion aufgerufen: Die äußere Funktion dient nur zum Erstellen einer Closures, in der Sie private statische Elemente ablegen können.

In diesem Beispiel ist die `checkIsbn`-Methode statisch, da es keinen Sinn ergibt, eine neue Version davon für jede Instance von `Book` zu erstellen. Es gibt auch ein statisches Attribut namens `numOfBooks`, mit dem Sie verfolgen können, wie oft der `Book`-Konstruktor aufgerufen wurde. In diesem Beispiel verwenden wir das Attribut, um die Erstellung von Instanzen durch den Konstruktor auf maximal 50 zu beschränken.

Auf diese privaten statischen Elemente kann innerhalb des Konstruktors zugegriffen werden, das heißt, dass jede private oder privilegierte Funktion darauf Zugriff hat. Sie haben einen klaren Vorteil gegenüber den anderen Methoden, da sie nur einmal im Speicher gespeichert werden. Da sie außerhalb des Konstruktors deklariert werden, haben sie keine Zugriffe auf private Attribute und sind somit nicht privilegiert. Private Methoden können private statische Methoden aufrufen, aber nicht anders herum. Als Faustregel für die Entscheidung, ob eine private Methode statisch sein sollte, ist zu prüfen, ob sie den Zugriff auf beliebige Instanzdaten benötigt. Wenn sie keinen Zugriff benötigt, ist es effizienter (hinsichtlich der Speicherbelegung) die Methode statisch zu machen, da immer nur eine Kopie erstellt wird.

Öffentliche statische Elemente sind viel einfacher zu erstellen. Sie werden einfach aus dem Konstruktor erstellt, wie mit der obigen Methode `convertToTitleCase`. Dies bedeutet, dass Sie den Konstruktor im Wesentlichen als Namespace (Namensraum) verwenden.

> **Hinweis:** In JavaScript ist alles ein Objekt außer Variablen der drei primitiven Datentypen (und selbst die werden bei Bedarf automatisch in Objekte gewrappt). Dies bedeutet, dass auch Funktionen Objekte sind. Da Objekte im Wesentlichen Hash-Tabellen sind, können Sie jederzeit Elemente hinzufügen. Die Folge davon ist, dass Funktionen wie jedes andere Objekt Attribute und Methoden haben können und dass diese jederzeit hinzugefügt werden können.

Alle öffentlichen statischen Methoden können genauso einfach als eigene Funktionen deklariert werden, aber es ist nützlich, die zusammengehörenden Verhaltensweisen zusammen an einem Ort zu bündeln. Sie sind für Aufgaben nützlich, die sich auf die Klasse als Ganzes beziehen und nicht auf eine bestimmte Instanz davon. Sie hängen nicht direkt von den Daten in den Instanzen ab.

3.3.2   Konstanten

Konstanten sind nichts anderes als Variablen, die nicht verändert werden können. In JavaScript können Sie Konstanten emulieren, indem Sie eine private Variable mit einer Zugriffsmethode, aber ohne Bearbeitungsmethode erstellen. Da Konstanten in der Regel bei der Entwicklung festgelegt werden und sich nicht mit jeder erstellten Instanz ändern, ist es sinnvoll, sie als private statische Attribute zu erstellen. So sieht ein Aufruf zum Abruf der Konstanten UPPER_BOUND aus Class aus:

```
Class.getUPPER_BOUND();
```

Um diese Zugriffsmethode zu implementieren, benötigen Sie eine privilegierte statische Methode, die wir hier noch nicht behandelt haben. Sie wird wie eine privilegierte Instanzmethode mit dem this-Schlüsselwort erstellt:

```
var Class = (function() {

  // Konstanten (als private statische Attribute erstellt).
  var UPPER_BOUND = 100;

  // Privilegierte statische Methode.
  this.getUPPER_BOUND() {
    return UPPER_BOUND;
  }

  ...

  // Konstruktor zurückgeben.
  return function(constructorArgument) {
    ...
  }
})();
```

Wenn Sie viele Konstanten haben und nicht für jede eine Zugriffsmethode erstellen möchten, können Sie eine einzelne allgemeine Zugriffsmethode erstellen:

```
var Class = (function() {

  // Private statische Attribute.
  var constants = {
    UPPER_BOUND: 100,
    LOWER_BOUND: -100
  }


  // Privilegierte statische Methode.
  this.getConstant(name) {
    return constants[name];
  }


  ...


  // Konstruktor zurückgeben.
  return function(constructorArgument) {
    ...
  }
})();
```

Dann würden Sie eine Konstante durch Aufruf der einzelnen Zugriffsmethode erhalten:

```
Class.getConstant('UPPER_BOUND');
```

3.3.3 Singletons und Objekt-Factories

Es gibt andere Muster, die mittels Closures einen geschützten Variablenraum erstellen. Das Singleton-Muster und das Factory-Muster verwenden dies am stärksten. Beide werden in diesem Buch noch ausführlicher behandelt, aber wir erwähnen sie hier, da sie dieselben Konzepte für das Verbergen von Informationen verwenden.

Das Singleton-Muster verwendet ein zurückgegebenes Objektliteral, um die privilegierten Elemente offenzulegen, während private Elemente im Geltungsbereich der umschließenden Funktion geschützt bleiben. Es verwendet dieselbe Technik, die wir bereits behandelt haben, bei der eine äußere Funktion sofort ausgeführt wird und das Ergebnis einer Variablen zugewiesen wird. In den Beispielen in diesem Kapitel wurde immer eine Funktion zurückgegeben – ein Singleton gibt stattdessen ein Objektliteral zurück. Es ist eine sehr einfache und direkte Möglichkeit, einen geschützten *Namensraum* (Namespace) zu erstellen. In Kapitel 5 erfahren Sie mehr über Singletons.

Objekt-Factories können ebenso mittels Closures Objekte mit privaten Elementen erstellen. In der einfachsten Form ist eine Objekt-Factory dasselbe wie ein Klassenkonstruktor, wobei alle aufgeführten Muster darauf angewendet werden können. Das Factory-Muster wird in Kapitel 7 ausführlich behandelt.

3.4   Vorteile der Kapselung

Es ist natürlich wahr, dass es viel einfacher wäre, wenn man sich beim Erstellen eines Objekts nicht mit Dingen wie Closures und privilegierten Methoden beschäftigen müsste. In einer perfekten Welt könnten alle Methoden öffentlich sein, und andere Programmierer würden nur die verwenden, die im Interface angegeben sind. Was gewinnt man also, wenn man sich die Mühe macht, Implementierungsdetails zu verbergen?

Die Kapselung schützt die Integrität der internen Daten. Indem der Zugriff auf die Daten nur durch die Zugriffs- und Bearbeitungsmethoden möglich ist, können Sie bis ins Detail steuern, was gespeichert und was zurückgegeben wird. Hierdurch werden Sie viel weniger Code auf Fehler prüfen müssen, den Sie in anderen Funktionen benötigen, und es stellt sicher, dass die Daten niemals in einem schlechten Zustand sind. Zusätzlich bietet es den Vorteil, dass Objekte einfacher refaktoriert werden können. Da die internen Details vor den Benutzern des Objekts verborgen sind, können Sie die Datenstrukturen und Algorithmen mitten drin frei ändern, ohne dass jemand dies weiß oder es jemand interessiert.

Indem nur die im Interface angegebenen Methoden öffentlich sind, fördern sie lose gekoppelte Module. Dies ist eines der wichtigsten Prinzipien des objektorientierten Designs. Wenn Sie die Objekte möglichst unabhängig halten, hat dies viele Vorteile. Es verbessert die Wiederverwendbarkeit und erlaubt bei Bedarf den Austausch von Objekten. Die Verwendung privater Variablen verhindert auch Konflikte mit Namespaces. Da der restliche Code nicht auf eine Variable zugreifen darf, müssen Sie nicht aufpassen, ob der verwendete Variablenname mit anderen Objekten oder Funktionen an anderer Stelle im Programm in Konflikt gerät. Dadurch können sich interne Objektdetails grundlegend ändern, ohne dass dies andere Codestücke beeinflusst. Im Allgemeinen können Sie Änderungen einfacher vornehmen, da Sie bereits genau wissen, was sie bewirken. Wenn Sie interne Daten direkt offenlegen, kann man die Folgen der Codeänderungen nie kennen.

3.5   Nachteile der Kapselung

Es kann sehr schwierig sein, private Methoden im Unit-Test zu testen. Aufgrund der Tatsache, dass sie verborgen und die internen Variablen geschützt sind, ist es unmöglich, darauf von außerhalb des Objekts zuzugreifen. Die Workarounds hierfür sind nicht sehr ansprechend. Sie müssen entweder den Zugriff über öffentliche Methoden bereitstellen, was den Vorteil der Verwendung privater Methoden im Großen und Ganzen zunichte macht, oder irgendwie alle Unit-Tests im Objekt definieren und ausführen. Die beste Lösung für dieses Problem ist, nur die öffentlichen Methoden zu testen. Das sollte die vollständige Abdeckung der privaten Methoden ermöglichen, wenn auch nur auf indirekte Weise. Das ist aber kein spezielles JavaScript-Problem. Es ist eine allgemeine Regel, dass Sie nur Ihre öffentlichen Methoden im Unit-Test testen sollten.

Komplizierte Geltungsbereichsketten können zudem das Debuggen von Fehlern erschweren. In der Regel ist das kein großes Problem, aber es gibt Situationen, in denen die vielen identisch benannten Variablen in unterschiedlichen Geltungsbereichen schwer zu unterscheiden sein können. Dieses Problem gilt nicht nur für gekapselte Objekte, aber es kann durch Closures komplizierter werden, die zum Erstellen privater Methoden und Attribute erforderlich sind.

Es ist möglich, dass man mit der Kapselung zu vorsichtig ist. Wenn Sie nicht genau wissen, wie Ihre Klassen von anderen Programmierern verwendet werden können, kann es zu restriktiv sein, wenn Sie diese aktiv am Ändern der internen Details hindern. Es ist schwer vorherzusagen, wie andere Ihren Code verwenden werden. Die Kapselung kann Ihre Klassen so unflexibel machen, dass es unmöglich wird, diese für einen Zweck wiederzuverwenden, den Sie nicht vorweggenommen haben.

Der größte Nachteil ist, dass die Kapselung schwer in JavaScript zu implementieren ist. Sie erfordert komplizierte Objektmuster, von denen die meisten für Programmiereinsteiger sehr wenig intuitiv sind. Wenn man hier Konzepte wie die Aufrufkette und sofort ausgeführte Funktionen verstehen muss, macht dies die Lernkurve für eine Sprache, die sich bereits von den meisten anderen objektorientierten Sprachen unterscheidet, sehr viel steiler. Weiterhin kann dies dazu führen, dass bestehender Code für jemanden, der sich mit einem bestimmten Muster nicht so gut auskennt, schwer entzifferbar wird. Beschreibende Kommentare und Dokumentation können dieses Problem etwas verringern, aber nicht völlig aus der Welt schaffen. Wenn Sie diese Muster einsetzen, ist es wichtig, dass die anderen Programmierer, mit denen Sie zusammenarbeiten, diese auch verstehen.

3.6 Zusammenfassung

In diesem Kapitel haben wir das Konzept des Verbergens von Informationen betrachtet und wie es mit Hilfe von Kapselung durchgesetzt wird. Da JavaScript keine integrierte Möglichkeit dafür aufweist, müssen Sie auf andere Techniken zurückgreifen. Vollständig offengelegte Objekte sind nützlich, wenn es nicht entscheidend ist, die Integrität interner Daten zu wahren, oder wenn anderen Programmierern vertraut werden kann, nur die Methoden zu verwenden, die im Interface beschrieben sind. Benennungskonventionen können auch dazu beitragen, andere Programmierer von den internen Methoden fernzuhalten, auf die nicht direkt zugegriffen werden sollte. Wenn echte private Elemente benötigt werden, besteht die einzige Möglichkeit darin, sie durch Closures zu erstellen. Durch das Erstellen eines geschützten Variablenraums können Sie öffentliche, private und privilegierte Elemente zusammen mit statischen Klassenelementen und Konstanten implementieren. Die meisten späteren Kapitel dieses Buchs bauen auf diesen Grundtechniken auf, so dass es sich lohnt, sie genau durchzuarbeiten. Wenn Sie einmal verstanden haben, wie ein Geltungsbereich in JavaScript bearbeitet werden kann, kann jede objektorientierte Technik emuliert werden.

4   Vererbung

Vererbung ist ein sehr komplexes Thema in JavaScript, weitaus mehr als in jeder anderen objektorientierten Sprache. Im Unterschied zu den meisten anderen objektorientierten Sprachen, in denen mit einem einfachen Schlüsselwort von einer Klasse geerbt werden kann, benötigt man in JavaScript eine Reihe von Schritten, um die öffentlichen Elemente auf dieselbe Weise weiterzugeben. Um das Ganze noch komplizierter zu machen, ist JavaScript eine der wenigen Sprachen, die die prototypbasierte Vererbung verwenden (wir zeigen Ihnen aber, warum dies ein gewaltiger Vorteil sein kann). Aufgrund der Flexibilität der Sprache können Sie die standardmäßige klassenbasierte Vererbung verwenden oder die etwas ausgefeiltere – und eventuell sogar effizientere – prototypische Vererbung.

In diesem Kapitel betrachten wir Techniken, mit denen in JavaScript Unterklassen erstellt werden können, und Situationen, in denen sich deren Verwendung anbietet.

4.1   Warum braucht man Vererbung?

Bevor wir uns dem Code zuwenden, sehen wir uns einmal an, welche Vorteile die Vererbung bringt. Allgemein formuliert, möchten Sie Klassen dergestalt entwerfen, dass die Menge von doppeltem Code verringert wird und die Objekte möglichst lose gekoppelt sind. Die Vererbung ist für das erste der beiden Designprinzipien ganz nützlich und ermöglicht die Nutzung bereits vorhandener Klassen und Methoden. Ebenso können Änderungen einfacher durchgeführt werden. Wenn verschiedene Klassen jeweils eine toString-Methode haben sollen, die die Struktur einer Klasse in einer bestimmten Weise ausgibt, können Sie in jeder Klasse per Copy & Paste eine toString-Methodendeklaration einfügen. Aber jedes Mal, wenn Sie die Arbeitsweise der Methode ändern, müssen Sie jede Klasse wieder ändern. Wenn Sie stattdessen eine ToStringProvider-Klasse erstellen, von der alle anderen Klassen erben, wird diese Methode an nur einem Ort deklariert.

Es kann sein, dass Klassen, die voneinander erben, dadurch eng aneinander gekoppelt sind. Das heißt, eine Klasse hängt von der internen Implementierung der anderen ab. Wir betrachten verschiedene Möglichkeiten, dies zu verhindern, einschließlich der Verwendung von Mixin-Klassen zur Bereitstellung von Methoden an andere Klassen.

4.2   Klassische Vererbung

JavaScript kann so verwendet werden, dass es wie eine Sprache mit klassischer Vererbung aussieht. Wenn Klassen durch Funktionen deklariert und Instanzen mit dem new-Schlüsselwort erstellt werden, können sich Objekte sehr ähnlich wie Objekte in Java oder C++ verhalten. So sieht eine grundlegende Klassendefinition in JavaScript aus:

```
/* Klasse Person. */

function Person(name) {
  this.name = name;
}

Person.prototype.getName = function() {
  return this.name;
}
```

Als Erstes erstellen Sie den Konstruktor. Dieser sollte wie üblich der Name der Klasse sein, der mit einem Großbuchstaben beginnt. Im Konstruktor erstellen Sie mit dem this-Schlüsselwort die Instanzattribute. Um Methoden zu erstellen, fügen Sie diese in das prototype-Objekt der Klasse ein, wie hier bei Person.prototype.getName. Um eine Instanz dieser Klasse zu erstellen, müssen Sie nur den Konstruktor mit dem new-Schlüsselwort aufrufen:

```
var reader = new Person('John Smith');
reader.getName();
```

Sie können dann auf alle Instanzattribute zugreifen und alle Instanzmethoden aufrufen. Das ist ein sehr einfaches Beispiel für eine Klasse in JavaScript.

4.2.1 Die Prototypkette

Um eine Klasse zu erstellen, die von Person erbt, wird es etwas komplexer:

```
/* Klasse Author. */

function Author(name, books) {
  Person.call(this, name);
// Aufruf des Konstruktors der Superklasse im
// Geltungsbereich von this.
  this.books = books; // Zu Author ein Attribut hinzufügen.
}

Author.prototype = new Person(); // Prototypkette einrichten.
Author.prototype.constructor = Author;
// Konstruktorattribut auf Author festlegen.
Author.prototype.getBooks = function() {
// Methode zu Author hinzufügen.
  return this.books;
};
```

Das Einrichten einer Klasse, die von einer anderen erbt, erfordert mehrere Codezeilen (im Unterschied zum einfachen `extend`-Schlüsselwort in den meisten anderen objektorientierten Sprachen). Als Erstes erstellen wir eine Konstruktorfunktion wie im obigen Beispiel. In dieser Anweisung wird der Konstruktor der Superklasse aufgerufen und das `name`-Argument übergeben. Diese Zeile verdient eine ausführlichere Erklärung: Wenn Sie den `new`-Operator verwenden, werden einige Dinge für Sie vorgenommen. Zuerst einmal wird ein leeres Objekt erstellt. Die Konstruktorfunktion wird dann mit diesem leeren Objekt vorne in der Geltungsbereichkette aufgerufen; das `this` in jeder Konstruktorfunktion bezieht sich dann auf dieses leere Objekt. Um den Konstruktor der Superklasse in der erbenden Klasse `Author` aufzurufen, müssen Sie dasselbe manuell ausführen. `Person.call(this, name)` ruft den `Person`-Konstruktor mit dem leeren Objekt (auf das wir uns mit `this` beziehen) vorne in der Geltungsbereichkette auf, wobei `name` als Argument übergeben wird.

Der nächste Schritt ist die Errichtung der Prototypkette. Trotz der Tatsache, dass der zur Ausführung dieser Aufgabe verwendete Code ziemlich einfach ist, ist es eigentlich ein sehr komplexes Thema. Wie bereits erwähnt, fehlt in JavaScript das `extends`-Schlüsselwort. Stattdessen hat jedes Objekt ein Attribut namens `prototype`. Dieses Attribut zeigt entweder auf ein andere Objekt oder auf `null`. Wenn auf ein Objektelement zugegriffen wird, wie in `reader.getName`, sucht JavaScript das Element im `prototype`-Objekt, wenn es im aktuellen Objekt fehlt. Wenn es dort nicht gefunden wird, wird die Kette durchlaufen und auf jeden `prototype` des Objekts zugegriffen, bis das Element gefunden wird (oder bis `prototype null` ist). Dies bedeutet: Damit eine Klasse von einer anderen erben kann, müssen Sie einfach das `prototype`-Objekt der erbenden Klasse so festlegen, dass es auf eine Instanz der Superklasse zeigt. Das unterscheidet sich vollkommen davon, wie Vererbung in anderen Sprachen funktioniert und kann sehr verwirrend und wenig intuitiv sein.

Damit Instanzen von `Author` von `Person` erben, müssen Sie den Prototyp von `Author` manuell auf eine Instanz von `Person` festlegen. Der letzte Schritt ist, das `constructor`-Attribut wieder auf `Author` einzustellen. (Wenn Sie das `prototype`-Attribut auf eine Instanz von `Person` festlegen, gilt das `constructor`-Attribut nicht mehr).

Ungeachtet der Tatsache, dass das Einrichten dieser Vererbung drei zusätzliche Zeilen benötigt, wird eine Instanz dieser neuen Unterklasse genauso erstellt wie für `Person`:

```
var author = [];
author[0] = new Author('Dustin Diaz', ['JavaScript Design Patterns']);
author[1] = new Author('Ross Harmes', ['JavaScript Design Patterns']);

author[1].getName();
author[1].getBooks();
```

Die gesamte Komplexität der klassischen Vererbung liegt in der Klassendeklaration. Das Erstellen neuer Instanzen ist immer noch einfach.

Die extend-Funktion

Um die Klassendeklaration einfacher zu machen, können Sie den ganzen Unterklassenbildungsprozess in einer Funktion namens extend wrappen. Diese macht genau das, was das extend-Schlüsselwort in anderen Sprachen macht: ein neues Objekt aus einer gegebenen Klassenstruktur erstellen:

```
/* Extend-Funktion. */

function extend(subClass, superClass) {
  var F = function() {};
  F.prototype = superClass.prototype;
  subClass.prototype = new F();
  subClass.prototype.constructor = subClass;
}
```

Diese Funktion macht dieselben Dinge, die Sie bis dato manuell erledigt haben. Sie legt das prototype-Objekt fest und setzt dann den korrekten Konstruktor zurück. Als Bonus fügt es die leere Klasse F in die Prototypkette ein, um zu verhindern, dass eine neue (und möglicherweise große) Instanz der Superklasse instanziiert werden muss. Das ist ebenso in Situationen vorteilhaft, in denen der Konstruktor der Superklasse Nebenwirkungen hat oder etwas tut, was sehr rechenintensiv ist. Da das für prototype instanziierte Objekt in Regel nur eine Wegwerfinstanz ist, werden Sie es nicht unnötig erstellen wollen.

Das obige Person/Author-Beispiel sieht nun so aus:

```
/* Klasse Person. */

function Person(name) {
  this.name = name;
}

Person.prototype.getName = function() {
  return this.name;
}

/* Klasse Author. */

function Author(name, books) {
  Person.call(this, name);
  this.books = books;
}
extend(Author, Person);

Author.prototype.getBooks = function() {
  return this.books;
};
```

Anstatt die Attribute `prototype` und `constructor` manuell festzulegen, rufen Sie einfach die `extend`-Funktion direkt nach der Klassendeklaration auf (und bevor Sie Methoden zu `prototype` hinzufügen). Das einzige Problem ist hier, dass der Name der Superklasse (`Person`) in der Deklaration von `Author` hartkodiert ist. Es wäre besser, wenn man darauf allgemeiner Bezug nehmen würde:

```
/* Verbesserte Extend-Funktion. */

function extend(subClass, superClass) {
  var F = function() {};
  F.prototype = superClass.prototype;
  subClass.prototype = new F();
  subClass.prototype.constructor = subClass;

  subClass.superclass = superClass.prototype;
  if(superClass.prototype.constructor == Object.prototype.constructor) {
    superClass.prototype.constructor = superClass;
  }
}
```

Diese Version ist etwas länger, enthält aber das `superclass`-Attribut, durch das Sie nun `Author` weniger eng an `Person` koppeln können. Die ersten vier Zeilen der Funktion sind dieselben wie zuvor. Die letzten drei Zeilen stellen einfach sicher, dass das `constructor`-Attribut für die Superklasse korrekt festgelegt ist (sogar wenn die Superklasse die `Object`-Klasse selbst ist). Dies wird wichtig, wenn Sie dieses neue `superclass`-Attribut zum Aufruf des Superklassenkonstruktors verwenden:

```
/* Klasse Author. */

function Author(name, books) {
  Author.superclass.constructor.call(this, name);
  this.books = books;
}
extend(Author, Person);

Author.prototype.getBooks = function() {
  return this.books;
};
```

Durch Hinzufügen des `superclass`-Attributs können Sie auch Methoden direkt aus der Superklasse aufrufen. Das ist nützlich, wenn Sie eine Methode überschreiben, aber noch immer den Zugriff auf dessen Superklassen-Implementierung haben möchten.

Um zum Beispiel die Implementierung von `Person` von `getName` mit einer neuen Version zu überschreiben, können Sie mit `Author.superclass.getName` erst den ursprünglichen Namen abrufen und dann Folgendes hinzufügen:

```
Author.prototype.getName = function() {
  var name = Author.superclass.getName.call(this);
  return name + ', Author of ' + this.getBooks().join(', ');
};
```

4.3 Prototypbasierte Vererbung

Prototypbasierte Vererbung ist eine ganz andere Sache. Nach unserem Dafürhalten sollten Sie dabei erst einmal alles vergessen, was Sie über Klassen und Instanzen wissen, und nur in Objekten denken. Der klassische Ansatz der Objekterstellung besteht aus a) der Definition der Struktur des Objekts mit einer Klassendeklaration und b) der Instanziierung dieser Klasse, um ein neues Objekt zu erstellen. Auf diese Weise erstellte Objekte haben ihre eigenen Kopien aller Instanzattribute, plus einem Link zu einer einzelnen Kopie einer jeden Instanzmethode.

Bei der prototypbasierten Vererbung können Sie statt der Definition einer Struktur über eine Klasse einfach ein Objekt erstellen. Dieses Objekt wird dann durch neue Objekte wiederverwendet, was durch die Funktionsweise der Suchvorgänge (Lookups) in der `prototype`-Kette bedingt ist. Es wird als das *Prototypobjekt* bezeichnet, da es einen Prototyp bereitstellt, wie die anderen Objekte aussehen sollten (um Verwirrung mit dem anderen `prototype`-Objekt zu vermeiden, ist es kursiv gedruckt). Von ihm erhält die prototypbasierte Vererbung ihren Namen.

Wir werden nun `Person` und `Author` mit der prototypbasierten Vererbung neu erstellen:

```
/* Person-Prototypobjekt. */

var Person = {
  name: 'default name',
  getName: function() {
    return this.name;
  }
};
```

Anstatt eine Konstruktorfunktion namens `Person` zur Definition der Klassenstruktur zu verwenden, ist `Person` nun ein Objektliteral. Es ist das *Prototypobjekt* für alle anderen `Person`-artigen Objekte, die Sie erstellen möchten. Definieren Sie alle Attribute und Methoden, die diese Objekte haben sollen, und geben Sie ihnen Defaultwerte.

Für diese Methoden werden die Defaultwerte wahrscheinlich nicht geändert; für Attribute lauten sie höchstwahrscheinlich:

```
var reader = clone(Person);
alert(reader.getName()); // Ausgabe 'default name'.
reader.name = 'John Smith';
alert(reader.getName()); // Ausgabe 'John Smith'.
```

Um ein neues `Person`-artiges Objekt zu erstellen, verwenden Sie die `clone`-Funktion, die wir später in diesem Kapitel im Abschnitt »Die Clone-Funktion« ausführlicher behandeln. Diese stellt ein leeres Objekt bereit, wobei das `prototype`-Attribut auf das *Prototypobjekt* festgelegt ist. Dies bedeutet, dass wenn eine Suche (Lookup) der Methoden oder Attribute für dieses Objekt misslingt, diese Suche stattdessen im *Prototypobjekt* nachsehen wird.

Sie erstellen `Author` nicht mit einer Unterklasse von `Person`. Sie erstellen stattdessen eine Kopie (Clone):

```
/* Author-Prototypobjekt. */

var Author = clone(Person);
Author.books = []; // vorgegebener oder Default-Wert.
Author.getBooks = function() {
  return this.books;
}
```

Die Methoden und Attribute dieser Kopie können dann überschrieben werden. Sie können die durch `Person` definierten Defaultwerte ändern oder neue Attribute und Methoden hinzufügen. Dies erstellt ein neues *Prototypobjekt*, das Sie kopieren können, um neue `Author`-artige Objekte zu erstellen:

```
var author = [];

author[0] = clone(Author);
author[0].name = 'Dustin Diaz';
author[0].books = ['JavaScript Design Patterns'];

author[1] = clone(Author);
author[1].name = 'Ross Harmes';
author[1].books = ['JavaScript Design Patterns'];

author[1].getName();
author[1].getBooks();
```

4.3.1   Asymmetrisches Lesen und Schreiben der geerbten Elemente

Wie bereits erwähnt, müssen Sie alles vergessen, was Sie über die klassische Vererbung wissen, um die prototypbasierte Vererbung effizient einzusetzen. Hier ein Beispiel dafür: Bei der klassischen Vererbung hat jede Instanz von `Author` eine eigene Kopie des `books`-Array. Sie können dies folgendermaßen hinzufügen: `author[1].books.push('New Book Title')`. Das ist anfangs bei dem durch prototypbasierte Vererbung erstellten Objekt aufgrund der Funktionsweise der Prototypverkettung nicht möglich: Eine Kopie ist keine vollständig unabhängige Kopie des *Protoypobjekts*. Es ist ein neues leeres Objekt, bei dem das `prototype`-Attribut auf das *Prototypobjekt* festgelegt wird. Bei der Erstellung ist `author[1].name` tatsächlich der Link zurück zum Primitiv `Person.name`. Grund dafür ist die Asymmetrie beim Lesen und Schreiben von Objekten, die mit `prototype` verknüpft sind. Wenn Sie den Wert von `author[1].name` lesen, erhalten Sie den mit `prototype` verknüpften Wert, vorausgesetzt, dass Sie nicht das `name`-Attribut direkt auf der Instanz von `author[1]` definiert haben. Wenn Sie in `author[1].name` schreiben, definieren Sie ein neues Attribut direkt auf dem `author[1]`-Objekt.

Das folgende Beispiel zeigt diese Asymmetrie:

```
var authorClone = clone(Author);
alert(authorClone.name);
// Verknüpft mit dem Primitiv Person.name,also dem String 'default name'.
authorClone.name = 'new name';
// Ein neues Primitiv wird erstellt und zum authorClone-
// Objekt hinzugefügt.
alert(authorClone.name);
// Es ist nun mit dem Primitiv authorClone.name verbunden,
// dessen String 'new name'ist.


authorClone.books.push('new book');
// authorClone.books ist mit dem Array Author.books
// verknüpft.
// Wir haben den Defaultwert des Prototyobjekts geändert,
// und alle anderen Objekte, die damit verknüpft sind, haben
// nun einen neuen Defaultwert.
authorClone.books = [];
// Ein neuer Array wird erstellt und zum authorClone-Objekt
// hinzugefügt.
authorClone.books.push('new book');
// Wir bearbeiten nun den neuen Array.
```

Dies zeigt auch, warum Sie neue Kopien der Datentypen erstellen müssen, die durch Referenz übergeben werden. Im obigen Beispiel wird durch Einfügen eines neuen Werts in den `authorClone.books`-Array dieser eigentlich in `Author.books` eingefügt. Das ist ungünstig, da Sie gerade den Wert nicht nur für `Author`, sondern für jedes Objekt geändert haben, das von `Author` erbt, aber den Default-Wert noch nicht überschrieben hat. Sie müssen neue Kopien aller Arrays und Objekte erstellen, bevor Sie mit der Veränderung der Elemente beginnen. Es ist sehr einfach, dies zu vergessen und den Wert des *Prototypobjekts* zu ändern. Das sollte auf alle Fälle vermieden werden. Das Debuggen dieser Arten von Fehlern kann sehr zeitaufwendig sein. In diesen Situationen können Sie die hasOwnProperty-Methode zur Unterscheidung zwischen den geerbten Elementen und den tatsächlichen Elementen des Objekts verwenden.

Manchmal enthalten *Prototypobjekte* Kindobjekte, also untergeordnete Objekte. Wenn Sie einen einzelnen Wert in diesem Kindobjekt überschreiben möchten, müssen Sie alles neu erstellen. Dies kann dadurch geschehen, dass das Kindobjekt auf ein leeres Objektliteral eingestellt wird und es dann neu erstellt wird. Das würde aber bedeuten, dass das kopierte Objekt die exakte Struktur und Defaults für jedes Kindobjekt kennen müsste. Um alle Objekte möglichst lose gekoppelt zu halten, sollten komplexe Kindobjekte mit Methoden erstellt werden:

```
var CompoundObject = {
  string1: 'default value',
  childObject: {
    bool: true,
    num: 10
  }
}

var compoundObjectClone = clone(CompoundObject);

// Schlecht! Ändert den Wert von
// CompoundObject.childObject.num.

compoundObjectClone.childObject.num = 5;

// Besser. Erstellt ein neues Objekt, aber CompoundObject
// muss die Struktur des Objekts und die Defaults kennen.
// Hierdurch werden CompoundObject und compoundObjectClone
// eng gekoppelt.

compoundObjectClone.childObject = {
  bool: true,
  num: 5
};
```

In diesem Beispiel wird childObject neu erstellt und compoundObjectClone.childObject.num wird geändert. Das Problem ist, dass compoundObjectClone wissen muss, dass childObject zwei Attribute mit den Werten true und 10 hat. Ein besserer Ansatz ist hier eine Factory-Methode, die das childObject erstellt:

```
// Bester Ansatz. Erstellt durch eine Methode ein neues
// Objekt mit derselben Struktur und denselben Defaults wie
// beim Original.
```

```
var CompoundObject = {};
CompoundObject.string1 = 'default value',
CompoundObject.createChildObject = function() {
  return {
    bool: true,
    num: 10
  }
};
CompoundObject.childObject = CompoundObject.createChildObject();

var compoundObjectClone = clone(CompoundObject);
compoundObjectClone.childObject = CompoundObject.createChildObject();
compoundObjectClone.childObject.num = 5;
```

Die clone-Funktion

Wie sieht nun also die Funktion aus, die diese kopierten Objekte erstellt?

```
/* Clone-Funktion. */

function clone(object) {
    function F() {}
    F.prototype = object;
    return new F;
}
```

Als Erstes erstellt die `clone`-Funktion eine neue und leere Funktion `F`. Dann wird das `prototype`-Attribut von `F` auf das *Prototypobjekt* festgelegt. Sie können hier die Absicht der ursprünglichen Entwickler von JavaScript erkennen. Das `prototype`-Attribut soll auf das *Prototypobjekt* zeigen, und durch die Prototypverkettung verfügt es über Links zu allen geerbten Elementen. Zuletzt erstellt die Funktion ein neues Objekt, indem der `new`-Operator für `F` aufgerufen wird. Das zurückgegebene kopierte Objekt ist vollkommen leer, mit Ausnahme des `prototype`-Attributs, das – indirekt – durch das `F`-Objekt auf das *Prototypobjekt* zeigt.

4.4   Klassische und prototypbasierte Vererbung im Vergleich

Das klassische und das prototypbasierte Paradigma zum Erstellen neuer Objekte unterscheiden sich stark voneinander, und die durch die beiden Verfahren erstellten Objekte verhalten sich auch anders. Jedes Paradigma hat seine Vor- und Nachteile, was Ihnen die Entscheidung erleichtern sollte, welches Sie in einer bestimmten Situation verwenden.

Die klassische Vererbung wird allgemein gut verstanden, sowohl in JavaScript als auch in der Community der Programmierer im Allgemeinen. Der meiste in JavaScript geschriebene objektorientierte Code verwendet dieses Paradigma. Wenn Sie eine API für einen breiten Einsatz erstellen, oder wenn die Möglichkeit besteht, dass andere Programmierer, die sich in der prototypbasierten Vererbung nicht auskennen, an Ihrem Code arbeiten, ist es am besten, die klassische Lösung zu wählen. JavaScript ist die einzige populäre und weit verbreitete Sprache, die die prototypbasierte Vererbung verwendet, so dass die Chancen hoch sind, dass die meisten Leute diese nie zuvor verwendet haben. Es kann auch verwirrend sein, ein Objekt mit Verbindungen zurück zu seinem *Prototypobjekt* zu haben. Programmierer, die die prototypbasierte Vererbung nicht ganz verstehen, werden sie als eine Art von umgekehrter Vererbung betrachten, wobei das übergeordnete Element vom untergeordneten Element erbt. Wenngleich dies nicht der Fall ist, kann das immer noch ein sehr verwirrendes Thema sein. Aber da diese Art der klassischen Vererbung die echte klassenbasierte Vererbung nur imitiert, müssen fortgeschrittene JavaScript-Programmier ohnehin verstehen, wie die prototypbasierte Vererbung wirklich funktioniert.

Die prototypbasierte Vererbung ist sehr speichereffizient. Aufgrund der Art und Weise, wie die Prototypkette die Elemente liest, teilen sich alle kopierten Objekte eine gemeinsame Kopie jedes Attributs und jeder Methode, bis diese Attribute und Methoden direkt in das kopierte Objekt geschrieben werden. Stellen Sie dies Objekten gegenüber, die mit klassischer Vererbung erstellt wurden, wo jedes Objekt eine Kopie jedes Attributs (und privater Methoden) im Speicher besitzt. Die Einsparungen sind hier enorm. Es scheint auch ein viel eleganterer Ansatz zu sein, da nur eine `clone`-Funktion erforderlich ist, anstatt mehrerer Zeilen unverständlicher Syntax wie `SuperClass.call(this, arg)` und `SubClass.prototype = new SuperClass` für jede Klasse, die erweitert werden soll. (Aber einige dieser Zeilen können wiederum in der `extend`-Funktion zusammengefasst werden). Glauben Sie aber nicht, dass die prototypbasierte Vererbung nur weil sie einfach ist, nicht auch komplex ist. Die Macht liegt in der Einfachheit.

Die Entscheidung, die klassische oder die prototypbasierte Vererbung zu verwenden, hängt meist davon ab, wie sehr Sie das jeweilige Paradigma mögen. Einige werden von der Einfachheit der prototypbasierten Vererbung angezogen, anderen fühlen sich bei der klassischen Vererbung besser aufgehoben. Beide Paradigmen können für jedes in diesem Buch beschriebene Entwurfsmuster verwendet werden. Wir tendieren zur klassischen Vererbung für die letzteren Muster, um sie einfacher verstehbar zu machen, aber beide Konzepte können in diesem Buch austauschbar verwendet werden.

4.5 Vererbung und Kapselung

Bis dato haben wir uns noch gar nicht damit beschäftigt, wie sich die Kapselung auf die Vererbung auswirkt. Wenn Sie eine Unterklasse aus einer bestehenden Klasse erstellen, werden nur die öffentlichen und privilegierten Elemente weitergegeben. Das ist ähnlich wie in jeder anderen objektorientierten Sprache. In Java zum Beispiel kann in Unterklassen nicht auf private Methoden zugegriffen werden. Sie müssen eine Methode explizit als `protected` definieren, um sie an die Unterklassen zu übergeben.

Daher sind vollständig offengelegte Klassen die besten Kandidaten für Unterklassenbildung. Alle Elemente sind öffentlich und werden an die Unterklassen übergeben.
Wenn ein Element stärker abgeschirmt werden muss, kann man immer die Unterstrich-Notation verwenden.

Wenn für eine Klasse mit echten privaten Elementen Unterklassen gebildet werden,
werden die privilegierten Methoden übergeben, da auf sie öffentlich zugegriffen
werden kann. Dies erlaubt den indirekten Zugriff auf die privaten Attribute, aber keine
der Instanzmethoden der Unterklasse hat den direkten Zugriff auf diese privaten Attribute. Auf private Elemente kann nur durch bereits errichtete privilegierten Methoden
zugegriffen werden; neue können der Unterklasse nicht hinzugefügt werden.

4.6   Mixin-Klassen

Es gibt eine Möglichkeit, Code ohne strenge Vererbung wiederzuverwenden. Wenn Sie
eine Funktion haben, die Sie in mehr als einer Klasse verwenden möchten, können Sie
diese durch Erweiterung über mehrere Klassen gemeinsam nutzen. In der Praxis sieht
es etwa wie folgt aus: Sie erstellen eine Klasse, die die allgemeinen Methoden enthält
und verwenden diese dann, um andere Klassen zu erweitern. Diese Klassen mit allgemeinen Methoden werden als Mixin-Klassen bezeichnet. Sie werden in der Regel nicht
instanziiert oder direkt aufgerufen. Sie existieren nur, um ihre Methoden an andere
Klassen zu übergeben. Dies wird am besten anhand eines Beispiels deutlich:

```
/* Mixin-Klasse. */

var Mixin = function() {};
Mixin.prototype = {
  serialize: function() {
    var output = [];
    for(key in this) {
      output.push(key + ': ' + this[key]);
    }
    return output.join(', ');
  }
};
```

Die Klasse `Mixin` hat eine einzelne Methode namens `serialize`. Diese Methode
durchläuft jedes Element in `this` und gibt es als String aus. (Das ist nur ein einfaches
Beispiel; eine robustere Version dieser Art von Funktion findet sich in der
`toJSONString`-Methode, die zur JSON-Bibliothek von Douglas Crockford gehört, zu
finden unter `http://json.org/json.js`). Diese Art von Methode kann möglicherweise in vielen verschiedenen Klassentypen nützlich sein, aber es ist nicht sehr sinnvoll,
dass jede dieser Klassen von `Mixin` erbt. Ebenso ergibt auch die Duplikation des Codes
in jeder Klasse nur wenig Sinn.

Der beste Ansatz ist, mit der `augment`-Funktion diese Methode jeder Klasse hinzuzufügen, die sie benötigt:

```
augment(Author, Mixin);

var author = new Author('Ross Harmes', ['JavaScript Design Patterns']);
var serializedString = author.serialize();
```

Hier erweitern wir die `Author`-Klasse mit allen Methoden aus der `Mixin`-Klasse. Instanzen von `Author` können nun `serialize` aufrufen. Dies kann als eine Möglichkeit betrachtet werden, in JavaScript die Mehrfachvererbung zu implementieren. Sprachen wie C++ und Python erlauben, dass Unterklassen von mehr als einer Superklasse erben. Das ist in JavaScript nicht möglich, da das `prototype`-Attribut nur auf ein Objekt zeigen kann. Aber eine Klasse kann durch mehr als eine Mixin-Klasse erweitert werden, was im Grunde dieselbe Funktionalität bietet.

Die `augment`-Funktion ist ziemlich einfach. Mit einer `for..in`-Schleife wird jedes Element von `prototype` der gebenden Klasse durchlaufen und diese dann zum `prototype` der Empfängerklasse hinzugefügt. Wenn ein Element bereits existiert, wird es übergangen. In der Empfängerklasse wird nichts überschrieben:

```
/* Augment-Funktion. */

function augment(receivingClass, givingClass) {
  for(methodName in givingClass.prototype) {
    if(!receivingClass.prototype[methodName]) {
      receivingClass.prototype[methodName] =
givingClass.prototype[methodName];
    }
  }
}
```

Wir können dies etwas verbessern. Angenommen, Sie haben eine Mixin-Klasse mit verschiedenen Methoden, möchten aber nur eine oder zwei davon in eine andere Klasse kopieren. Mit der obigen Version von `augment` wäre das unmöglich. Diese neue Version sucht nach optionalen Argumenten, und wenn diese vorhanden sind, werden nur die Methoden kopiert, deren Namen diesen Argumenten entsprechen:

```
/* Augment-Funktion, verbessert. */

function augment(receivingClass, givingClass) {
  if(arguments[2]) { // Nur bestimmte Methoden.
    for(var i = 2, len = arguments.length; i < len; i++) {
      receivingClass.prototype[arguments[i]] =
givingClass.prototype[arguments[i]];
    }
  }
  else { // Alle Methoden.
    for(methodName in givingClass.prototype) {
```

```
    if(!receivingClass.prototype[methodName]) {
        receivingClass.prototype[methodName] =
givingClass.prototype[methodName];
        }
    }
  }
}
```

Sie können nun `augment(Author, Mixin, 'serialize')` erstellen, um nur `Author` mit einer einzelnen `serialize`-Methode zu erweitern. Mehrere Methodennamen können hinzugefügt werden, wenn Sie mit mehr als einer Methode erweitern möchten.

Es ist oftmals sinnvoller, eine Klasse mit ein paar wenigen Methoden zu erweitern, als dass eine Klasse von einer anderen erbt. Dies ist eine leichte Möglichkeit, Code-Duplikationen zu vermeiden. Leider gibt es nicht viele Situationen, in denen dies eingesetzt werden kann. Nur sehr allgemeine Methoden, die in verschiedenartigen Klassen verwendet werden können, sind gute Kandidaten für die gemeinsame Nutzung (wenn die Klassen sich nicht stark voneinander unterscheiden, ist die normale Vererbung oftmals die bessere Wahl).

4.7   Beispiel: Edit-in-Place

Wir werden dreimal dieses Beispiel durchgehen, einmal mit klassischer Vererbung, einmal mit prototypbasierter Vererbung und einmal mit Mixin-Klassen. In diesem Beispiel besteht folgende Aufgabe: Erstellen Sie eine modulare, wiederverwendbare API zum Erstellen und Verwalten von Edit-in-Place-Feldern (Edit-in-Place bezieht sich auf einen normalen Textblock in einer Webseite, der sich beim Anklicken in ein Formularfeld verwandelt und verschiedene Schaltflächen enthält, mit denen dieser Textblock editiert werden kann). Es sollte Ihnen ermöglichen, dem Objekt eine eindeutige ID und einen Defaultwert zuzuweisen und anzugeben, wo in der Seite Sie hingehen möchten. Sie sollte jederzeit auf den aktuellen Wert des Feldes zugreifen können und mehrere verschiedenen Optionen für den Typ des verwendeten Bearbeitungsfelds haben (z. B. ein Textbereich oder ein Texteingabefeld).

4.7.1   Klassische Vererbung verwenden

Zuerst erstellen wir eine API mit klassischer Vererbung:

```
/* EditInPlaceField-Klasse. */

function EditInPlaceField(id, parent, value) {
  this.id = id;
  this.value = value || 'default value';
  this.parentElement = parent;

  this.createElements(this.id);
  this.attachEvents();
```

```
};

EditInPlaceField.prototype = {
  createElements: function(id) {
    this.containerElement = document.createElement('div');
    this.parentElement.appendChild(this.containerElement);

    this.staticElement = document.createElement('span');
    this.containerElement.appendChild(this.staticElement);
    this.staticElement.innerHTML = this.value;

    this.fieldElement = document.createElement('input');
    this.fieldElement.type = 'text';
    this.fieldElement.value = this.value;
    this.containerElement.appendChild(this.fieldElement);

    this.saveButton = document.createElement('input');
    this.saveButton.type = 'button';
    this.saveButton.value = 'Save';
    this.containerElement.appendChild(this.saveButton);

    this.cancelButton = document.createElement('input');
    this.cancelButton.type = 'button';
    this.cancelButton.value = 'Cancel';
    this.containerElement.appendChild(this.cancelButton);

    this.convertToText();
  },
  attachEvents: function() {
    var that = this;
    addEvent(this.staticElement, 'click', function() {
that.convertToEditable(); });
    addEvent(this.saveButton, 'click', function() { that.save(); });
    addEvent(this.cancelButton, 'click', function() { that.cancel(); });
  },

  convertToEditable: function() {
    this.staticElement.style.display = 'none';
    this.fieldElement.style.display = 'inline';
    this.saveButton.style.display = 'inline';
    this.cancelButton.style.display = 'inline';

    this.setValue(this.value);
  },
  save: function() {
    this.value = this.getValue();
    var that = this;
```

```
    var callback = {
      success: function() { that.convertToText(); },
      failure: function() { alert('Error saving value.'); }
    };
    ajaxRequest('GET', 'save.php?id=' + this.id + '&value=' + this.value,
callback);
  },
  cancel: function() {
    this.convertToText();
  },
  convertToText: function() {
    this.fieldElement.style.display = 'none';
    this.saveButton.style.display = 'none';
    this.cancelButton.style.display = 'none';
    this.staticElement.style.display = 'inline';

    this.setValue(this.value);
  },

  setValue: function(value) {
    this.fieldElement.value = value;
    this.staticElement.innerHTML = value;
  },
  getValue: function() {
    return this.fieldElement.value;
  }
};
```

Um ein Feld zu erstellen, instanziieren Sie die Klasse:

```
var titleClassical = new EditInPlaceField('titleClassical', $('doc'),
'Title Here');
var currentTitleText = titleClassical.getValue();
```

Dies führt zu einer Instanz der EditInPlaceField-Klasse (für die später Unterklassen gebildet werden) mit Text in einem Span-Tag und einem Texteingabefeld, das als Bearbeitungsbereich verwendet wird. Sie hat mehrere Konfigurationsmethoden (createElements, attachEvents), ein paar interne Methoden zum Konvertieren und Speichern (convertToEditable, save, cancel, convertToText) und ein Zugriffs- und Bearbeitungsmethodenpaar (getValue, setvalue). Bei der Verwendung als Produktionscode sollten jedem HTML-Element spezielle Klassennamen gegeben werden, so dass sie mit CSS-Stilen formatiert werden können. Der Einfachheit halber nehmen wir diese Codezeilen nicht auf.

Als Nächstes erstellen wir eine Klasse, die anstelle einer Texteingabe einen Textbereich verwendet.

Die Klassen `EditInPlaceField` und `EditInPlaceArea` sind großteils identisch – erstellen Sie daher eine als Unterklasse der anderen, um eine Codeduplikation zu vermeiden:

```
/* EditInPlaceArea-Klasse. */

function EditInPlaceArea(id, parent, value) {
  EditInPlaceArea.superclass.constructor.call(this, id, parent, value);
};
extend(EditInPlaceArea, EditInPlaceField);

// Bestimmte Methoden überschreiben.

EditInPlaceArea.prototype.createElements = function(id) {
  this.containerElement = document.createElement('div');
  this.parentElement.appendChild(this.containerElement);

  this.staticElement = document.createElement('p');
  this.containerElement.appendChild(this.staticElement);
  this.staticElement.innerHTML = this.value;

  this.fieldElement = document.createElement('textarea');
  this.fieldElement.value = this.value;
  this.containerElement.appendChild(this.fieldElement);

  this.saveButton = document.createElement('input');
  this.saveButton.type = 'button';
  this.saveButton.value = 'Save';
  this.containerElement.appendChild(this.saveButton);

  this.cancelButton = document.createElement('input');
  this.cancelButton.type = 'button';
  this.cancelButton.value = 'Cancel';
  this.containerElement.appendChild(this.cancelButton);

  this.convertToText();
};
EditInPlaceArea.prototype.convertToEditable = function() {
  this.staticElement.style.display = 'none';
  this.fieldElement.style.display = 'block';
  this.saveButton.style.display = 'inline';
  this.cancelButton.style.display = 'inline';

  this.setValue(this.value);
};
EditInPlaceArea.prototype.convertToText = function() {
  this.fieldElement.style.display = 'none';
```

```
  this.saveButton.style.display = 'none';
  this.cancelButton.style.display = 'none';
  this.staticElement.style.display = 'block';

  this.setValue(this.value);
};
```

Sie erstellen die Unterklasse mit der `extend`-Funktion und überschreiben einige Methoden zur Implementierung der Änderungen. Diese neue Klasse verwendet einen Textbereich anstelle einer Texteingabe und ein Paragraph-Tag anstelle des Span-Tags.

Es scheint, dass die klassische Vererbung in diesem Fall die ideale Lösung ist. Die Unterklassenbildung für die Klasse `EditInPlaceField` ist trivial und benötigt nur ein paar Codezeilen. Veränderungen an der Klasse werden einfach durch Überschreiben oder Hinzufügen von Methoden für den Prototyp vorgenommen. Wir können das Feld mit einer anderen Ausgabe verknüpfen, indem wir eine weitere Unterklasse erstellen und die `save`-Methode überschreiben. Da die Änderungen zwischen den Klassen gering sind, ist eine strenge Vererbung wie diese die ideale Lösung.

4.7.2 Prototypbasierte Vererbung verwenden

Obwohl sich die klassische und prototypbasierte Vererbung grundlegend unterscheiden, zeigt sich bei der Wiederholung der Lösung mit einer prototypbasierten Vererbung, wie ähnlich der Endcode zwischen den beiden sein kann:

```
/* EditInPlaceField-Objekt. */

var EditInPlaceField = {
  configure: function(id, parent, value) {
    this.id = id;
    this.value = value || 'default value';
    this.parentElement = parent;

    this.createElements(this.id);
    this.attachEvents();
  },
  createElements: function(id) {
    this.containerElement = document.createElement('div');
    this.parentElement.appendChild(this.containerElement);

    this.staticElement = document.createElement('span');
    this.containerElement.appendChild(this.staticElement);
    this.staticElement.innerHTML = this.value;

    this.fieldElement = document.createElement('input');
    this.fieldElement.type = 'text';
    this.fieldElement.value = this.value;
    this.containerElement.appendChild(this.fieldElement);
```

```
    this.saveButton = document.createElement('input');
    this.saveButton.type = 'button';
    this.saveButton.value = 'Save';
    this.containerElement.appendChild(this.saveButton);

    this.cancelButton = document.createElement('input');
    this.cancelButton.type = 'button';
    this.cancelButton.value = 'Cancel';
    this.containerElement.appendChild(this.cancelButton);

    this.convertToText();
  },
  attachEvents: function() {
    var that = this;
    addEvent(this.staticElement, 'click', function() {
that.convertToEditable(); });
    addEvent(this.saveButton, 'click', function() { that.save(); });
    addEvent(this.cancelButton, 'click', function() { that.cancel(); });
  },

  convertToEditable: function() {
    this.staticElement.style.display = 'none';
    this.fieldElement.style.display = 'inline';
    this.saveButton.style.display = 'inline';
    this.cancelButton.style.display = 'inline';

    this.setValue(this.value);
  },
  save: function() {
    this.value = this.getValue();
    var that = this;
    var callback = {
      success: function() { that.convertToText(); },
      failure: function() { alert('Error saving value.'); }
    };
    ajaxRequest('GET', 'save.php?id=' + this.id + '&value=' + this.value,
callback);
  },
  cancel: function() {
    this.convertToText();
  },
  convertToText: function() {
    this.fieldElement.style.display = 'none';
    this.saveButton.style.display = 'none';
    this.cancelButton.style.display = 'none';
    this.staticElement.style.display = 'inline';
```

```
    this.setValue(this.value);
  },

  setValue: function(value) {
    this.fieldElement.value = value;
    this.staticElement.innerHTML = value;
  },
  getValue: function() {
    return this.fieldElement.value;
  }
};
```

Anstelle einer Klasse steht nun ein Objekt. Die prototypbasierte Vererbung verwendet keine Konstruktoren, so dass Sie diesen Code stattdessen in eine `configure`-Methode verschieben. Davon abgesehen ist der Code fast mit dem ersten Beispiel identisch. Das Erstellen neuer Objekte von diesem `EditInPlaceField`-*Prototypobjekt* sieht ganz anders aus als das Instanziieren einer Klasse:

```
var titlePrototypal = clone(EditInPlaceField);
titlePrototypal.configure(' titlePrototypal ', $('doc'), 'Title Here');
var currentTitleText = titlePrototypal.getValue();
```

Anstatt des `new`-Operators erstellen Sie eine Kopie mit der `clone`-Funktion. Dann konfigurieren Sie diese Kopie. An diesem Punkt können Sie mit dem Objekt `titlePrototypal` auf dieselbe Weise interagieren, wie Sie dies mit dem vorherigen Objekt `titleClassical` getan haben. Die beiden Objekte sind nahezu nicht unterscheidbar und können mit derselben API verwaltet werden.

Auch ein Kindobjekt wird mit der `clone`-Funktion erstellt:

```
/* EditInPlaceArea-Objekt. */

var EditInPlaceArea = clone(EditInPlaceField);

// Bestimmte Methoden überschreiben.

EditInPlaceArea.createElements = function(id) {
  this.containerElement = document.createElement('div');
  this.parentElement.appendChild(this.containerElement);

  this.staticElement = document.createElement('p');
  this.containerElement.appendChild(this.staticElement);
  this.staticElement.innerHTML = this.value;

  this.fieldElement = document.createElement('textarea');
  this.fieldElement.value = this.value;
  this.containerElement.appendChild(this.fieldElement);
```

```
this.saveButton = document.createElement('input');
this.saveButton.type = 'button';
this.saveButton.value = 'Save';
this.containerElement.appendChild(this.saveButton);

this.cancelButton = document.createElement('input');
this.cancelButton.type = 'button';
this.cancelButton.value = 'Cancel';
this.containerElement.appendChild(this.cancelButton);

this.convertToText();
};
EditInPlaceArea.convertToEditable = function() {
  this.staticElement.style.display = 'none';
  this.fieldElement.style.display = 'block';
  this.saveButton.style.display = 'inline';
  this.cancelButton.style.display = 'inline';

  this.setValue(this.value);
};
EditInPlaceArea.convertToText = function() {
  this.fieldElement.style.display = 'none';
  this.saveButton.style.display = 'none';
  this.cancelButton.style.display = 'none';
  this.staticElement.style.display = 'block';

  this.setValue(this.value);
};
```

Sie können einfach eine Kopie des `EditInPlaceField`-Objekts erstellen und dann einige Methoden überschreiben. Dieses *Prototypobjekt* kann genau wie das erste verwendet und kopiert werden. De facto können neue *Prototypobjekte* auf dieselbe Weise erstellt werden, indem diese kopiert und einige Änderungen daran vorgenommen werden.

Die prototypbasierte Vererbung scheint auch für dieses Beispiel ideal zu sein, aus demselben Grund, aus dem die klassische Vererbung so gut funktioniert hat. Die einzigen Unterschiede zwischen den beiden sind die Art und Weise, wie die Klasse/Objekt eingerichtet wird und die Weise, wie ein neues Unterobjekt/-instanz erstellt wird. Der meiste Code (einschließlich aller Methoden) bleibt völlig unverändert. Dies zeigt, wie einfach Sie von einem Paradigma zu einem anderen wechseln können. Es ist nicht immer so einfach, vor allem bei Klassen und Objekten, die Arrays oder Objekte in umfassender Weise als Elemente einsetzen, aber meist müssen Sie nur die Syntax etwas modifizieren.

Die prototypbasierte Vererbung in diesem Beispiel hat keine Vorteile gegenüber der klassischen Vererbung. Die Objekte verwenden nicht viele Defaultwerte, so dass man kaum Speicher spart. Auch wir tun uns schwer, eine Empfehlung für ein Paradigma zu geben, beide funktionieren gleich gut.

4.7.3   Mixin-Klassen verwenden

Wir wiederholen das Beispiel noch einmal mit Mixin-Klassen. Wir erstellen eine Mixin-Klasse mit allen Methoden, die wir gemeinsam nutzen möchten. Dann erstellen wir eine neue Klasse und verwenden augment, um diese Methoden gemeinsam zu nutzen:

```
/* Mixin-Klasse für die Edit-in-Place-Methoden. */

var EditInPlaceMixin = function() {};
EditInPlaceMixin.prototype = {
  createElements: function(id) {
    this.containerElement = document.createElement('div');
    this.parentElement.appendChild(this.containerElement);

    this.staticElement = document.createElement('span');
    this.containerElement.appendChild(this.staticElement);
    this.staticElement.innerHTML = this.value;

    this.fieldElement = document.createElement('input');
    this.fieldElement.type = 'text';
    this.fieldElement.value = this.value;
    this.containerElement.appendChild(this.fieldElement);

    this.saveButton = document.createElement('input');
    this.saveButton.type = 'button';
    this.saveButton.value = 'Save';
    this.containerElement.appendChild(this.saveButton);

    this.cancelButton = document.createElement('input');
    this.cancelButton.type = 'button';
    this.cancelButton.value = 'Cancel';
    this.containerElement.appendChild(this.cancelButton);

    this.convertToText();
  },
  attachEvents: function() {
    var that = this;
    addEvent(this.staticElement, 'click', function() {
that.convertToEditable(); });
    addEvent(this.saveButton, 'click', function() { that.save(); });
```

```
    addEvent(this.cancelButton, 'click', function() { that.cancel(); });
  },

  convertToEditable: function() {
    this.staticElement.style.display = 'none';
    this.fieldElement.style.display = 'inline';
    this.saveButton.style.display = 'inline';
    this.cancelButton.style.display = 'inline';

    this.setValue(this.value);
  },
  save: function() {
    this.value = this.getValue();
    var that = this;
    var callback = {
      success: function() { that.convertToText(); },
      failure: function() { alert('Error saving value.'); }
    };
    ajaxRequest('GET', 'save.php?id=' + this.id + '&value=' + this.value,
callback);
  },
  cancel: function() {
    this.convertToText();
  },
  convertToText: function() {
    this.fieldElement.style.display = 'none';
    this.saveButton.style.display = 'none';
    this.cancelButton.style.display = 'none';
    this.staticElement.style.display = 'inline';

    this.setValue(this.value);
  },

  setValue: function(value) {
    this.fieldElement.value = value;
    this.staticElement.innerHTML = value;
  },
  getValue: function() {
    return this.fieldElement.value;
  }
};
```

Die Mixin-Klasse enthält nur die Methoden. Um eine funktionale Klasse zu erstellen, erstellen Sie einen Konstruktor und rufen dann augment auf:

```
/* EditInPlaceField-Klasse. */

function EditInPlaceField(id, parent, value) {
  this.id = id;
  this.value = value || 'default value';
  this.parentElement = parent;

  this.createElements(this.id);
  this.attachEvents();
};
augment(EditInPlaceField, EditInPlaceMixin);
```

Sie können nun die Klasse auf dieselbe Weise instanziieren wie bei der klassischen Vererbung. Um die Klasse herzustellen, die ein Textbereichsfeld verwendet, erstellen Sie keine Unterklassen für `EditInPlaceField`. Stattdessen erstellen Sie einfach eine neue Klasse (mit einem Konstruktor) und erweitern sie durch dieselbe Mixin-Klasse. Aber vor der Erweiterung definieren Sie einige Methoden. Da diese vor dem Erweitern vorliegen, werden sie nicht überschrieben:

```
/* EditInPlaceArea-Klasse. */

function EditInPlaceArea(id, parent, value) {
  this.id = id;
  this.value = value || 'default value';
  this.parentElement = parent;

  this.createElements(this.id);
  this.attachEvents();
};

// Bestimmte Methoden hinzufügen, so dass sie beim Erweitern
// nicht berücksichtigt werden.

EditInPlaceArea.prototype.createElements = function(id) {
  this.containerElement = document.createElement('div');
  this.parentElement.appendChild(this.containerElement);

  this.staticElement = document.createElement('p');
  this.containerElement.appendChild(this.staticElement);
  this.staticElement.innerHTML = this.value;

  this.fieldElement = document.createElement('textarea');
  this.fieldElement.value = this.value;
  this.containerElement.appendChild(this.fieldElement);

  this.saveButton = document.createElement('input');
```

```
    this.saveButton.type = 'button';
    this.saveButton.value = 'Save';
    this.containerElement.appendChild(this.saveButton);

    this.cancelButton = document.createElement('input');
    this.cancelButton.type = 'button';
    this.cancelButton.value = 'Cancel';
    this.containerElement.appendChild(this.cancelButton);

    this.convertToText();
};
EditInPlaceArea.prototype.convertToEditable = function() {
    this.staticElement.style.display = 'none';
    this.fieldElement.style.display = 'block';
    this.saveButton.style.display = 'inline';
    this.cancelButton.style.display = 'inline';

    this.setValue(this.value);
};
EditInPlaceArea.prototype.convertToText = function() {
    this.fieldElement.style.display = 'none';
    this.saveButton.style.display = 'none';
    this.cancelButton.style.display = 'none';
    this.staticElement.style.display = 'block';

    this.setValue(this.value);
};

augment(EditInPlaceArea, EditInPlaceMixin);
```

Die Mixin-Technik funktioniert in diesem Beispiel auch, jedoch nicht so gut wie die beiden anderen Techniken. Im Endeffekt sind die durch die einzelnen Techniken erstellten Objekte fast identisch, aber vom organisatorischen Standpunkt aus betrachtet, ergibt die strenge Vererbung mehr Sinn als die Erweiterung. Mixin-Klassen eignen sich gut für Methoden, die gemeinsam von verschiedenen ungleichartigen Klassen verwendet werden, aber in diesem Beispiel werden mit der Mixin-Klasse alle Methoden für zwei sehr ähnliche Klassen bereitgestellt. Die Pflege des Codes wäre bei den ersten beiden Beispielen einfacher, da es sofort ins Auge springt, woher die Methoden stammen und wie die Klassen und Objekte strukturiert sind.

Die gemeinsame Nutzung allgemeiner Methoden, die auf alle Arten von Objekten einwirken können, ist viel besser als die Verwendung der Mixin-Klassen. Einige Beispiele hierfür sind Methoden, die ein Objekt in eine Zeichenfolgendarstellung serialisieren oder den Zustand zum Debuggen ausgeben. Es ist auch möglich, mit den Mixin-Klassen Aufzählungen oder Iteratoren zu emulieren, wie sie in einigen objektorientierten Sprachen zu finden sind.

4.8   Wann sollte die Vererbung verwendet werden?

Durch die Vererbung wird der Code etwas komplexer und für Neulinge in JavaScript schwerer zu verstehen. Daher sollte sie nur dann verwendet werden, wenn die Vorteile diese Nachteile überwiegen. Die größten Vorteile entstehen durch die Wiederverwendung des Codes. Indem Klassen oder Objekte voneinander erben, muss eine bestimmte Methode nur einmal definiert werden. Ebenso, wenn Sie jemals Änderungen an dieser Methode vornehmen müssen oder Fehler zurückverfolgen müssen, sparen Sie sich durch die Tatsache, dass er an einer Stelle definiert ist, viel Zeit und Mühe.

Jedes Paradigma hat auch sein Für und Wider. Die prototypbasierte Vererbung (mit der `clone`-Funktion) kommt am besten in Situationen zum Einsatz, in denen die Speichereffizienz wichtig ist. Die klassische Vererbung (mit der `extend`-Funktion) wird am besten dann verwendet, wenn die das Objekt bearbeitenden Programmierer damit vertraut sind, wie die Vererbung in anderen objektorientierten Sprachen funktioniert. Beide Methoden sind für Klassenhierarchien gut geeignet, in denen die Unterschiede zwischen den Klassen gering sind. Wenn sich die Klassen stark voneinander unterscheiden, ist es in der Regel sinnvoller, sie mit Methoden aus Mixin-Klassen zu erweitern.

Sie werden feststellen, dass einfachere JavaScript-Programme diese Abstraktionsebene kaum benötigen. Nur bei großen Projekten mit mehreren Programmierern wird diese Art der Organisation erforderlich.

4.9   Zusammenfassung

In diesem Kapitel haben wir das Für und Wider der Vererbung erörtert und auch drei Möglichkeiten, damit eine Klasse oder Objekt von einer bzw. einem anderen erben kann. Die klassische Vererbung versucht die Art und Weise zu emulieren, wie Klassen voneinander in anderen objektorientierten Sprachen wie C++ und Java erben. Sie empfiehlt sich am besten in Situationen, in denen die Speichereffizienz kein Thema ist oder Programmierer nicht mit der viel weniger bekannten prototypbasierten Vererbung vertraut sind. Mit der `extend`-Funktion können Sie die meisten Verwirrungen beim Bilden von Unterklassen vermeiden.

Bei der prototypbasierten Vererbung werden Objekte erstellt und dann kopiert, um Entsprechungen zu Unterklassen und Instanzen zu erstellen. Sie ist sehr einfach einzusetzen, wenn Sie die zugrunde liegenden Grundsätze verstehen. Die erstellten Objekte benötigen in der Regel wenig Speicher, da Attribute und Methoden gemeinsam genutzt werden, bis sie überschrieben werden. Es kann etwas Verwirrung bei kopierten Objekten geben, die Arrays oder Objekte als Attribute enthalten, aber die Verwendung einer Methode zum Festlegen der Defaultwerte für diese Attribute kann dieses Problem umgehen. Die `clone`-Funktion übernimmt alle Schritte, die zum Erstellen eines kopierten Objekts erforderlich sind.

Mixin-Klassen bieten eine Möglichkeit, dass Objekte und Klassen Methoden gemeinsam nutzen, ohne dass eine Eltern-Kind-Beziehung vorliegt. Sie sollten dann verwendet werden, wenn Sie allgemeine Methoden vorliegen haben, die Sie unter verschiedenen ungleichartigen Klassen gemeinsam nutzen möchten. Es ist mit der augment-Funktion möglich, alle oder nur ein paar Methoden in einer Mixin-Klasse gemeinsam zu nutzen.

Mit diesen drei Techniken ist es auch möglich, komplexe Objekthierarchien in einer Weise zu erstellen, die in ihrer Eleganz den anderen objektorientierten Sprachen in nichts nachstehen. Vererbung in JavaScript ist für Einsteiger nicht offensichtlich oder intuitiv. Es ist eine fortgeschrittene Technik, die von einer Betrachtung der Sprache aus geringem Abstand profitiert. Aber sie kann durch verschiedene Hilfsfunktionen einfacher und besser einsetzbar gemacht werden und eignet sich ideal zum Erstellen von APIs zur Verwendung durch andere Programmierer.

5   Das Singleton-Muster

Das *Singleton-Muster* ist eines der grundlegendsten, aber nützlichen Muster in JavaScript, das Sie vermutlich mehr als jedes andere verwenden werden. Sie können damit Code in eine logische Einheit gruppieren, auf die durch eine einzelne Variable zugegriffen werden kann. Indem Sie sicherstellen, dass es nur eine Kopie eines Singleton-Objekts gibt, wissen Sie, dass Ihr Code dieselbe globale Ressource verwendet.

Singleton-Klassen haben in JavaScript viele Anwendungsgebiete. Sie können für Namespaces (Namensräume) verwendet werden, was die Anzahl der globalen Variablen in Ihren Seiten verringert.

Sie können verwendet werden, um Browser-Unterschiede durch eine Technik namens Verzweigung (Branching) zu kapseln, wodurch Sie allgemeine Utility-Funktionen verwenden können, ohne sich um Browser Sniffing kümmern zu müssen. Am wichtigsten aber ist, dass Code in einer konsistenten Weise strukturiert werden kann, was die Lesbarkeit und Wartbarkeit Ihrer Seiten erhöht.

Dieses Muster ist in JavaScript sehr wichtig, vermutlich mehr als in jeder anderen Sprache. Die Verwendung globaler Variablen in Ihren Seiten stellt ein großes Risiko dar. Ein mit einem Singleton erstellter Namespace ist eine der besten Möglichkeiten, diese globalen Variablen zu entfernen. Dies alleine ist es schon wert, das Singleton zu kennen, wobei dieses Muster aber für viele verschiedene Zwecke verwendet werden kann. Die nützlichsten behandeln wir in diesem Kapitel.

5.1   Die Grundstruktur des Singleton-Musters

Wir werden uns später in diesem Kapitel mit den fortgeschritteneren Singleton-Mustern befassen. Aber beginnen wir erst einmal mit dem grundlegenden Typ.

Es handelt sich im Grunde um ein Objektliteral mit Methoden und Attributen, die gruppiert wurden, da sie in gewisser Weise miteinander in Beziehung stehen:

```
/* Basis-Singleton. */
var Singleton = {
  attribute1: true,
  attribute2: 10,
  method1: function() {
  },
  method2: function(arg) {

  }
};
```

In diesem Beispiel kann nun mit der `Singleton`-Variable auf alle Elemente zugegriffen werden. Sie können darauf mit der Punkt-Notation zugreifen:

```
Singleton.attribute1 = false;
var total = Singleton.attribute2 + 5;
var result = Singleton.method1();
```

Das hier dargestellte Singleton-Objekt kann modifiziert werden. Sie können neue Elemente hinzufügen, genauso wie Sie dies bei jedem anderen Objektliteral können. Sie können auch Elemente mit dem `delete`-Schlüsselwort entfernen. Dies verletzt allerdings eines der Prinzipien des objektorientierten Designs: Klassen sollten für die Erweiterung offen, aber für Modifikationen geschlossen sein. Dies gilt für jedes Objekt in JavaScript. Das ist eines der Dinge, wodurch sich JavaScript von den anderen objektorientierten Sprachen wie C++ und Java unterscheidet. Sie müssen sich darüber keine Gedanken machen (Python, Ruby und Smalltalk erlauben auch die Modifikation der Klassen nach deren Definition), aber Sie sollten sich bewusst sein, dass es in der Sprache nichts gibt, das die Modifikation eines Objekts verhindert. Wenn Sie bestimmte Variablen schützen müssen, können Sie diese immer in einer Closure definieren, wie in Kapitel 3 erörtert.

Vielleicht ist noch nicht ganz klar, wie sich ein Singleton von einem normalen Objektliteral unterscheidet. Die herkömmliche Definition des Singleton-Musters beschreibt eine Klasse, die nur einmal instanziiert werden kann und auf die nur über einen gut definierten Zugriffspunkt zugegriffen werden kann. Wenn man dieser Definition exakt folgt, ist das obige Beispiel kein Singleton, da es keine instanziierbare Klasse ist. Wir möchten das Singleton-Muster etwas weiter definieren: Es ist ein Objekt, das dazu dient, eine zusammengehörige Menge an Methoden und Attributen in einem Namensraum zu gruppieren und das, wenn es überhaupt instanziierbar ist, nur einmal instanziiert werden kann.

Die Verwendung eines Objektliterals ist nur eine Technik zum Erstellen eines Singletons. Die anderen, die wir später in diesem Kapitel behandeln, sehen eher wie Singleton-Klassen aus anderen objektorientierten Sprachen aus. Also, nicht jedes Objektliteral ist ein Singleton. Wenn das Literal einfach zum Simulieren eines assoziativen Arrays oder zur Aufnahme von Daten verwendet wird, handelt es sich offensichtlich nicht um ein Singleton. Wenn es aber dazu dient, eine zusammengehörige Menge an Methoden und Attributen zu gruppieren, ist es wahrscheinlich eines. Der Unterschied liegt vor allem in der Intention.

5.2   Namespacing

Ein Singleton-Objekt besteht aus zwei Teilen: dem Objekt selbst, das die Elemente (Methoden und Attribute) enthält, und der Variablen, mit der darauf zugegriffen wird. Die Variable ist in der Regel global, so dass auf das Singleton-Objekt von beliebiger Stelle aus zugegriffen werden kann. Das ist ein Schlüsselmerkmal des Singleton-Musters. Es muss nicht grundsätzlich global sein, aber es sollte breit zugänglich sein.

Da alle Objektelemente im Singleton eingeschlossen sind, sind diese nicht global. In einem gewissen Sinn kann man sagen, dass das Singleton so etwas wie einen Namespace für sie darstellt, da auf die Elemente nur durch die Variable des Singletons zugegriffen werden kann.

Das Namespacing ist ein ganz wesentlicher Teil des verantwortungsvollen Programmierens in JavaScript. Da alles überschrieben werden kann, ist es sehr einfach, eine Variable, eine Funktion oder sogar eine ganze Klasse auszulöschen, ohne dass man es überhaupt merkt. Es ist sehr zeitaufwendig, diese Arten von Fehlern zu finden:

```
/* Global deklariert. */

function findProduct(id) {
  ...
}


...


// Später fügt ein anderes Programm auf der Seite Folgendes // hinzu...
var resetProduct = $('reset-product-button');
var findProduct = $('find-product-button');
// Die findProduct-Funktion wurde damit überschrieben.
```

Obwohl das jetzt nicht direkt für unser Beispiel gilt, muss angemerkt werden, wie wichtig es ist, Variablen in einer Funktion mit var zu deklarieren. Wenn Sie var nicht verwenden, wird die Variable global deklariert und kann mit viel höherer Wahrscheinlichkeit mit anderem Code im globalen Namespace in Konflikt geraten.

Zurück zum Beispiel: Eine der besten Möglichkeiten, das versehentliche Überschreiben der Variablen zu verhindern, ist, den Code in den Namespace eines Singleton-Objekts zu setzen. Hier ist das obige Beispiel für die Verwendung eines Singletons umgeschrieben:

```
/* Namespace verwenden. */

var MyNamespace = {
  findProduct: function(id) {
    ...
  },
  // Es können auch andere Methoden hier stehen.
}
...


// Später fügt ein anderer Programmierer in Ihrer Seite
// Folgendes hinzu...
```

```
var resetProduct = $('reset-product-button');
var findProduct = $('find-product-button');
// Nichts wird überschrieben.
```

Die `findProduct`-Funktion ist nun eine Methode unter `MyNamespace` und ist vor allen neuen Variablen geschützt, die im globalen Namespace deklariert sind. Es ist wichtig anzumerken, dass auf die Methode immer noch global zugegriffen werden kann. Anstatt des Aufrufs von `findProduct(id)` rufen Sie nun `MyNamespace.findProduct(id)` auf. Dies hat den zusätzlichen Vorteil, dass andere Programmierer allgemein wissen, wo diese Methode deklariert wurde, wie auch, was sie tut. Mit Namespaces kann Code dokumentiert werden, da Sie ähnliche Methoden zusammen gruppieren können.

> **Hinweis:** `MyNamespace` ist eine schlechte Wahl für den Namen eines Singletons und wird hier nur zur Veranschaulichung verwendet, dass das Objektliteral als Namespace verwendet wird. Ein Namespace sollte immer den Zweck des darin enthaltenen Codes beschreiben. In diesem Beispiel wäre `ProductTools` ein besserer Name.

Sie können dies noch einen Schritt weiter führen. Auf vielen Seiten stammt heute der Code von mehr als einer Quelle. Das kann Library-Code, Werbungs-Code und Badge-Code zusätzlich zu dem von Ihnen erstellten Code sein. Alle diese Variablen existieren im globalen Namespace der Seite. Um Konflikte zu verhindern, können Sie den gesamten Code in eine einzige Variable einfügen:

```
/* GiantCorp Namespace. */
var GiantCorp = {};
```

Sie können dann den gesamten Code und die Daten in Objekten oder Singletons unter der einzelnen globalen Variable gruppieren:

```
GiantCorp.Common = {
  // Ein Singleton mit allgemeinen Methoden, das von allen
  // Objekten und Modulen verwendet wird.
};

GiantCorp.ErrorCodes = {
  // Ein Objektliteral zum Speichern von Daten.
};

GiantCorp.PageHandler = {
  // Ein Singleton mit seitenspezifischen Methoden und
  // Attributen.
};
```

Die Chancen sind gering, dass extern erzeugter Code mit der `GiantCorp`-Variable in Konflikt gerät. Wenn dies passiert, sind die Ergebnisse katastrophal und leicht erkennbar. Sie können also ruhig in dem Wissen schlafen, dass Sie verantwortlich gehandelt haben und den globalen Namespace nicht zumüllen. Sie haben nur eine einzige Variable hinzugefügt – einen so geringen Platzbedarf kann sich jeder JavaScript-Programmierer nur wünschen.

5.3 Ein Singleton als Wrapper für seitenspezifischen Code

Nachdem Sie nun wissen, wie man ein Singleton-Objekt als Namespace verwendet, betrachten wir eine bestimmte Verwendung für das Singleton-Muster. In einer Site mit mehreren Seiten haben Sie oftmals Code, der auf allen Seiten verwendet wird und der für gewöhnlich in einer externen Datei gespeichert ist. Ebenso wird es auch Code speziell nur für eine Seite geben, der nicht an anderen Orten verwendet wird. Es kann eine gute Idee sein, diese beiden in eigene Singleton-Ojekte aufzuteilen.

Das Singleton, das den seitenspezifischen Code wrappt, sieht auf jeder Seite ähnlich aus. Es muss Daten kapseln (eventuell als Konstanten), einige Methoden für seitenspezifische Aktivitäten enthalten und eine Initialisierungsmethode haben. Der meiste Code, der spezielle Elemente im Document Object Model (DOM) involviert – etwa ein Event Attachment –, kann nur ausgeführt werden, wenn diese Elemente geladen sind. Beim Erstellen einer `init`-Methode und der Zuordnung an das `load`-Ereignis des Fensters (oder Ähnlichem, wie die abgeleiteten `DOMContentLoaded`- oder `DOMLoaded`-Ereignisse[1]) können Sie den gesamten Initialisierungscode an einem Ort gruppieren.

Hier ist der Rohbau für ein Singleton, das seitenspezifischen Code wrappt:

```
/* Generic Page-Objekt. */

Namespace.PageName = {

  // Seiten-Konstanten.
  CONSTANT_1: true,
  CONSTANT_2: 10,

  // Seiten-Methoden.
  method1: function() {

  },
  method2: function() {

  },

  // Initialisierungsmethode.
  init: function() {
```

---

[1] Weitere Informationen finden Sie unter: *http://peter.michaux.ca/article/553*

```
   }
}


// Aufrufen der Initialisierungsmethode nach dem Laden der
// Seiten.
addLoadEvent(Namespace.PageName.init);
```

Um die Verwendungsweise zu erläutern, sehen wir uns eine ziemlich gängige Aufgabe in der Webentwicklung an: Es ist oftmals wünschenswert, zu einem Formular Funktionalität mit JavaScript hinzuzufügen. Die Seite wird in der Regel erst einmal als normale HTML-Seite ohne JavaScript erstellt. Dann wird die Formularaktion mit JavaScript um zusätzliche Features erweitert.

Hier ist ein Singleton, das nach einem bestimmten Formular sucht und es abfängt:

```
/* RegPage-Singleton, Page Handler-Objekt. */


GiantCorp.RegPage = {


  // Konstanten.
  FORM_ID: 'reg-form',
  OUTPUT_ID: 'reg-results',


  // Formularbearbeitungsmethoden.
  handleSubmit: function(e) {
    e.preventDefault(); // Normale Formularübergabe anhalten.


    var data = {};
    var inputs = GiantCorp.RegPage.formEl.getElementsByTagName('input');


    // Werte der Eingabefelder im Formular sammeln.
    for(var i = 0, len = inputs.length; i < len; i++) {
      data[inputs[i].name] = inputs[i].value;
    }


    // Formularwerte zurück an den Server senden.
    GiantCorp.RegPage.sendRegistration(data);
  },
  sendRegistration: function(data) {
// Ein XHR-Request durchführen und bei Erhalt der Response
    // displayResult() aufrufen.
    ...
  },
  displayResult: function(response) {
    // Response in das Ausgabeelement leiten. Wir nehmen
    // an, dass der Server formatiertes HTML zurückschickt.


    GiantCorp.RegPage.outputEl.innerHTML = response;
```

```
    },

    // Initialisierungsmethode.
    init: function() {
      // Formular- und Ausgabeelemente abrufen.
      GiantCorp.RegPage.formEl = $(GiantCorp.RegPage.FORM_ID);
      GiantCorp.RegPage.outputEl = $(GiantCorp.RegPage.OUTPUT_ID);

      // Formübergabe abfangen.
      addEvent(GiantCorp.RegPage.formEl, 'submit',
GiantCorp.RegPage.handleSubmit);
    }
  };

// Initialisierungsmethode nach dem Laden der Seiten
// aufrufen.
addLoadEvent(GiantCorp.RegPage.init);
```

Wir gehen als Erstes davon aus, dass der `GiantCorp`-Namespace bereits als leeres Objektliteral erstellt wurde. Ist das nicht der Fall, dann wird die erste Zeile einen Fehler verursachen. Dieser Fehler kann mit einer Codezeile verhindert werden, die `GiantCorp` definiert, wenn es nicht bereits existiert, wobei mit dem Booleschen OR-Operator ein Defaultwert bereitgestellt werden, falls keiner gefunden wird:

```
var GiantCorp = window.GiantCorp || {};
```

In diesem Beispiel setzen wir die IDs für die beiden HTML-Elemente, die uns wichtig sind, in Konstanten, da diese sich bei der Programmausführung nicht ändern.

Die Initialisierungsmethode ruft die beiden HTML-Elemente ab und speichert diese als neue Attribute im Singleton. Das ist in Ordnung: Sie können Elemente aus einem Singleton zur Laufzeit hinzufügen oder daraus entfernen. Diese Methode weist dem Submit-Ereignis des Formulars auch eine Methode zu. Dann wird bei der Übergabe des Formulars das normale Verhalten angehalten (mit `e.preventDefault()`) und stattdessen werden alle Formulardaten erhoben und mit Ajax an den Server zurückgesendet.

5.4 Singleton mit privaten Elementen

In Kapitel 3 haben wir verschiedene Möglichkeiten erörtert, private Elemente in Klassen zu erstellen. Einer der Nachteile von echten privaten Methoden ist, dass sie sehr speicherineffizient sind, da für jede Instanz eine neue Kopie der Methode erstellt wird. Aber da Singleton-Objekte nur einmal instanziiert werden, können Sie echte private Methoden verwenden, ohne sich um den Speicher kümmern zu müssen. Damit ist es immer noch einfacher, pseudoprivate Elemente zu erstellen, mit denen wir uns als Erstes beschäftigen.

5.4.1 Die Unterstrich-Notation

Die einfachste und direkteste Art, die Darstellung privater Elemente in einem Single-ton-Objekt zu erstellen, geschieht mithilfe der Unterstrich-Notation. Dadurch wissen andere Programmierer, dass die Methode oder das Attribut privat sein soll und bei der internen Verarbeitung des Objekts verwendet wird. Die Unterstrich-Notationen in Singleton-Objekten teilen anderen Programmierern klar mit, dass auf bestimmte Elemente nicht direkt zugegriffen werden sollte:

```
/* DataParser-Singleton, konvertiert zeichenbegrenzte Strings in Arrays.*/

GiantCorp.DataParser = {
  // Private Methoden.
  _stripWhitespace: function(str) {
    return str.replace(/\s+/, '');
  },
  _stringSplit: function(str, delimiter) {
    return str.split(delimiter);
  },

  // Öffentliche Methode.
  stringToArray: function(str, delimiter, stripWS) {
    if(stripWS) {
      str = this._stripWhitespace(str);
    }
    var outputArray = this._stringSplit(str, delimiter);
    return outputArray;
  }
};
```

Dieses Beispiel enthält ein Singleton-Objekt mit einer öffentlichen Methode `stringToArray`. Diese Methode nimmt als Argumente einen String, ein Begrenzungs-zeichen und einen optionalen Booleschen Wert, der der Methode angibt, ob alle Leer-zeichen entfernt werden sollen. Diese Methode verwendet zwei private Methoden zur Durchführung der meisten Aufgaben: `_stripWhitespace` und `_stringSplit`. Diese Methoden sollten nicht öffentlich sein, da sie nicht zu der dokumentierten Singleton-Schnittstelle gehören und es nicht sichergestellt ist, dass sie im nächsten Update vor-handen sind. Wenn Sie diese Methoden privat halten, können Sie den gesamten inter-nen Code refaktorieren, ohne sich darum kümmern zu müssen, ob Sie das Programm eines anderen beeinträchtigen. Angenommen, Sie sehen sich das Objekt zu einem späteren Zeitpunkt einmal an und erkennen, dass `_stringSplit` nicht unbedingt eine eigene Funktion zu sein braucht. Sie können sie vollständig entfernen und da sie durch den Unterstrich als privat gekennzeichnet ist, können Sie ziemlich sichergehen, dass niemand anders sie direkt aufruft (und wenn doch, sind die erhaltenen Fehler ver-dient).

In der `stringToArray`-Methode wurde `this` für den Zugriff auf andere Methoden im Singleton verwendet. Es ist die kürzeste und praktischste Art, auf andere Elemente des

Singleton zuzugreifen, aber auch etwas riskant. Es ist nämlich nicht immer garantiert, dass `this` auf `GiantCorp.DataParser` zeigt. Wenn Sie zum Beispiel eine Methode als einen Event Listener verwenden, kann `this` stattdessen auf das `window`-Objekt zeigen, was bedeutet, dass die Methoden `_stripWhitespace` und `_stringSplit` nicht gefunden werden. Die meisten JavaScript-Bibliotheken decken die Korrektur des Geltungsbereichs für die Ereigniszuordnung ab, aber es ist sicherer, auf andere Elemente im Singleton mit dem vollständigen Namen zuzugreifen, hier `GiantCorp.DataParser`.

5.4.2 Closures

Die zweite Möglichkeit, private Elemente in ein Singleton-Objekt einzubinden, sind Closures. Dies sieht sehr ähnlich aus wie die echten privaten Elemente in Kapitel 3, wobei aber ein großer Unterschied besteht. Zuvor hatten wir Variablen und Funktionen in den Hauptteil des Konstruktors (ohne das `this`-Schlüsselwort) hinzugefügt, um sie privat zu machen. Wir haben auch alle privilegierten Methoden im Konstruktor deklariert, sie aber mit `this` öffentlich zugreifbar gemacht. Alle im Konstruktor deklarierten Methoden und Attribute werden für jede Klasseninstanz neu erstellt. Das kann sehr ineffizient sein.

Da ein Singleton nur einmal instanziiert wird, müssen Sie sich nicht darum kümmern, wie viele Elemente Sie im Konstruktor deklarieren. Jede Methode und jedes Attribut wird nur einmal erstellt, so dass Sie alle im Konstruktor erstellen können (und somit in derselben Closure). Bis hierher sind alle Singletons Objektliterale wie die folgenden gewesen:

```
/* Singleton als Objektliteral. */

MyNamespace.Singleton = {};
```

Nun verwenden Sie dafür eine Funktion, die sofort ausgeführt wird:

```
/* Singleton mit privaten Elementen, 1. Schritt. */

MyNamespace.Singleton = function() {
  return {};
}();
```

In diesen beiden Beispielen sind die beiden erstellten Versionen von `MyNamespace.Singleton` identisch. Es ist wichtig anzumerken, dass im zweiten Beispiel `MyNamespace.Singleton` keine Funktion zugewiesen wird. Sie verwenden eine anonyme Funktion zur Rückgabe eines Objekts. Das Objekt wird der `MyNamespace.Singleton`-Variablen zugewiesen. Um diese anonyme Funktion sofort auszuführen, stellen Sie einfach ein rundes Klammernpaar neben die schließende geschweifte Klammer.

Manche Programmierer setzen die Funktion auch in ein weiteres rundes Klammernpaar, um damit anzugeben, dass sie sofort bei der Deklaration ausgeführt wird. Die ist vor allem bei großen Singletons nützlich. Sie können dann auf einen Blick erkennen, dass die Funktion nur zum Erstellen einer Closure verwendet wird.

So sieht das obige Singleton mit einem zusätzlichen Paar runder Klammern aus:

```
/* Singleton mit privaten Elementen, 1. Schritt. */

MyNamespace.Singleton = (function() {
  return {};
})();
```

Sie können dem Singleton öffentliche Elemente hinzufügen, bevor Sie diese dem Objektliteral hinzufügen, das zurückgegeben wird:

```
/* Singleton mit privaten Elementen, 2. Schritt. */

MyNamespace.Singleton = (function() {
  return { // Öffentliche Elemente.
    publicAttribute1: true,
    publicAttribute2: 10,

    publicMethod1: function() {
      ...
    },
    publicMethod2: function(args) {
      ...
    }
  };
})();
```

Warum sollte man sich also die Mühe eines Funktionswrappers machen, wenn das zum selben Objekt führt, das Sie mit einem einfachen Objektliteral erstellen können? Weil der Funktionswrapper eine Closure erstellt, die echte private Elemente hinzufügt. Auf jede in der anonymen Funktion deklarierte Variable oder Funktion (nicht aber im Objektliteral) können nur die Funktionen zugreifen, die in derselben Closure erstellt wurden. Die Closure bleibt erhalten, selbst nachdem die anonyme Funktion den Rückgabewert geliefert hat, so dass auf die darin definierten Funktionen und Variablen immer im zurückgegebenen Objekt (und nur dort) zugegriffen werden kann.

So werden private Elemente zur anonymen Funktion hinzugefügt:

```
/* Singleton mit privaten Elementen, 3. Schritt. */

MyNamespace.Singleton = (function() {
  // Private Elemente.
  var privateAttribute1 = false;
  var privateAttribute2 = [1, 2, 3];

  function privateMethod1() {
    ...
  }
  function privateMethod2(args) {
```

```
  ...
}

return { // Öffentliche Elemente.
  publicAttribute1: true,
  publicAttribute2: 10,

  publicMethod1: function() {
    ...
  },
  publicMethod2: function(args) {
    ...
  }
};
})();
```

Diese spezielle Singleton-Muster wird auch als das *Modul-Muster*[2] bezeichnet, da es eine Gruppe von zusammengehörenden Methoden und Attributen modularisiert und in einen Namespace setzt.

5.4.3 Die beiden Techniken im Vergleich

Kehren wir nun zu unserem `DataParser`-Beispiel zurück und sehen uns an, wie es mit echten privaten Elementen implementiert wird. Anstatt einem Unterstrich am Anfang jeder privaten Methode setzen wir diese Methoden in eine Closure:

```
/* DataParser-Singleton, konvertiert zeichenbegrenzte Strings in Arrays.*/
/*   Nun mit echten privaten Methoden. */

GiantCorp.DataParser = (function() {
  // Private Attribute.
  var whitespaceRegex = /\s+/;

  // Private Methoden.
  function stripWhitespace(str) {
    return str.replace(whitespaceRegex, '');
  }
  function stringSplit(str, delimiter) {
    return str.split(delimiter);
  }

  // Alle im Objektliteral zurückgegebenen Elemente sind
  // öffentlich, können aber auf Elemente in der oben
  //erstellten Closure zugreifen.
  return {
```

---

[2]   Weitere Informationen finden Sie unter: *http://yuiblog.com/blog/2007/06/12/module-pattern/*

```
    // Öffentliche Methode.
    stringToArray: function(str, delimiter, stripWS) {
      if(stripWS) {
        str = stripWhitespace(str);
      }
      var outputArray = stringSplit(str, delimiter);
      return outputArray;
    }
  };
})(); // Funktionsaufruf und Zuweisung des zurückgegebenen
      // Objektliterals an GiantCorp.DataParser.
```

Sie rufen die privaten Methoden und Attribute einfach mit ihren Namen auf. Sie müssen nicht `this.` oder `GiantCorp.DataParser.` vor den Namen hinzufügen; das wird nur bei öffentlichen Elementen verwendet.

Dieses Muster hat einige Vorteile gegenüber der Unterstrich-Notation. Indem die privaten Elemente in eine Closure gesetzt werden, stellen Sie sicher, dass sie nie außerhalb des Objekts verwendet werden. Es steht Ihnen vollständig frei, die Implementierungsdetails zu ändern, ohne dass anderer Code verletzt wird. Dies ermöglicht Ihnen auch, Daten zu schützen und zu kapseln, obwohl Singletons selten auf diese Weise verwendet werden, es sei denn, die Daten müssen nur an einem Ort vorliegen.

Mit diesem Muster erhalten Sie alle Vorteile echter privater Elemente und keinen der Nachteile, da diese Klasse nur einmal instanziiert wird. Aus diesem Grund ist das Singleton-Muster eines der beliebtesten und am weitesten verbreiteten Muster in JavaScript.

> **Vorsicht:** Vergessen Sie nie, dass öffentliche und private Elemente in einem Singleton mit einer unterschiedlichen Syntax deklariert werden. Das liegt daran, dass die öffentlichen Elemente in einem Objektliteral stehen, die privaten Elemente aber nicht. Private Attribute müssen mit `var` deklariert werden, andernfalls sind sie global. Private Methoden werden als `function funcName(args) {...}` deklariert, ohne dass ein Strichpunkt nach der schließenden Klammer erforderlich ist. Öffentliche Attribute und Methoden werden als `attributeName: attributeValue` und `methodName: function(args) { ... }`, mit einem nachfolgenden Komma deklariert, wenn danach mehrere Elemente deklariert werden.

5.5 Lazy Instantiation

Alle bislang vorgestellten Implementierungen des Singleton-Musters haben eines gemeinsam: Sie werden alle sofort beim Laden des Skripts erstellt. Wenn Sie ein Singleton mit einer aufwendigen Konfiguration haben oder das ressourcenintensiv ist, kann es mehr Sinn ergeben, die Instanziierung auf den Zeitpunkt zu verschieben, an dem es gebraucht wird. Dies wird als Lazy Loading (faules Nachladen) bezeichnet und wird am häufigsten für Singletons verwendet, die große Datenmengen laden müssen.

Wenn Sie ein Singleton als Namespace, Seiten-Wrapper oder als Möglichkeit der Gruppierung zusammengehörender Methoden verwenden, sollten sie wahrscheinlich sofort instanziiert werden.

Die Lazy Loading-Singletons unterscheiden sich insofern, als dass auf sie über eine statische Methode zugegriffen werden muss. Anstatt `Singleton.methodName()` aufzurufen, rufen Sie `Singleton.getInstance().methodName()` auf. Die `getInstance`-Methode prüft, ob das Singleton instanziiert wurde. Ist dies nicht der Fall, wird es instanziiert und zurückgegeben. Ist es instanziiert, wird stattdessen eine gespeicherte Kopie zurückgegeben. Um zu zeigen, wie man ein Singleton in ein Lazy Loading-Singleton konvertiert, beginnen wir mit unserem Gerüst eines Singletons mit echten privaten Elementen:

```
/* Singleton mit privaten Elementen, 3. Schritt. */

MyNamespace.Singleton = (function() {
  // Private Elemente.
  var privateAttribute1 = false;
  var privateAttribute2 = [1, 2, 3];

  function privateMethod1() {
    ...
  }
  function privateMethod2(args) {
    ...
  }

  return { // Öffentliche Elemente.
    publicAttribute1: true,
    publicAttribute2: 10,

    publicMethod1: function() {
      ...
    },
    publicMethod2: function(args) {
      ...
    }
  };
})();
```

Bislang hat sich nichts geändert. Der erste Schritt besteht darin, den gesamten Code im Singleton in eine `constructor`-Methode zu verschieben:

```
/* Allgemeines Gerüst für ein Lazy Loading-Singleton, 1. Schritt. */

MyNamespace.Singleton = (function() {

  function constructor() {
```

```
// Der gesamte normale Singleton-Code steht hier.
   // Private Elemente.
   var privateAttribute1 = false;
   var privateAttribute2 = [1, 2, 3];

   function privateMethod1() {
      ...
   }
   function privateMethod2(args) {
      ...
   }

   return { // Öffentliche Elemente.
     publicAttribute1: true,
     publicAttribute2: 10,

     publicMethod1: function() {
        ...
     },
     publicMethod2: function(args) {
        ...
     }
   }
 }
})();
```

Auf diese Methode kann nicht von außerhalb der Closure zugegriffen werden, was auch gut so ist. Sie müssen ganz die Kontrolle darüber haben, wann sie aufgerufen wird. Die öffentliche Methode `getInstance` wird zur Implementierung dieser Kontrolle verwendet. Um sie öffentlich zugreifbar zu machen, wird sie einfach in ein Objektliteral gesetzt und zurückgegeben:

```
/* Allgemeines Gerüst für ein Lazy Loading-Singleton, 2. Schritt. */

MyNamespace.Singleton = (function() {

  function constructor() {
// Der gesamte normale Singleton-Code steht hier.
    ...
  }

  return {
    getInstance: function() {
      // Der Steuercode steht hier.
    }
  }
})();
```

Nun können Sie den Code schreiben, der die Instanziierung der Klasse steuert. Er muss zwei Dinge tun: Zuerst muss er wissen, ob die Klassen zuvor instanziiert wurden. Zweitens muss er die Instanz überwachen, so dass er sie zurückgeben kann, wenn sie instanziiert wurde. Für beides verwenden Sie ein privates Attribut und den bestehenden Constructor der privaten Methode:

```
/* Allgemeines Skeleton für ein Lazy Loading-Singleton, 3. Schritt. */

MyNamespace.Singleton = (function() {

  var uniqueInstance;
// Privates Attribut, das die eine Instanz enthält.

  function constructor() {
// Der ganze normale Singleton-Code steht hier.
    ...
  }

  return {
    getInstance: function() {
      if(!uniqueInstance) {
      // Nur instanziieren, wenn die Instanz nicht existiert.
        uniqueInstance = constructor();
      }
      return uniqueInstance;
    }
  }
})();
```

Wenn das Singleton einmal in ein Lazy Loading-Singleton konvertiert wurde, müssen Sie auch alle Aufrufe davon konvertieren. In diesem Beispiel ersetzen Sie alle Methodenaufrufe, die so aussehen:

```
MyNamespace.Singleton.publicMethod1();
```

Stattdessen schreiben wir folgende Methodenaufrufe:

```
MyNamespace.Singleton.getInstance().publicMethod1();
```

Ein Nachteil von Lazy Loading-Singletons ist die zusätzliche Komplexität. Der zum Erstellen dieser Art von Singletons verwendete Code ist nicht intuitiv und unter Umständen schwer verständlich (obwohl eine gute Dokumentation hilfreich sein kann). Wenn Sie ein Singleton mit einer verzögerten Instanziierung erstellen möchten, ist ein Kommentar hilfreich, der angibt, was gemacht wurde, so dass es nicht von einem anderen Programmierer auf ein normales Singleton reduziert wird.

Ebenso können auch lange Namespaces mit Aliasnamen abgekürzt werden. Ein Alias ist nichts anderes als eine Variable, die eine Referenz auf ein bestimmtes Objekt enthält.

In diesem Fall kann `MyNamespace.Singleton` auf `MNS` verkürzt werden:

```
var MNS = MyNamespace.Singleton;
```

Dies erstellt eine weitere globale Variable, so dass es das Beste sein könnte, sie stattdessen in einem Seitenwrapper-Singleton zu deklarieren. Wenn Singletons in Singletons gewrappt werden, kann der Gültigkeitsbereich ein Problem sein. Daher wäre es hier empfehlenswert, beim Zugriff auf andere Elemente vollständig angegebene Namen zu verwenden (wie `GiantCorp.SingletonName`) anstelle von `this`.

5.6   Verzweigung

Verzweigung (Branching) ist eine Technik, mit der man Browser-Unterschiede in dynamischen Methoden kapseln kann, die zur Laufzeit festgelegt werden. Erstellen wir als Beispiel eine Methode, die ein XHR-Objekt zurückgibt. Dieses XHR-Objekt ist eine Instanz der `XMLHttpRequest`-Klasse für die meisten Browser und eine Instanz einer der verschiedenen ActiveX-Klassen für ältere Versionen des Internet Explorer. Solch eine Methode enthält in der Regel eine gewisse Art von Browser Sniffing oder Objekterkennung. Wird keine Verzweigung verwendet, wird bei jedem Aufruf der Methode der Browser Sniffing-Code erneut ausgeführt. Das kann sehr ineffizient sein, wenn die Methode oft ausgeführt wird.

Eine effizientere Möglichkeit ist die Zuweisung von Browser-spezifischem Code nur einmal beim Laden des Skripts. Auf diese Weise führt jeder Browser nach der Initialisierung den Code speziell für seine Implementierung von JavaScript aus. Die Fähigkeit, Code einer Funktion dynamisch zur Laufzeit zuzuweisen, ist einer der Gründe, warum JavaScript so flexibel und ausdrucksstark ist. Die Art der Optimierung ist leicht verständlich und erleichtert die Verständlichkeit jedes Funktionsaufrufs.

Möglicherweise leuchtet es nicht unmittelbar ein, wie Verzweigung und Singleton-Muster zusammengehen. In jedem dieser drei oben beschriebenen Muster wird der gesamte Code dem Singleton-Objekt zur Laufzeit zugewiesen. Das ist am besten bei dem Muster ersichtlich, das mit einer Closure private Elemente erstellt:

```
MyNamespace.Singleton = (function() {
  return {};
})();
```

Zur Laufzeit wird die anonyme Funktion ausgeführt, und das zurückgegebene Objektliteral wird der `MyNamespace.Singleton`-Variable zugewiesen. Es ist ganz einfach, zwei verschiedene Objektliterale zu erstellen und eines davon abhängig von einer Bedingung der Variablen zuzuweisen:

```
/* Verzweigungs-Singleton (Skeleton). */

MyNamespace.Singleton = (function() {
  var objectA = {
    method1: function() {
```

```
    ...
  },
  method2: function() {
    ...
  }
};
var objectB = {
  method1: function() {

    ...
  },
  method2: function() {

    ...
  }
};

  return (someCondition) ? objectA : objectB;
})();
```

Hier werden zwei Objektliterale erstellt, beide mit exakt denselben Methoden. Für den Programmierer, der dieses Singleton verwendet, spielt es keine Rolle, welches zugewiesen wird, da beide dieselbe Schnittstelle implementieren und dieselbe Aufgabe ausführen. Nur der spezielle Code wurde geändert. Dies ist nicht auf zwei Verzweigungen beschränkt. Sie können auch einfach ein Singleton mit drei oder vier Verzweigungen erstellen, wenn es dafür einen Grund gibt. Die Bedingungen für die Auswahl zwischen diesen Verzweigungen werden zur Laufzeit entschieden. Diese Bedingung ist oftmals eine Form von Capability Checking, um sicherzustellen, dass die JavaScript-Umgebung, die den Code ausführt, die benötigten Features implementiert. Ist dies nicht der Fall, wird stattdessen Fallback-Code verwendet.

Die Verzweigung ist nicht immer effizienter. Im obigen Beispiel werden zwei Objekte (`objectA` und `objectB`) erstellt und im Speicher gehalten, obwohl eines nie verwendet wird. Wenn Sie sich für diese Technik entscheiden, müssen Sie den Vorteil der kürzeren Berechnungszeit (da der Code zum Bestimmen, welches Objekt verwendet wird, nur einmal verwendet wird) gegen den Nachteil des höheren Speicherverbrauchs abwägen. Das nächste Beispiel zeigt einen Fall, in dem die Verzweigung verwendet werden sollte, da die Verzweigungsobjekte klein sind und die Kosten der Entscheidung, welches verwendet werden soll, hoch.

5.7 Beispiel: XHR-Objekte mit Verzweigung erstellen

Schauen wir uns das Beispiel an, wie ein Singleton mit einer Methode erstellt wird, die ein XHR-Objekt instanziiert. Eine erweiterte Version davon finden Sie in Kapitel 7. Ermitteln Sie als Erstes, wie viele Verzweigungen Sie benötigen. Da drei verschiedene Objekttypen instanziiert werden können, benötigen Sie drei Verzweigungen.

Benennen Sie jede Verzweigung nach dem Typ des zurückgegebenen XHR-Objekts:

```
/* SimpleXhrFactory-Singleton, 1. Schritt. */

var SimpleXhrFactory = (function() {

  // Die drei Zweige.
  var standard = {
    createXhrObject: function() {
      return new XMLHttpRequest();
    }
  };
  var activeXNew = {
    createXhrObject: function() {
      return new ActiveXObject('Msxml2.XMLHTTP');
    }
  };
  var activeXOld = {
    createXhrObject: function() {
      return new ActiveXObject('Microsoft.XMLHTTP');
    }
  };

})();
```

Jede der drei Verzweigungen enthält ein Objektliteral mit einer Methode namens `createXhrObject`. Diese Methode gibt einfach ein neues Objekt zurück, mit dem ein asynchroner Request durchgeführt werden kann.

Der zweite Teil beim Erstellen eines Verzweigungs-Singletons ist die Verwendung der Bedingung zur Zuweisung einer dieser Verzweigungen an die Variable. Hierzu testen Sie alle XHR-Objekte, bis Sie eines finden, das die gegebene JavaScript-Umgebung unterstützt:

```
/* SimpleXhrFactory-Singleton, 2. Schritt. */

var SimpleXhrFactory = (function() {

  // Die drei Verzweigungen.
  var standard = {
    createXhrObject: function() {
      return new XMLHttpRequest();
    }
  };
  var activeXNew = {
    createXhrObject: function() {
      return new ActiveXObject('Msxml2.XMLHTTP');
    }
```

```
};
var activeXOld = {
  createXhrObject: function() {
    return new ActiveXObject('Microsoft.XMLHTTP');
  }
};


// Zur Zuweisung einer Verzweigung testen Sie alle drei
// Methoden; geben Sie die zurück, die nicht misslingen.
var testObject;
try {
  testObject = standard.createXhrObject();
  return standard;
// Geben Sie dies zurück, wenn kein Fehler auftritt.
}
catch(e) {
  try {
    testObject = activeXNew.createXhrObject();
    return activeXNew;
    // Geben Sie dies zurück, wenn kein Fehler auftritt.
  }
  catch(e) {
    try {
      testObject = activeXOld.createXhrObject();
      return activeXOld;
      // Geben Sie dies zurück, wenn kein Fehler auftritt.
    }
    catch(e) {
      throw new Error('No XHR object found in this environment.');
    }
  }
}

})();
```

Mit diesem Singleton kann nun ein XHR-Objekt instanziiert werden. Der Entwickler, der diese API nutzt, hat nur `SimpleXhrFactory.createXhrObject()` aufzurufen, um das korrekte Objekt aus der jeweiligen Laufzeitumgebung abzurufen. Die Verzweigung ermöglicht die einmalige Ausführung des gesamten Feature Sniffing-Codes, statt dies einmal für jedes instanziierte Objekt tun zu müssen.

Dies ist eine leistungsstarke Technik, die dann eingesetzt werden sollte, wenn eine bestimmte Implementierung nur zur Laufzeit gewählt werden kann. Wir behandeln dieses Thema ausführlicher beim Factory-Muster in Kapitel 7.

5.8 Wann sollte das Singleton-Muster verwendet werden?

Für das Namespacing und zur Modularisierung von Code sollte das Singleton-Muster möglichst oft verwendet werden. Es ist eines der nützlichsten Muster in JavaScript und findet in jedem Projekt – egal ob klein oder groß – seinen Platz. In schnellen und einfachen Projekten kann ein Singleton einfach als Namespace dienen, der den gesamten Code in einer einzelnen globalen Variable enthält. Bei größeren und komplizierteren Projekten kann es zur Gruppierung von in Beziehung stehendem Code für die einfachere Wartbarkeit später verwendet werden, oder zur Aufnahme von Daten oder Code an einem einzigen gut bekannten Ort. Bei großen oder komplizierten Projekten kann es als Optimierungsmuster verwendet werden: aufwendige und selten verwendete Komponenten können in ein Lazy Loading-Singleton aufgenommen werden, während umgebungsspezifischer Code in ein Verzweigungs-Singleton zusammengefasst werden kann.

Es wird sich selten ein Projekt finden, das nicht auf die eine oder andere Weise vom Singleton-Muster profitiert. Durch die Flexibilität von JavaScript kann ein Singleton für viele verschiedene Aufgaben verwendet werden. Wir gehen sogar so weit und betrachten es in dieser Sprache als ein viel wichtigeres Muster als in jeder anderen. Das liegt vor allem daran, dass es zum Erstellen von Namespaces verwendet werden kann, was die Anzahl der globalen Variablen reduziert. Das ist eine sehr wichtige Sache in JavaScript, wo globale Variablen viel gefährlicher sind als in anderen Sprachen. Die Tatsache, dass Code aus beliebig vielen Quellen und von vielen Programmierern oft in einer einzigen Webseite kombiniert wird, bedeutet, dass Variablen und Funktionen sehr einfach überschrieben werden können, was den Code völlig zerstört. Dass dies mit einem Singleton verhindert werden kann, ist ein riesiges Plus in der Toolbox eines jeden Programmierers.

5.9 Vorteile des Singleton-Musters

Der größte Vorteil des Singleton-Musters ist die Art und Weise, in der es den Code strukturiert. Durch das Gruppieren zusammengehörender Methoden und Attribute, die nicht mehrmals instanziiert werden können, können Sie das Debuggen und Warten des Codes vereinfachen. Beschreibende Namespaces machen den Code außerdem selbstdokumentierend und für Neulinge einfacher les- und verstehbar. Der Einschluss von Methoden in ein Singleton schützt sie vor dem versehentlichen Überschreiben durch andere Programmierer und verhindert, dass der globale Namespace mit Variablen vollgestopft wird. Es trennt den Code von der Drittanbieterbibliothek oder dem Werbe-Code, so dass eine größere Stabilität der Seite insgesamt möglich wird.

Die fortgeschritteneren Versionen des Singleton-Musters können später im Entwicklungsyzklus zur Optimierung Ihrer Skripte verwendet werden und die Performance der Endanwender verbessern. Die Lazy Instantiation ermöglicht das Erstellen von Objekten nur bei Bedarf, was den Speicherverbrauch (und möglicherweise die

Bandbreite) für Anwender reduziert, die diese nicht benötigen. Mit der Verzweigung lassen sich effiziente Methoden erstellen, unabhängig von Inkompatibilitäten von Browser oder Umgebung. Durch die Zuweisung von Objektliteralen auf der Basis von Bedingungen zur Laufzeit können Sie Methoden erstellen, die auf eine bestimmte Umgebung zugeschnitten sind, ohne dass bei jedem Methodenaufruf die Umgebung erneut geprüft werden muss.

5.10 Nachteile des Singleton-Musters

Durch einen einzigen Zugriffspunkt hat das Singleton-Muster das Potenzial, die Module eng aneinander zu koppeln. Das ist das Hauptargument gegen dieses Muster, das auch ins Schwarze trifft. In manchen Fällen ist es besser, eine instanziierbare Klasse zu erstellen, selbst wenn sie nur einmal instanziiert wird. Es kann auch den Unit-Test des Codes erschweren, da die Klassen potenziell enger aneinander gekoppelt werden. Eine Klasse, die Methoden aus einem Singleton abruft, können Sie nicht unabhängig testen. Stattdessen müssen Sie die Klasse und das Singleton zusammen als eine Einheit testen. Singletons sollten am besten überwiegend für das Erstellen von Namespaces und zur Implementierung von Verzweigungsmethoden verwendet werden. In diesen Fällen ist die Koppelung kein großes Thema.

Manchmal ist ein fortgeschritteneres Muster besser für die Aufgabe geeignet. Ein virtueller Proxy kann statt eines Lazy Loading-Singletons verwendet werden, wenn Sie etwas mehr Kontrolle darüber möchten, wie eine Klasse instanziiert wird. Eine echte Objekt-Factory kann statt des Verzweigungs-Singletons verwendet werden (obwohl die Factory auch ein Singleton sein kann). Sie sollten sich auf alle Fälle auch mit den spezielleren Mustern in diesem Buch beschäftigen, und sich nicht nur auf die Verwendung von Singletons beschränken, nur weil die schon »gut genug« sind. Stellen Sie sicher, dass das gewählte Muster für die Aufgabe passt.

5.11 Zusammenfassung

Das Singleton-Muster ist eines der grundlegendsten Muster in JavaScript. Es ist nicht nur für sich alleine genommen nützlich, wie wir in diesem Kapitel gesehen haben, sondern es kann in der einen oder anderen Form zusammen mit den meisten Mustern in diesem Buch verwendet werden. Zum Beispiel können Sie Objekt-Factories als Singletons erstellen oder alle Unterobjekte eines Composites in einem Singleton-Namespace kapseln. Dieses Buch beschäftigt sich mit wiederverwendbarem und modularem Code. Dabei ist die Art und Weise, wie dieser Code strukturiert und dokumentiert wird, einer der größten Schritte zur Erreichung dieses Ziels. Singletons können hier eine enorme Hilfe sein. Indem Sie den Code in ein Singleton stellen, verbessern Sie die Erstellung einer API, die von anderen verwendet werden kann, erheblich, ohne befürchten zu müssen, dass die globalen Variablen überschrieben werden. Es ist der erste Schritt in Richtung eines fortgeschrittenen und verantwortungsvollen JavaScript-Programmierers.

6 Verkettungen

In diesem Kapitel betrachten wir, wie Methoden in JavaScript verkettet werden können. Ein paar einfache Techniken bieten Anwendungsentwicklern die Möglichkeit, die Codeerstellung effizienter zu gestalten. Neben dem Erstellen von zeitsparenden Funktionen, die die Belastung durch allgemeine Aufgaben reduzieren, können Sie auch die Implementierung des Codes verbessern. Am Ende sind Sie in der Lage, eine ganze JavaScript-Bibliothek mit der Verkettungstechnik zu erstellen und alle Ihre Lieblingsmethoden darin zu verketten.

Die Verkettung ist eigentlich nur eine Aufteilung der Syntax. Sie können damit komplexe Operationen in kleinen Codemengen ausdrücken, indem Sie eine anfängliche Operation wiederverwenden. Die Verkettung erfordert zwei Teile: eine Factory, die ein Objekt um ein HTML-Element erstellt (wir behandeln Factories ausführlich in Kapitel 7) und Methoden, die gewisse Aktionen mit diesem HTML-Element ausführen. Jede dieser Methoden kann zur Kette hinzugefügt werden, indem der Methodenname mit einem Punkt angehängt wird. Die Verkettung kann so als Prozess angesehen werden, bei dem ein Element auf der Website ausgewählt wird, um dort eine oder mehrere Operationen auszuführen.

Sehen wir uns ein kleines Beispiel an. Durch einige vordefinierte Utility-Funktionen gewinnen Sie ein Grundverständnis des Konzepts durch die Gegenüberstellung der Situation mit und ohne Verkettung. Wie diese Utility-Funktionen funktionieren, ist für unser Beispiel nicht wichtig. Das erste Beispiel ruft eine Referenz auf ein Element mit einer ID von example auf und weist ihm einen Event Listener zu. Wenn es angeklickt wird, wird der Textfarbstil auf Grün eingestellt und dann das Element angezeigt:

```
// Ohne Verkettung:
addEvent($('example'), 'click', function() {
  setStyle(this, 'color', 'green');
  show(this);
});

// Mit Verkettung:
$('example').addEvent('click', function() {
  $(this).setStyle('color', 'green').show();
});
```

6.1   Die Struktur einer Kette

Sie kennen bereits die Dollar-Funktion, die meist ein HTML-Element oder eine Zusammenstellung von HTML-Elementen, wie im Folgenden gezeigt, zurückgibt:

```
function $() {
  var elements = [];
  for (var i = 0, len = arguments.length; i < len; ++i) {
    var element = arguments[i];
    if (typeof element === 'string') {
      element = document.getElementById(element);
    }
    if (arguments.length === 1) {
      return element;
    }
    elements.push(element);
  }
  return elements;
}
```

Wenn Sie aber die Funktion modifizieren, damit sie als Konstruktor fungiert, ihre Elemente als Array in einer Instanz-Eigenschaft speichern und dann eine Referenz auf die Instanz in allen Prototypmethoden zurückgeben, können Sie ihr die Möglichkeit zur Verkettung geben. Aber erst einmal langsam. Sie müssen die Dollar-Funktion modifizieren, so dass aus ihr eine Factory-Methode wird, die ein Objekt erstellt, das die Verkettung unterstützt. Ebenso soll die Dollar-Funktion in der Lage sein, einen Array von Elementen aufzunehmen, so dass Sie dasselbe öffentliche Interface wie zuvor verwenden können. Der modifizierte Code sieht wie folgt aus:

```
(function() {
  // Private Klasse verwenden.
  function _$(els) {
    this.elements = [];
    for (var i = 0, len = els.length; i < len; ++i) {
      var element = els[i];
      if (typeof element === 'string') {
        element = document.getElementById(element);
      }
      this.elements.push(element);
    }
  }
  // Das öffentliche Interface bleibt dasselbe.
  window.$ = function() {
    return new _$(arguments);
  };
})();
```

Da alle Objekte von ihrem Prototyp erben, können Sie die Referenz auf das zurückzugebende Instanzobjekt nutzen und alle dem Prototyp zugeordneten Methoden als Kette ausführen. So gerüstet, fügen wir nun die Methoden zu dem privaten Dollar-Konstruktor-Prototyp hinzu.

Dies ermöglicht die Verkettung:

```
(function() {
  function _$(els) {
    // ...
  }
  _$.prototype = {
    each: function(fn) {
      for ( var i = 0, len = this.elements.length; i < len; ++i ) {
        fn.call(this, this.elements[i]);
      }
      return this;
    },
    setStyle: function(prop, val) {
      this.each(function(el) {
        el.style[prop] = val;
      });
      return this;
    },
    show: function() {
      var that = this;
      this.each(function(el) {
        that.setStyle('display', 'block');
      });
      return this;
    },
    addEvent: function(type, fn) {
      var add = function(el) {
        if (window.addEventListener) {
          el.addEventListener(type, fn, false);
        }
        else if (window.attachEvent) {
          el.attachEvent('on'+type, fn);
        }
      };
      this.each(function(el) {
        add(el);
      });
      return this;
    }
  };
```

```
window.$ = function() {
  return new _$(arguments);
};
})();
```

Wenn Sie sich die letzte Zeile in jeder Methode der Klasse ansehen, bemerken Sie, dass alle mit `return this` enden. Dies gibt das Objekt an die nächste Methode in der Kette weiter. Bei einem verkettbaren Interface sind die Möglichkeiten grenzenlos. Sie können nun folgenden Code erstellen:

```
$(window).addEvent('load', function() {
  $('test-1', 'test-2').show().
    setStyle('color', 'red').
    addEvent('click', function(e) {
      $(this).setStyle('color', 'green');
    });
});
```

Dies ordnet dem `load`-Ereignis des `window`-Objekts ein Ereignis zu. Wenn ausgelöst, werden die Elemente mit den IDs `test-1` und `test-2` sofort angezeigt, und der Text darin wird auf die Farbe Rot eingestellt. Es sind ihnen Click Event Listener zugeordnet, die beim Auslösen die Textfarbe auf Grün einstellen. Das ist ziemlich viel in einem so kurzen Anwendungscode hineingepackt.

Für diejenigen, die die JavaScript-Bibliothek jQuery kennen, ist das Interface sehr ähnlich. Der Anker der Kette ist das `window`-Objekt oder ein HTML-Element und jede Operation wird diesem Anker zugeordnet. Im obigen Beispiel gibt es zwei Ketten: eine, die das `Load`-Ereignis dem `window`-Objekt zuweist, und eine, die Stile festlegt und Ereignisse an Elemente mit den IDs `test-1` und `test-2` zuordnet. Nahezu jedes Set bestehender Utilitities kann für eine Verkettung in diesem Stil angepasst werden. Wir behandeln dies im folgenden Abschnitt ausführlicher.

6.2   Verkettbare JavaScript-Bibliothek errichten

Bislang haben Sie nur ein paar der gängigsten Utility-Funktionen verkettet, aber Sie können dies ganz nach Wunsch erweitern. Das Erstellen einer JavaScript-Bibliothek benötigt viel Sorgfalt. Es müssen nicht Tausende oder Hunderte von Codezeilen sein; die Länge hängt davon ab, was Sie von einer Bibliothek benötigen. Sehen Sie sich die gängigsten Features an, die JavaScript-Bibliotheken anbieten. Die Grundkomponenten, die in nahezu allen JavaScript-Bibliotheken vorkommen, fasst Tabelle 6.1 zusammen.

Feature	Beschreibung
Events (Ereignisse)	Hinzufügen und Entfernen von Listenern; Normalisieren des Ereignisobjekts
DOM	Klassennamen-Management; Stilmanagement
Ajax	Normalisieren von XMLHttpRequest

Tabelle 6.1: Features, die in den meisten JavaScript-Bibliotheken zu finden sind

In Pseudocode formuliert und auf dem privaten Dollarkonstruktor aufbauend, kann dies wie folgt aussehen:

```
// Syntaktisches Zuckerl zur einfacheren Entwicklung des
// Interface einfügen.
Function.prototype.method = function(name, fn) {
  this.prototype[name] = fn;
  return this;
};
(function() {
  function _$(els) {
    // ...
  }
  /*
    Events
      * addEvent
      * getEvent
  */
  _$.method('addEvent', function(type, fn) {
    // ...
  }).method('getEvent', function(e) {
    // ...
  }).
  /*
    DOM
      * addClass
      * removeClass
      * replaceClass
      * hasClass
      * getStyle
      * setStyle
  */
  method('addClass', function(className) {
    // ...
  }).method('removeClass', function(className) {
    // ...
  }).method('replaceClass', function(oldClass, newClass) {
    // ...
```

```
}).method('hasClass', function(className) {
  // ...
}).method('getStyle', function(prop) {
  // ...
}).method('setStyle', function(prop, val) {
  // ...
}).
/*
   Lädt AJAX: Holt ein HTML-Fragment von einer URL und setzt es in ein
Element ein.
*/
method('load', function(uri, method) {
  // ...
});
window.$ = function() {
  return new _$(arguments);
});
})();
```

Nun, da die API als Rumpf vorhanden ist, müssen wir überlegen, wer dies und in welchem Kontext verwenden könnte. Wenn es eine bestehende API gibt, die bereits die Dollarfunktion verwendet, überschreibt sie diese Bibliothek. Eine einfache Lösung ist die Änderung des Namens der Dollarfunktion in der Quelle. Dies ist aber nicht ideal, wenn Sie Code aus einem vorhandenen Quellcode-Repository abrufen. Sie müssten ihn jedes Mal ändern, wenn Sie die Quelle im Repository aktualisieren. In diesem Fall ist es eine bessere Lösung, einen Installer hinzuzufügen:

```
Function.prototype.method = function(name, fn) {
  // ...
};
(function() {
  function _$(els) {
    // ...
  }
  _$.method('addEvent', function(type, fn) {
    // ...
  });

  window.installHelper = function(scope, interface) {
    scope[interface] = function() {
      return new _$(arguments);
    }
  };
})();
```

Eine mögliche Implementierung könnte wie folgt aussehen:

```
installHelper(window, '$');

$('example').show();
```

Das ist ein komplexeres Beispiel, mit dem Sie die Funktionalität einem vordefinierten, mit einem Namespace versehenen Objekt zuordnen können:

```
// Namespace definieren, ohne ihn zu überschreiben, wenn er
// bereits vorhanden ist.
window.com = window.com || {};
com.example = com.example || {};
com.example.util = com.example.util || {};

installHelper(com.example.util, 'get');

(function() {
  var get = com.example.util.get;
  get('example').addEvent('click', function(e) {
    get(this).addClass('hello');
  });
})();
```

6.3 Mit Callbacks Daten aus verketteten Methoden abrufen

Manchmal ist es kein ganz so glücklicher Gedanke, die Methoden miteinander zu verketten. Bei Bearbeitungsmethoden ist das in Ordnung, aber bei Zugriffsmethoden möchten Sie eventuell zuerst die angeforderten Daten zurückgeben, anstatt this zurückzugeben. Nichtsdestotrotz – wenn die Verkettung das oberste Ziel ist und Sie konsistente Methoden wünschen, können Sie das Problem umgehen, indem Sie Callbacks für Funktionen verwenden, um die Daten, auf die zugegriffen wurde, zurückzugeben. Das nächste Beispiel zeigt beide dieser Techniken. Die API-Klasse verwendet normale Zugriffsmethoden (die die Kette aufbrechen), während die API2-Klasse Callback-Methoden verwendet:

```
// Zugriffsmethode ohne Funktion-Callbacks: Rückgabe der
// angeforderten Daten in Zugriffsmethoden.
window.API = window.API || {};
API.prototype = (function() {
  var name = 'Hello world';
  // Privilegierte Bearbeitungsmethode.
  setName: function(newName) {
    name = newName;
    return this;
  },
```

```
  // Privilegierte Zugriffsmethode.
  getName: function() {
    return name;
  }
})();


// Implementierungscode.
var o = new API;
console.log(o.getName()); // Zeigt 'Hello world' an.
console.log(o.setName('Meow').getName()); // Zeigt 'Meow' an.

// Zugriffsmethode mit Funktion-Callbacks.
window.API2 = window.API2 || {};
API2.prototype = (function() {
  var name = 'Hello world';
  // Privilegierte Bearbeitungsmethode.
  setName: function(newName) {
    name = newName;
    return this;
  },
  // Privilegierte Zugriffsmethode.
  getName: function(callback) {
    callback.call(this, name);
    return this;
  }
})();


// Implementierungscode.
var o2 = new API2;
o2.getName(console.log).setName('Meow').getName(console.log);
// Zeigt 'Hello world' und dann 'Meow' an.
```

6.4   Zusammenfassung

JavaScript übergibt alle Objekte per Referenz, so dass Sie diese Referenzen in jeder Methode zurückgeben können. Indem Sie am Ende jeder Methode this zurückgeben, können Sie eine verkettbare Klasse erstellen. Dieser Stil trägt zur effizienteren Codeerstellung bei und macht den Code in einem gewissen Maß eleganter und besser lesbar. Sie können so oftmals Situationen vermeiden, in denen Objekte mehrmals deklariert werden und stattdessen eine Kette verwenden, die weniger Code erzeugt. Wenn Sie für Ihre Klassen konsistente Interfaces anstreben und sowohl Bearbeitungs- wie auch Zugriffsmethoden verkettbar sein sollen, können Sie Funktions-Callbacks für Ihre Zugriffsmethoden verwenden.

2. Teil:
Entwurfsmuster

7   Das Factory-Muster

Eine Klasse oder ein Objekt können oftmals andere Objekte beinhalten. Beim Erstellen dieser Elementobjekte besteht daher unter Umständen die Versuchung, sie normal mit dem `new`-Schlüsselwort und dem Klassenkonstruktor zu instanziieren. Das Problem dabei ist, dass damit eine Abhängigkeit zwischen den zwei Klassen erstellt wird. In diesem Kapitel betrachten wir ein Muster, mit dem diese beiden Klassen entkoppelt werden können und verwenden eine Methode zur Entscheidung, welche Klasse instanziiert werden soll. Wir erörtern das einfache Factory-Muster, das eine eigene Klasse (oft ein Singleton) zum Erstellen von Instanzen verwendet, sowie das komplexere Factory-Muster, das mithilfe von Unterklassen entscheidet, welche konkrete Klasse als Elementobjekt instanziiert wird.

7.1   Das einfache Factory-Muster

Das einfache Factory-Entwurfsmuster wird am besten anhand eines Beispiels deutlich: Angenommen, Sie möchten im Web einige Fahrradshops erstellen, von denen jeder verschiedene Radmodelle zum Kauf anbietet. Dies kann mit einer Klasse wie der folgenden dargestellt werden:

```
/* BicycleShop-Klasse. */

var BicycleShop = function() {};
BicycleShop.prototype = {
  sellBicycle: function(model) {
    var bicycle;

    switch(model) {
      case 'The Speedster':
        bicycle = new Speedster();
        break;
      case 'The Lowrider':
        bicycle = new Lowrider();
        break;
      case 'The Comfort Cruiser':
      default:
        bicycle = new ComfortCruiser();
    }
    Interface.ensureImplements(bicycle, Bicycle);

    bicycle.assemble();
```

```
    bicycle.wash();

    return bicycle;
  }
};
```

Sie prüfen, welches Radmodell angefordert wurde und erstellen dann mit einer `Switch`-Anweisung eine neue Instanz davon. Sie können diese Instanzen als austauschbar behandeln, da sie alle auf das `Bicycle`-Interface reagieren:

> **Hinweis:** Das Factory-Muster hängt sehr von Ihren Interfaces ab. Wenn Sie keine Möglichkeit haben, den Objekttyp zu prüfen und sicherzustellen, dass die benötigten Methoden implementiert werden, verlieren Sie viele der Vorteile der Factorys. In all diesen Beispielen können Sie Objekte erstellen und sie gleich behandeln, da Sie sicherstellen können, dass sie alle auf dasselbe Methodenset reagieren.

```
/* Das Bicycle-Interface. */

var Bicycle = new Interface('Bicycle', ['assemble', 'wash', 'ride',
'repair']);

/* Speedster-Klasse. */

var Speedster = function() { // Implementiert Bicycle
  ...
};
Speedster.prototype = {
  assemble: function() {
    ...
  },
  wash: function() {
    ...
  },
  ride: function() {
    ...
  },
  repair: function() {
    ...
  }
};
```

Um ein bestimmtes Fahrradmodell zu verkaufen, rufen Sie die `sellBicycle`-Methode auf:

```
var californiaCruisers = new BicycleShop();
var yourNewBike = californiaCruisers.sellBicycle('The Speedster');
```

Dies funktioniert alles sehr gut, bis Sie etwas ändern. Was geschieht, wenn Sie ein neues Radmodell hinzufügen möchten? Dazu müssten Sie den Code in `BicycleShop` ändern, selbst wenn die konkrete Funktionalität von `BicycleShop` sich nicht grundlegend geändert hat: Sie erstellen immer noch eine neue Instanz eines Fahrrads, verarbeiten diese und übergeben sie dem Kunden. Eine bessere Lösung ist die Übergabe der »Erstellen einer neuen Instanz«-Methode an ein einfaches Factory-Objekt:

```
/* BicycleFactory-Namespace. */

var BicycleFactory = {
  createBicycle: function(model) {
    var bicycle;

    switch(model) {
      case 'The Speedster':
        bicycle = new Speedster();
        break;
      case 'The Lowrider':
        bicycle = new Lowrider();
        break;
      case 'The Comfort Cruiser':
      default:
        bicycle = new ComfortCruiser();
    }

    Interface.ensureImplements(bicycle, Bicycle);
    return bicycle;
  }
};
```

`BicycleFactory` ist ein Singleton, das als Namespace dient, um die Methode `createBicycle` zu enthalten. Diese Methode gibt ein Objekt zurück, das auf das `Bicycle`-Interface reagiert, das dann wieder weiterverarbeitet werden kann wie zuvor:

```
/* BicycleShop-Klasse, verbessert. */

var BicycleShop = function() {};
BicycleShop.prototype = {
  sellBicycle: function(model) {
    var bicycle = BicycleFactory.createBicycle(model);

    bicycle.assemble();
    bicycle.wash();

    return bicycle;
  }
};
```

Dieses `BicycleFactory`-Objekt können beliebig viele Klassen zum Erstellen neuer Instanzen nutzen. Alle Informationen über die Verfügbarkeit von Modellen sind an einem Ort zusammengefasst. Dies bedeutet, dass weitere Fahrradmodelle sehr einfach hinzugefügt werden können:

```
/* BicycleFactory Namespace, mit weiteren Modellen. */

var BicycleFactory = {
  createBicycle: function(model) {
    var bicycle;

    switch(model) {
      case 'The Speedster':
        bicycle = new Speedster();
        break;
      case 'The Lowrider':
        bicycle = new Lowrider();
        break;
      case 'The Flatlander':
        bicycle = new Flatlander();
        break;
      case 'The Comfort Cruiser':
      default:
        bicycle = new ComfortCruiser();
    }

    Interface.ensureImplements(bicycle, Bicycle);
    return bicycle;
  }
};
```

`BicycleFactory` ist ein gutes Beispiel eines einfachen Factory-Objekts. Es nimmt die Erstellung von Elementobjekten an sich und reicht sie an ein externes Objekt weiter. Dieses Objekt kann entweder ein einfacher Namespace, wie in diesem Beispiel, oder eine Instanz einer Klasse sein. Es ist oftmals sinnvoll, diese Elementinstanzen mit Singletons oder statischen Klassenmethoden zu erstellen, wenn die Erstellungsmethoden nicht variieren. Um zum Beispiel verschiedene Baureihen von Fahrrädern anzubieten, kann es sinnvoller sein, eine Erstellungsmethode in einer Klasse zu implementieren, für die dann Unterklassen gebildet werden können.

7.2   Das echte Factory-Muster

Das echte Factory-Muster unterscheidet sich vom einfachen Factory-Muster darin, dass es eine Unterklasse anstelle einer anderen Klasse oder eines anderen Objekts zum Erstellen der Fahrräder (wie es im obigen Beispiel der Fall war) verwendet. Formal wird ein Factory als eine Klasse definiert, die die Instanziierung der Elementobjekte in eine Unterklasse verlagert. Sehen wir uns anhand des `BicycleShop`-Beispiels die Unterschiede zwischen dem einfachen Factory- und dem Factory-Muster an.

Jeder Fahrradshop soll seine Ware von beliebigen Herstellern beziehen können. Deswegen ist ein einzelnes `BicycleFactory`-Objekt nicht in der Lage, alle erforderlichen Fahrradinstanzen bereitzustellen. Stattdessen können Sie `BicycleShop` als eine abstrakte Klasse erstellen, und die Unterklassen können ihre eigene `createBicycle`-Methode implementieren, wobei der Hersteller beliebig sein kann:

```
/* BicycleShop-Klasse (abstrakt). */

var BicycleShop = function() {};
BicycleShop.prototype = {
  sellBicycle: function(model) {
    var bicycle = this.createBicycle(model);

    bicycle.assemble();
    bicycle.wash();

    return bicycle;
  },
  createBicycle: function(model) {
    throw new Error('Unsupported operation on an abstract class.');
  }
};
```

Sie definieren eine `createBicycle`-Methode, aber diese gibt einen Fehler aus, wenn sie tatsächlich aufgerufen wird. `BicycleShop` ist nun abstrakt – sie kann nicht instanziiert werden, es können nur Unterklassen gebildet werden. Um eine Unterklasse für einen bestimmten Fahrradhersteller zu erstellen, erweitern Sie `BicycleShop` und überschreiben die `createBicycle`-Methode. Hier nun zwei Unterklassen; eine erhält die Räder vom Hersteller Acme und die andere vom Hersteller General Products:

```
/* AcmeBicycleShop-Klasse. */

var AcmeBicycleShop = function() {};
extend(AcmeBicycleShop, BicycleShop);
AcmeBicycleShop.prototype.createBicycle = function(model) {
  var bicycle;

  switch(model) {
    case 'The Speedster':
      bicycle = new AcmeSpeedster();
      break;
    case 'The Lowrider':
      bicycle = new AcmeLowrider();
      break;
    case 'The Flatlander':
```

```
      bicycle = new AcmeFlatlander();
      break;
    case 'The Comfort Cruiser':
    default:
      bicycle = new AcmeComfortCruiser();
  }


  Interface.ensureImplements(bicycle, Bicycle);
  return bicycle;
};


/* GeneralProductsBicycleShop-Klasse. */

var GeneralProductsBicycleShop = function() {};
extend(GeneralProductsBicycleShop, BicycleShop);
GeneralProductsBicycleShop.prototype.createBicycle = function(model) {
  var bicycle;

  switch(model) {
    case 'The Speedster':
      bicycle = new GeneralProductsSpeedster();
      break;
    case 'The Lowrider':
      bicycle = new GeneralProductsLowrider();
      break;
    case 'The Flatlander':
      bicycle = new GeneralProductsFlatlander();
      break;
    case 'The Comfort Cruiser':
    default:
      bicycle = new GeneralProductsComfortCruiser();
  }


  Interface.ensureImplements(bicycle, Bicycle);
  return bicycle;
};
```

Alle aus diesen Factory-Methoden erstellten Objekte antworten auf das `Bicycle`-Interface, so dass jeder Code sie als vollkommen austauschbar behandeln kann. Der Verkauf der Fahrräder erfolgt auf dieselbe Weise wie zuvor, nur dass Sie nun Shops erstellen können, die entweder Räder von Acme oder General Products verkaufen:

```
var alecsCruisers = new AcmeBicycleShop();
var yourNewBike = alecsCruisers.sellBicycle('The Lowrider');

var bobsCruisers = new GeneralProductsBicycleShop();
var yourSecondNewBike = bobsCruisers.sellBicycle('The Lowrider');
```

Da beide Hersteller Räder gleichen Typs anbieten, können die Kunden einen Shop besuchen und einen bestimmten Typ bestellen, ohne sich darum kümmern zu müssen, wer dies ursprünglich hergestellt hat. Oder aber, wenn sich ein Kunde auf ein Rad von Acme festgelegt hat, kann er zu den Shops gehen, die nur Acme-Räder verkaufen.

Es können einfach weitere Hersteller hinzugefügt werden: Sie erstellen lediglich eine weitere Unterklasse von `BicycleShop` und überschreiben die `createBicycle`-Factory-Methode. Sie können auch jede Unterklasse modifizieren, damit weitere Modelle für einen bestimmten Hersteller hinzugefügt werden können. Dies ist das wichtigste Feature des Factory-Musters. Sie können den gesamten allgemeinen `Bicycle`-Code in die übergeordnete Klasse `BicycleShop` schreiben und dann die konkrete Instanziierung spezieller `Bicycle`-Objekte in die Unterklassen verschieben. Der allgemeine Code befindet sich komplett an einem Ort, und der Code, der variiert, ist in den Unterklassen gekapselt.

7.3 Wann sollte das Factory-Muster verwendet werden?

Die einfachste Möglichkeit, neue Objekte zu erstellen, ist die Verwendung des `new`-Schlüsselworts und einer konkreten Klasse. Die zusätzliche Komplexität für die Erstellung und Pflege einer Factory macht nur in bestimmten Situationen Sinn, die in diesem Abschnitt beschrieben werden.

7.3.1 Dynamische Implementierungen

Wenn Sie Objekte mit demselben Interface, aber unterschiedlichen Implementierungen erstellen müssen, wie im obigen Fahrradbeispiel, kann eine Factory-Methode oder ein einfaches Factory-Objekt den Auswahlprozess der zu verwendenden Implementierung vereinfachen. Dies kann explizit geschehen, wie im Fahrradbeispiel, wenn ein Kunde ein Fahrradmodell auswählt, oder implizit (wie im XHR-Factory-Beispiel im nächsten Abschnitt), wo der Typ des Verbindungsobjekts basierend auf Faktoren wie der Bandbreite und der Netzwerklatenz zurückgegeben wird. In diesen Situationen haben Sie in der Regel mehrere Klassen, die dasselbe Interface implementieren und gleich behandelt werden können. In JavaScript ist dies der gängigste Grund für die Verwendung des Factory-Musters.

7.3.2 Setup-Kosten zusammenfassen

Wenn Objekte komplexe, aber zueinander in Beziehung stehende Setup-Aufwände haben, kann mit Hilfe eines Factory-Objekts die Code-Menge für jedes Objekt verringert werden. Das gilt vor allem, wenn das Setup nur einmal für alle Instanzen eines bestimmten Objekttyps durchgeführt werden muss. Es ist ineffizient, den Code für dieses Setup in den Klassenkonstruktor zu stellen, weil er auch aufgerufen wird, wenn das Setup abgeschlossen ist, und weil er den Code auf verschiedene Klassen dezentralisiert. In dieser Situation ist eine Factory-Methode die ideale Lösung. Sie kann das

Setup einmal durchführen und dann danach alle benötigten Objekte instanziieren. Ebenso befindet sich der Setup-Code an einem Ort, unabhängig davon, wie viele Klassen instanziiert werden.

Das ist besonders nützlich, wenn Sie Klassen verwenden, für die externe Bibliotheken geladen werden. Die Factory-Methode kann auf das Vorhandensein dieser Bibliotheken testen und dynamisch diejenigen laden, die nicht gefunden wurden. Dieser Setup-Code existiert dann nur an einem Ort, wodurch eine spätere Veränderung viel einfacher wird.

7.3.3   Viele kleine Objekte in ein großes Objekt abstrahieren

Eine Factory-Methode kann zum Erstellen eines Objekts nützlich sein, das viele kleinere Objekte kapselt. Stellen Sie sich zum Beispiel die Konstruktoren für die Fahrrad-Objekte vor. Ein Fahrrad besteht aus vielen kleineren Teilsystemen: Räder, einem Rahmen, einer Kette und Bremsen. Wenn Sie eines dieser Untersysteme nicht eng mit dem größeren Objekt koppeln möchten, sondern stattdessen zur Laufzeit eines aus vielen Teilsystemen auswählen möchten, ist eine Factory-Methode ideal. Mit dieser Technik können Sie alle Räder mit einem bestimmten Kettentyp an einem Tag erstellen und den Typ am anderen Tag ändern, wenn Sie finden, dass dieser ihre Anforderungen besser erfüllt. Die Durchführung dieser Änderungen ist einfach, da die Fahrräder in ihrem Konstruktor nicht von einer bestimmten Kette abhängen. Das RSS-Reader-Beispiel später in diesem Kapitel zeigt dies noch ausführlicher.

7.4   Beispiel: XHR-Factory

Eine gängige Aufgabe in heutigen Webseiten ist es, einen asynchronen Request mit Ajax durchzuführen. Je nach Browser des Anwenders müssen Sie eine von verschiedenen Klassen instanziieren, um ein Objekt zu erhalten, mit dem ein Request erstellt werden kann. Wenn Sie mehr als nur einen Ajax-Request in Ihren Code einbauen, ist es sinnvoll, diese Objekterstellung in eine Klasse zu abstrahieren und einen Wrapper für die verschiedenen Schritte zu erstellen, die zur Durchführung des Requests erforderlich sind. Ein einfaches Factory funktioniert hier sehr gut, um eine Instanz von entweder `XMLHttpRequest` oder `ActiveXObject` zu erstellen, je nach Funktionalität des Browsers:

```
/* AjaxHandler-Interface. */

var AjaxHandler = new Interface('AjaxHandler', ['request',
'createXhrObject']);

/* SimpleHandler-Klasse. */

var SimpleHandler = function() {}; // Implementiert AjaxHandler
SimpleHandler.prototype = {
  request: function(method, url, callback, postVars) {
```

```
  var xhr = this.createXhrObject();
  xhr.onreadystatechange = function() {
    if(xhr.readyState !== 4) return;
    (xhr.status === 200) ?
      callback.success(xhr.responseText, xhr.responseXML) :
      callback.failure(xhr.status);
  };
  xhr.open(method, url, true);
  if(method !== 'POST') postVars = null;
  xhr.send(postVars);
},
createXhrObject: function() { // Factory-Methode.
  var methods = [
    function() { return new XMLHttpRequest(); },
    function() { return new ActiveXObject('Msxml2.XMLHTTP'); },
    function() { return new ActiveXObject('Microsoft.XMLHTTP'); }
  ];

  for(var i = 0, len = methods.length; i < len; i++) {
    try {
      methods[i]();
    }
    catch(e) {
      continue;
    }
    // Wenn wir diesen Punkt erreichen, hat die Methode[i]
    // funktioniert.
    this.createXhrObject = methods[i];
    // Memoizing der Methode.
    return methods[i];
  }

  // Wenn wir diesen Punkt erreichen, hat keine Methode
  //funktioniert.
  throw new Error('SimpleHandler: Could not create an XHR object.');
  }
};
```

Die Hilfsmethode `request` führt die erforderlichen Schritte aus, um einen Request abzusenden und die Response zu verarbeiten. Sie erstellt ein XHR-Objekt (XML-http-Request), konfiguriert es und sendet den Request. Der interessante Teil ist das Erstellen des XHR-Objekts.

Die Factory-Methode `createXhrObject` gibt in Abhängigkeit von den in der aktuellen Umgebung verfügbaren Elementen ein XHR-Objekt zurück. Wenn sie das erste Mal ausgeführt wird, testet sie drei verschiedene Möglichkeiten der Erstellung eines XHR-Objekts. Wenn sie eine funktionierende findet, gibt sie das erstellte Objekt zurück und überschreibt sich mit der Funktion, die zum Erstellen des Objekts verwendet wurde. Diese neue Funktion wird zur Methode `createXhrObject`. Die Technik namens *Memoizing* kann zum Erstellen von Funktionen und Methoden verwendet werden, die komplexe Berechnungen speichern, so dass sie nicht wiederholt werden müssen. Der gesamte komplexe Setup-Code wird nur einmal bei der ersten Ausführung der Methode aufgerufen, und danach wird nur der Browser-spezifische Code ausgeführt. Zum Beispiel, wenn der vorherige Code in einem Browser ausgeführt wird, der die `XMLHttpRequest`-Klasse implementiert, würde `createXhrObject` bei der zweiten Ausführung folgendermaßen aussehen:

```
createXhrObject: function() { return new XMLHttpRequest(); }
```

Memoizing kann den Code viel effizienter machen, da der gesamte Setup- und Test-Code nur einmal ausgeführt wird. Factory-Methoden sind ideal für die Kapselung dieser Art von Code, da Sie diese aufrufen können und wissen, dass das korrekte Objekt zurückgegeben wird, unabhängig davon, auf welcher Plattform der Code ausgeführt wird. Die gesamte Komplexität dieser Aufgabe wird so an einem Ort zentral zusammengefasst.

Die Durchführung eines Requests mit der `SimpleHandler`-Klasse ist ziemlich einfach. Nach der Instanziierung können Sie mit der Request-Methode den asynchronen Request durchführen:

```
var myHandler = new SimpleHandler();
var callback = {
  success: function(responseText) { alert('Success: ' + responseText); },
  failure: function(statusCode) { alert('Failure: ' + statusCode); }
};
myHandler.request('GET', 'script.php', callback);
```

7.4.1   Spezielle Verbindungsobjekte

Sie können dieses Beispiel noch einen Schritt weiterführen und mit dem Factory-Muster spezielle Request-Objekte basierend auf den Netzwerkvoraussetzungen erstellen. Sie verwenden bereits das einfache Factory-Muster zum Erstellen des XHR-Objekts. Sie können ein anderes Factory zur Rückgabe der verschiedenen Handler-Klassen verwenden, die alle von `SimpleHandler` erben.

Als Erstes erstellen Sie zwei neue Handler. `QueuedHandler` stellt sicher, dass alle Requests erfolgreich waren, bevor neue Requests zugelassen werden, und `Offline`-`Handler` speichert Requests, wenn der Anwender nicht online ist:

```
/* QueuedHandler-Klasse. */

var QueuedHandler = function() { // Implementiert AjaxHandler
  this.queue = [];
  this.requestInProgress = false;
  this.retryDelay = 5; // In Sekunden.
};
extend(QueuedHandler, SimpleHandler);
```

```
QueuedHandler.prototype.request = function(method, url, callback, postVars,
  override) {
  if(this.requestInProgress && !override) {
    this.queue.push({
      method: method,
      url: url,
      callback: callback,
      postVars: postVars
    });
  }
  else {
    this.requestInProgress = true;
    var xhr = this.createXhrObject();
    var that = this;
    xhr.onreadystatechange = function() {
      if(xhr.readyState !== 4) return;
      if(xhr.status === 200) {
        callback.success(xhr.responseText, xhr.responseXML);
        that.advanceQueue();
      }
      else {
        callback.failure(xhr.status);
        setTimeout(function() { that.request(method, url, callback,
postVars); },
          that.retryDelay * 1000);
      }
    };
    xhr.open(method, url, true);
    if(method !== 'POST') postVars = null;
    xhr.send(postVars);
  }
};
QueuedHandler.prototype.advanceQueue = function() {
  if(this.queue.length === 0) {
    this.requestInProgress = false;
    return;
  }
  var req = this.queue.shift();
  this.request(req.method, req.url, req.callback, req.postVars, true);
};
```

Die request-Methode von QueuedHandler sieht ähnlich aus wie die von
SimpleHandler. Aber sie führt zuerst eine Prüfung durch, um sicherzustellen, dass
keine anderen Requests noch zur Verarbeitung ausstehen, bevor neue erstellt werden
dürfen. Sie ruft auch in einem festgelegten Intervall alle nicht erfolgreichen Requests
ab, bis diese erfolgreich beendet werden:

```
/* OfflineHandler-Klasse. */

var OfflineHandler = function() { // Implementiert AjaxHandler
  this.storedRequests = [];
};
extend(OfflineHandler, SimpleHandler);
OfflineHandler.prototype.request = function(method, url, callback,
postVars) {
  if(XhrManager.isOffline()) {
// Speichert Requests, bis wir online sind.
    this.storedRequests.push({
      method: method,
      url: url,
      callback: callback,
      postVars: postVars
    });
  }
  else { // Request-Methode von SimpleHandler aufrufen, wenn
      // wir online sind.
    this.flushStoredRequests();
    OfflineHandler.superclass.request(method, url, callback, postVars);
  }
};
OfflineHandler.prototype.flushStoredRequests = function() {
  for(var i = 0, len = storedRequests.length; i < len; i++) {
    var req = storedRequests[i];
    OfflineHandler.superclass.request(req.method, req.url, req.callback,
      req.postVars);
  }
};
```

`OfflineHandler` ist etwas einfacher. Mit der `XhrMananger.isOffline`-Methode (die wir in Kürze behandeln werden) wird sichergestellt, dass der Anwender online ist, bevor der Request durch die `request`-Methode von `SimpleHandler` getätigt wird. Sie führt auch alle gespeicherten Requests aus, sobald sie erkennt, dass der Anwender online ist.

7.4.2 Verbindungsobjekte zur Laufzeit auswählen

An dieser Stelle kommt das Factory-Muster ins Spiel. Anstatt dass der Programmierer bei der Entwicklung zwischen diesen verschiedenen Klassen wählen muss, wenn er noch überhaupt keine Vorstellung davon hat, wie die Netzwerkbedingungen für die Endanwender aussehen werden, kann mit Hilfe einer Factory die passende Klasse zur Laufzeit ausgewählt werden. Der Programmierer ruft einfach die Factory-Methode auf und verwendet das zurückgegebene Objekt. Da alle diese Handler das `AjaxHandler`-Interface implementieren, können Sie sie identisch behandeln. Das Interface bleibt dasselbe, nur die Implementierung verändert sich:

```
/* XhrManager-Singleton. */

var XhrManager = {
  createXhrHandler: function() {
    var xhr;
    if(this.isOffline()) {
      xhr = new OfflineHandler();
    }
    else if(this.isHighLatency()) {
      xhr = new QueuedHandler();
    }
    else {
      xhr = new SimpleHandler()
    }

    Interface.ensureImplements(xhr, AjaxHandler);
    return xhr
  },
  isOffline: function() { ...
// Schnellen Request mit SimpleHandler durchführen
// und testen, ob er funktioniert.
  },
  isHighLatency: function() { ...
// Request-Serie mit SimpleHandler
// durchführen und Antwortzeit messen.
// Am besten einmal als Verzweigungsfunktion durchzuführen.
  }
};
```

Der Programmierer ruft nun die Factory-Methode auf, anstatt eine spezielle Klasse zu instanziieren:

```
var myHandler = XhrManager.createXhrHandler();
var callback = {
  success: function(responseText) { alert('Success: ' + responseText); },
  failure: function(statusCode) { alert('Failure: ' + statusCode); }
};
myHandler.request('GET', 'script.php', callback);
```

Alle von der `createXhrHandler`-Methode zurückgegebenen Objekte reagieren auf die benötigten Methoden. Und da sie alle von `SimpleHandler` erben, müssen Sie die komplizierte `createXhrObject`-Methode nur einmal implementieren und alle Klassen nutzen sie. Sie können auch die `request`-Methode von `SimpleHandler` an verschiedenen Stellen in `OfflineHandler` wiederverwenden, und so vorhandenen Code noch umfangreicher wiederverwenden.

Die Methoden `isOffline` und `isHighLatency` werden hier der Einfachheit halber weggelassen. Um sie wirklich zu implementieren, müssen Sie zuerst eine Methode erstellen, die planmäßig durchgeführte asynchrone Requests mit `setTimeout` durchführt und deren Round Trip-Zeit protokolliert. Die `isOffline`-Methode gibt `false` zurück, wenn einer der Requests erfolgreich zurückgegeben wird, andernfalls `true`. Die `isHighLatency`-Methode prüft die Zeiten der zurückgegebenen Requests und gibt `true` oder `false` zurück, je nachdem, wie lange sie dauern. Die Implementierung dieser Methoden ist nicht trivial und wird hier nicht näher behandelt.

7.5 Beispiel: RSS-Reader

Nun erstellen wir ein Widget, das die neuesten Einträge eines RSS-Feeds auf einer Webseite darstellt. Anstatt alles von Grund auf neu zu erstellen, entscheiden wir uns für die Wiederverwendung einiger bereits erstellter Module, wie dem XHR-Handler aus dem obigen Beispiel. Das Endergebnis ist ein RSS-Reader-Objekt, das aus verschiedenen Elementobjekten besteht: einem XHR-Handler-Objekt, einem Anzeigeobjekt und einem Konfigurationsobjekt.

Sie möchten nur mit dem RSS-Container-Objekt interagieren, daher verwenden Sie ein Factory zur Instanziierung jedes dieser externen Objekte und verbinden sie zu einem einzelnen RSS-Reader-Objekt. Der Vorteil der Verwendung einer Factory-Methode ist, dass Sie die RSS-Reader-Klasse erstellen können, ohne eines der Elementobjekte eng daran zu koppeln. Sie können ein beliebiges Anzeigemodul verwenden, das die benötigten Methoden implementiert. Die Klasse muss also nicht von einem einzigen Anzeigeklassentyp abhängen.

Die Factory-Methode ermöglicht das Auslagern beliebiger Module entweder bei der Entwicklung oder zur Laufzeit. Die Programmierer, die die API verwenden, erhalten immer noch ein vollständiges RSS-Reader-Objekt, mit allen Elementobjekten instanziiert und konfiguriert, aber alle beteiligten Klassen sind lose gekoppelt und können daher beliebig ausgelagert werden.

Sehen wir uns einmal die Klassen an, die in der Factory-Methode instanziiert werden. Sie haben bereits die XHR-Handler-Klassen gesehen. Dieses Beispiel verwendet die `XhrManager.createXhrHandler`-Methode zum Erstellen des Handler-Objeks. Als Nächstes kommt die Anzeigeklasse. Sie muss verschiedene Methoden implementieren, um in der RSS-Reader-Klasse verwendet zu werden. Hier ist eine Klasse, die auf die benötigten Methoden reagiert und eine ungeordnete Liste zum Wrappen der Ausgabe verwendet:

```
/* DisplayModule-Interface. */

var DisplayModule = new Interface('DisplayModule', ['append', 'remove',
'clear']);

/* ListDisplay-Klasse. */

var ListDisplay = function(id, parent) {
// Implementiert DisplayModule
  this.list = document.createElement('ul');
```

```
    this.list.id = id;
    parent.appendChild(this.list);
};
ListDisplay.prototype = {
    append: function(text) {
        var newEl = document.createElement('li');
        this.list.appendChild(newEl);
        newEl.innerHTML = text;
        return newEl;
    },
    remove: function(el) {
        this.list.removeChild(el);
    },
    clear: function() {
        this.list.innerHTML = '';
    }
};
```

Als Nächstes benötigen wir das Konfigurationsobjekt. Dies ist einfach ein Objektliteral mit einigen Einstellungen, die von der Reader-Klasse und deren Elementobjekten verwendet werden:

```
/* Konfigurationsobjekt. */

var conf = {
    id: 'cnn-top-stories',
    feedUrl: 'http://rss.cnn.com/rss/cnn_topstories.rss',
    updateInterval: 60, // In Sekunden.
    parent: $('feed-readers')
};
```

Die Klasse, die alle anderen Klassen nutzt, heißt `FeedReader`. Sie verwendet den XHR-Handler zum Abruf des XML aus dem RSS-Feed, eine interne Methode zum Parsen desselben und dann das Anzeigemodul zur Ausgabe auf der Seite:

```
/* FeedReader-Klasse. */

var FeedReader = function(display, xhrHandler, conf) {
    this.display = display;
    this.xhrHandler = xhrHandler;
    this.conf = conf;

    this.startUpdates();
};
FeedReader.prototype = {
    fetchFeed: function() {
        var that = this;
        var callback = {
```

```
      success: function(text, xml) { that.parseFeed(text, xml); },
      failure: function(status) { that.showError(status); }
    };
    this.xhrHandler.request('GET', 'feedProxy.php?feed=' +
this.conf.feedUrl,
        callback);
  },
  parseFeed: function(responseText, responseXML) {
    this.display.clear();
    var items = responseXML.getElementsByTagName('item');
    for(var i = 0, len = items.length; i < len; i++) {
      var title = items[i].getElementsByTagName('title')[0];
      var link = items[i].getElementsByTagName('link')[0];
      this.display.append('<a href="' + link.firstChild.data + '">' +
          title.firstChild.data + '</a>');
    }
  },
  showError: function(statusCode) {
    this.display.clear();
    this.display.append('Error fetching feed.');
  },
  stopUpdates: function() {
    clearInterval(this.interval);
  },
  startUpdates: function() {
    this.fetchFeed();
    var that = this;
    this.interval = setInterval(function() { that.fetchFeed(); },
        this.conf.updateInterval * 1000);
  }
};
```

Das im XHR-Request verwendete `feedProxy.php`-Skript ist ein Proxy, der den Abruf von Daten aus externen Domains erlaubt, ohne der Einschränkung von JavaScript bezüglich derselben Domain zuwiderzuhandeln. Mit einem offenen Proxy, der Daten von jedem an ihn übergebenen URL abruft, ist das System leicht verletzbar und sollte daher vermieden werden. Wenn solche Proxys verwendet werden, vergessen Sie nicht, eine Liste von zulässigen URLs hartzukodieren und alle anderen zurückzuweisen.

Es bleibt nur noch ein Teil übrig: die Factory-Methode, die alle diese Klassen und Objekte zusammenfügt. Sie wird hier als einfache Factory-Methode implementiert:

```
/* FeedManager Namespace. */

var FeedManager = {
  createFeedReader: function(conf) {
    var displayModule = new ListDisplay(conf.id + '-display', conf.parent);
    Interface.ensureImplements(displayModule, DisplayModule);
```

```
  var xhrHandler = XhrManager.createXhrHandler();
  Interface.ensureImplements(xhrHandler, AjaxHandler);

  return new FeedReader(displayModule, xhrHandler, conf);
  }
};
```

Sie instanziiert die erforderlichen Module, stellt sicher, dass sie die korrekten Methoden implementieren und übergibt sie dann an den FeedReader-Konstruktor.

Was bringt die Factory-Methode in diesem Beispiel? Ein Programmierer kann mit dieser API ein FeedReader-Objekt manuell erstellen, auch ohne die Methode Feed-Manager.createFeedReader. Aber die Verwendung der Factory-Methode kapselt das für diese Klasse erforderliche komplexe Setup und stellt sicher, dass die Elementobjekte das benötigte Interface implementieren. Ebenso werden die Orte, an denen die betreffenden verwendeten Module hartkodiert sind, zentralisiert: ListDisplay und XhrManager._createXhrHandler. Sie könnten genauso einfach morgen ParagraphDisplay und QueuedHandler verwenden und müssten nur den Code in der Factory-Methode ändern. Sie können auch Code hinzufügen, um die verfügbaren Module zur Laufzeit auszuwählen, wie beim XHR-Handler-Beispiel. Somit veranschaulicht dieses Beispiel das Prinzip des »Abstrahierens von vielen kleinen Objekten in ein großes Objekt« hervorragend. Es verwendet das Factory-Muster zur Durchführung der Setups für alle benötigten Objekte und gibt dann das große Container-Objekt FeedReader zurück. Eine funktionierende Version dieses Codes, eingebettet in eine Webseite, findet sich in den Code-Beispielen zu Kapitel 7 auf der Website des Buchs: http://www.buch.cd.

7.6 Vorteile des Factory-Musters

Der Hauptvorteil der Verwendung des Factory-Musters ist, dass Sie Objekte entkoppeln können. Mit Hilfe einer Factory-Methode anstelle des new-Schlüsselworts und einer konkreten Klasse können Sie den gesamten Instanziierungscode an einem Ort zentralisieren. Dies vereinfacht die Auslagerung von Klassen oder die dynamische Zuweisung von Klassen zur Laufzeit. Es führt auch zu einer höheren Flexibilität bei der Unterklassenbildung. Mit dem Factory-Muster können Sie eine abstrakte übergeordnete Klasse erstellen und dann die Factory-Methode in den Unterklassen implementieren. Deshalb kann die Instanziierung der Elementobjekte in spezialisiertere Unterklassen verschoben werden.

Diese Vorteile beziehen sich auf zwei objektorientierte Designprinzipien: Objekte sollen lose gekoppelt sein und die Duplikation von Code sollte vermieden werden. Durch das Instanziieren von Klassen in einer Methode vermeiden Sie die Code-Duplikation. Sie nehmen eine konkrete Implementierung heraus und ersetzen sie durch einen Aufruf eines Interfaces. Dies sind alles wertvolle Schritte hin zur Erstellung von modularem Code.

7.7 Nachteile des Factory-Musters

Es ist eine große Versuchung, Factory-Methoden überall anstelle von normalen Konstruktoren einzusetzen, aber es ist wenig sinnvoll. Factory-Methoden sollten nicht verwendet werden, wenn keine Möglichkeit besteht, eine andere Klasse auszulagern, oder wenn Sie keine austauschbaren Klassen zur Laufzeit auswählen müssen. Die meisten Klasseninstanziierungen werden besser offen vorgenommen, mit dem `new`-Schlüsselwort und einen Konstruktor. Hierdurch wird der Code einfacher und besser verfolgbar. Anstatt eine Factory-Methode verfolgen zu müssen, um herauszufinden, welche Klasse instanziiert wurde, können Sie sofort sehen, welcher Konstruktor aufgerufen wurde. Factory-Methoden können da, wo sie benötigt werden, unglaublich nützlich sein, aber achten Sie darauf, diese nicht zu oft einzusetzen. Im Zweifelsfall verwenden Sie sie nicht. Sie können Ihren Code immer später noch mit dem Factory-Muster refaktorieren.

7.8 Zusammenfassung

In diesem Kapitel haben wir das einfache Factory-Muster und das echte Factory-Muster erörtert. Anhand eines Fahrradshops haben wir die Unterschiede zwischen den beiden veranschaulicht. Die einfache Factory-Methode kapselt die Instanziierung, in der Regel in einer eigenen Klasse oder einem Objekt, während das echte Factory-Muster eine abstrakte Factory-Methode implementiert und die Instanziierung auf die Unterklassen verschiebt. Es gibt einige gut definierte Situationen, in denen dieses Muster verwendet werden kann – vor allem dann, wenn der zu instanziierende Klassentyp nur zur Laufzeit und nicht bei der Entwicklung bekannt ist. Es ist auch nützlich, wenn Sie viele miteinander in Beziehung stehende Objekte mit komplexen Setup-Kosten vorliegen haben oder wenn Sie eine Klasse mit Elementobjekten erstellen möchten, aber sie immer noch relativ locker gekoppelt halten möchten. Das Factory-Muster sollte nicht blind bei jeder Instanziierung verwendet werden, aber bei richtigem Einsatz kann es für den JavaScript-Programmierer ein sehr mächtiges Tool sein.

8 Das Bridge-Muster

In der Welt der API-Implementierungen sind Bridges unglaublich nützlich. Sie sind de facto eines der viel zu wenig benutzten Entwurfsmuster. Es ist von allen Mustern dasjenige, das am einfachsten in der Praxis umgesetzt werden kann. Wenn Sie eine JavaScript-API erstellen, kann mit diesem Muster sichergestellt werden, dass die abhängigen Klassen und Objekte lose gekoppelt sind. Wie von der Gang of Four definiert, sollte eine Bridge »eine Abstraktion von ihrer Implementierung entkoppeln, so dass sich die beiden unabhängig voneinander verändern können«. Bridges sind bei der oftmals in JavaScript zum Einsatz kommenden ereignisgesteuerten Programmierung sehr vorteilhaft.

Wenn Sie neu in der Welt der JavaScript-API-Entwicklung sind, werden Sie vermutlich viele Getter-, Setter-, Requester- und andere aktionsbasierte Methoden erstellen. Egal ob man mit Bridges ein Web Service-API oder eine einfache Zugriffs- und Bearbeitungsmethode erstellt – sie helfen Ihnen bei der Implementierung, den API-Code sauber zu halten.

8.1 Beispiel: Event Listener

Eine der praktischsten und häufigsten Verwendungen für eine Bridge sind Event Listener-Callbacks. Angenommen, Sie haben eine API-Funktion namens getBeerById, die Daten über ein Bier auf der Basis eines Identifiers zurückgibt. Natürlich werden Sie in einer Webanwendung diese Daten abrufen wollen, wenn ein Anwender eine Aktion ausführt (etwa durch Anklicken eines Elements). Am wahrscheinlichsten enthält das Element, das Sie anklicken, den Bier-Identifier, entweder in der Element-ID gespeichert oder in einem anderen angepassten Attribut. Hier ist eine Möglichkeit, wie dies gemacht werden kann:

```
addEvent(element, 'click', getBeerById);
function getBeerById(e) {
  var id = this.id;
  asyncRequest('GET', 'beer.uri?id=' + id, function(resp) {
    // Callback Response.
    console.log('Requested Beer: ' + resp.responseText);
  });
}
```

Wie Sie sehen, ist dies eine API, die nur funktioniert, wenn sie im Kontext eines Browsers ausgeführt wird. Natürlich erhalten Sie aufgrund der Funktionsweise von Event Listener-Callbacks als erstes Argument ein Ereignisobjekt zurückgegeben. Das ist in diesem Fall nutzlos, und es ist nur der Gültigkeitsbereich des Callbacks verfügbar, um die ID aus dem `this`-Objekt abzurufen. Viel Glück, wenn Sie diesen Code bei einem Unit-Test ausführen, oder noch besser in der Befehlszeile. Mehr Erfolg für die API-Entwicklung verspricht der Ansatz, mit einer guten API zu beginnen und zu vermeiden, dass sie an eine bestimmte Implementierung gekoppelt wird. Im Endeffekt möchten wir, dass alle auf das Bier zugreifen können:

```
function getBeerById(id, callback) {
  // Bier über ID anfordern, dann Bierdaten zurückgeben.
  asyncRequest('GET', 'beer.uri?id=' + id, function(resp) {
    // Callback Response
    callback(resp.responseText);
  });
}
```

Das ist doch viel praktischer, nicht wahr? Logisch gesprochen ist es für eine Funktion namens `getBeerById` sinnvoll, dort ein Argument anzunehmen, wo Sie eine ID übergeben. Der Callback wird einfach in der Art verwendet, wie sich die meisten »Getter«-Funktionen verhalten. Jedes Mal, wenn Sie Informationen von einem Server anfordern (get), erhalten Sie die Response durch eine Callback-Funktion. Versuchen wir von dieser Warte aus gesehen gegen ein Interface und nicht eine Implementierung (wie in Kapitel 2 beschrieben) zu implementieren und die Abstraktion mithilfe einer Bridge zu entkoppeln. Sehen Sie sich den überarbeiteten Event Listener an:

```
addEvent(element, 'click', getBeerByIdBridge);
function getBeerByIdBridge (e) {
  getBeerById(this.id, function(beer) {
    console.log('Requested Beer: '+beer);
  });
}
```

Da nun eine Bridge zum API-Aufruf vorhanden ist, haben Sie nun die kreative Freiheit, die API überallhin mitzunehmen. Sie können die API nun in einem Unit-Test ausführen, da `getBeerById` nicht eng an ein Event Response-Objekt gekoppelt ist. Stattdessen statten Sie das Interface mit einer ID und einem Callback aus, und voilà!, Bier mit freiem Zugriff. Erwähnenswert ist auch noch, dass Sie Schnelltests für das Interface von der Konsolenbefehlszeile aus ausführen können (z. B. mit Firebug oder Venkman).

8.2 Weitere Beispiele von Bridges

Ebenso wie Interfaces mit Event Callbacks verbunden werden, kann eine Bridge als Verknüpfung zwischen dem öffentlichen API-Code und dem privaten Implementierungscode dienen. Ferner können Sie Bridges als eine Möglichkeit nutzen, mehrere Klassen miteinander zu verbinden. Von der Klasse aus betrachtet bedeutet dies, dass Sie das Interface als öffentlichen Code und die Implementierung dieser Klasse als privaten Code erstellen.

Wenn Sie ein öffentliches Interface haben, das kompliziertere Aufgaben abstrahiert, die eventuell privat sind (obwohl das in diesem Fall nicht unbedingt erforderlich ist), können mit einer Bridge einiger dieser privaten Informationen zusammengestellt werden. Sie können privilegierte Methoden als eine Bridge verwenden, um Zugriff auf den privaten Variablenraum zu gewinnen, ohne in die trüben Wasser der Implementierung abgleiten zu müssen. Die in diesem Beispiel mit Bridges verbundenen Funktionen werden auch als *privilegierte Funktionen* bezeichnet, die wir in Kapitel 3 behandelt haben.

```
var Public = function() {
  var secret = 3;
  this.privilegedGetter = function() {
    return secret;
  };
};

var o = new Public;
var data = o.privilegedGetter();
```

8.3   Mehrere Klassen mit Bridges verbinden

Wie Brücken in unserer Lebenswelt mehrere Orte verbinden, können Bridges das auch für JavaScript-Klassen tun:

```
var Class1 = function(a, b, c) {
  this.a = a;
  this.b = b;
  this.c = c;
}
var Class2 = function(d) {
  this.d = d;
};

var BridgeClass = function(a, b, c, d) {
  this.one = new Class1(a, b, c);
  this.two = new Class2(d);
};
```

Dies sieht sehr ähnlich wie . . . ein Adapter aus.

Aber beachten Sie in diesem Fall, dass es keinen echten Client gibt, der Daten erwartet. Es hilft einfach, eine größere Datenmenge aufzunehmen und an die zuständigen Parteien zu versenden. Auch ist `BridgeClass` keine bestehende Schnittstelle, die Clients bereits implementieren. Dies wurde nur eingeführt, um Klasse mit Bridges zu verbinden.

Man kann argumentieren, dass diese Bridge nur aus praktischen Gründen eingeführt wurde, wodurch sie eigentlich eine Facade ist (mehr darüber in Kapitel 10). Aber im Unterschied zu einer Facade wird sie so verwendet, dass sich `Class1` und `Class2` unabhängig von `BridgeClass` verändern können.

8.4　Beispiel: Erstellen einer XHR-Connection Queue

In diesem Beispiel erstellen wir eine Ajax-Request Queue. Dieses Objekt speichert die Requests in einem Queued Array im Browser-Speicher. Jeder Request wird beim Leeren der Queue an einen Backend-Web-Service gesendet, wobei hier nach der Reihenfolge »First in, First out« vorgegangen wird. Ein Warteschlangensystem ist in einer Webabwendung vorteilhaft, wenn die Reihenfolge wichtig ist. Mit einer Queue haben Sie auch den zusätzlichen Vorteil, eine »Undo-Funktion« in Ihrer Anwendung implementieren zu können, indem Sie Requests aus der Queue entfernen. Dies kann zum Beispiel in einer E-Mail-Anwendung, einem funktionsreichen Texteditor oder in jedem System geschehen, das häufige Aktionen durch Benutzereingaben beinhaltet. Letztlich kann eine Connection Queue Anwendern bei langsamen Verbindungen helfen, oder besser noch ihnen erlauben, offline zu arbeiten. Um die Requests zurück an den Server zu senden, muss man natürlich wieder eine Verbindung herstellen.

Dennoch müssen Sie nach Entwicklung des Queue-Systems die Bereiche der eng gekoppelten Abstraktionen bestimmen und mit Bridges die Abstraktionen von den Implementierungen trennen. An diesem Punkt wird der Vorteil der Verwendung von Bridges fast sofort augenscheinlich.

8.4.1　Kern-Utilities aufnehmen

Es gibt ein paar Kern-Utility-Funktionen, die Sie benötigen, bevor Sie loslegen. Da Sie mit dem Server über `XMLHttpRequest` kommunizieren, müssen Sie die Browser-Unterschiede mit der `asyncRequest`-Funktion aussortieren (dies wird auch in Kapitel 11 über das Adapter-Muster verwendet):

```
var asyncRequest = (function() {
  function handleReadyState(o, callback) {
    var poll = window.setInterval(
      function() {
        if (o && o.readyState == 4) {
          window.clearInterval(poll);
          if (callback) {
            callback(o);
          }
        }
      },
      50
    );
  }
```

```
var getXHR = function() {
  var http;
  try {
    http = new XMLHttpRequest;
    getXHR = function() {
      return new XMLHttpRequest;
    };
  }
  catch(e) {
    var msxml = [
      'MSXML2.XMLHTTP.3.0',
      'MSXML2.XMLHTTP',
      'Microsoft.XMLHTTP'
    ];
    for (var i = 0, len = msxml.length; i < len; ++i) {
      try {
        http = new ActiveXObject(msxml[i]);
        getXHR = function() {
          return new ActiveXObject(msxml[i]);
        };
        break;
      }
      catch(e) {}
    }
  }
  return http;
};
return function(method, uri, callback, postData) {
  var http = getXHR();
  http.open(method, uri, true);
  handleReadyState(http, callback);
  http.send(postData || null);
  return http;
};
})();
```

Der nächste Codeauszug ermöglicht die Entwicklung im selben Stil wie in Kapitel 6 über Verkettungen:

```
Function.prototype.method = function(name, fn) {
  this.prototype[name] = fn;
  return this;
};
```

Dann fügen Sie zum Schluss zwei neue Array-Methoden ein, forEach und filter, die das Prototypobjekt Array erweitern. Sie sind im JavaScript 1.6-Kern enthalten, aber die meisten aktuellen Browser nutzen immer noch den 1.5-Kern. Prüfen Sie zuerst, ob der Browser diese Methoden implementiert und fügen Sie sie hinzu, wenn das nicht der Fall ist:

```
if ( !Array.prototype.forEach ) {
  Array.method('forEach', function(fn, thisObj) {
    var scope = thisObj || window;
    for ( var i = 0, len = this.length; i < len; ++i ) {
      fn.call(scope, this[i], i, this);
    }
  });
}

if ( !Array.prototype.filter ) {
  Array.method('filter', function(fn, thisObj) {
    var scope = thisObj || window;
    var a = [];
    for ( var i = 0, len = this.length; i < len; ++i ) {
      if ( !fn.call(scope, this[i], i, this) ) {
        continue;
      }
      a.push(this[i]);
    }
    return a;
  });
}
```

Weitere Information zu diesen `Array`-Methoden finden Sie auf der Website des Mozilla Developer Center unter: `http://developer.mozilla.org/en/docs/New_in_JavaScript_1.6#Array_extras`.

8.4.2 Observer-System integrieren

Das Observer-System ist eine Hauptkomponente, um auf kritische Ereignisse zu warten, die die Queue an die Clients sendet. Weitere Informationen über Observer finden Sie in Kapitel 15. Hier beschäftigen wir uns nur mit dem Grundsystem:

```
window.DED = window.DED || {};
DED.util = DED.util || {};
DED.util.Observer = function() {
  this.fns = [];
}
DED.util.Observer.prototype = {
  subscribe: function(fn) {
    this.fns.push(fn);
  },
  unsubscribe: function(fn) {
    this.fns = this.fns.filter(
      function(el) {
```

```
        if ( el !== fn ) {
          return el;
        }
      }
    );
  },
  fire: function(o) {
    this.fns.forEach(
      function(el) {
        el(o);
      }
    );
  }
};
```

8.4.3 Queue-Skeleton entwickeln

In diesem System möchten wir einige Schlüsselkomponenten in die Queue aufnehmen. Als Erstes und Wichtigstes muss es eine echte Queue sein und die Grundregel »First in, First out« beherzigen. Dem gegenüber geht ein Stapel nach dem Prinzip »First in, Last out« vor. Das ist aber hier nicht unser Thema.

Da dies eine Connection Queue ist, in der Requests vorbereitet zum Senden an den Server gespeichert sind, möchten Sie vermutlich die Möglichkeit haben, einen Grenzwert für die »erneuten Versuche« anzugeben. Auch werden Sie in Abhängigkeit von den Request-Größen für jede Queue die Möglichkeit haben wollen, Grenzwerte für »Timeouts« anzugeben.

Schließlich sollten Sie in der Lage sein, neue Requests zur Queue hinzuzufügen, die Queue zu löschen und natürlich die Queue zu leeren. Es sollte auch möglich sein, Requests aus der Queue zu entfernen (Dequeue):

```
DED.Queue = function() {
  // Requests in der Queue.
  this.queue = [];

  // Beobachtbare Objekte, die den Client über interessante
  // Momente bei jeder DED.Queue-Instanz informieren.
  this.onComplete = new DED.util.Observer;
  this.onFailure = new DED.util.Observer;
  this.onFlush = new DED.util.Observer;

  // Kerneigenschaften, die ein Frontend-Queueing-System
  // einrichten.
  this.retryCount = 3;
  this.currentRetry = 0;
  this.paused = false;
  this.timeout = 5000;
```

```
    this.conn = {};
    this.timer = {};
};


DED.Queue.
    method('flush', function() {
      if (!this.queue.length > 0) {
        return;
      }
      if (this.paused) {
        this.paused = false;
        return;
      }
      var that = this;
      this.currentRetry++;
      var abort = function() {
        that.conn.abort();
        if (that.currentRetry == that.retryCount) {
          that.onFailure.fire();
          that.currentRetry = 0;
        } else {
          that.flush();
        }
      };
      this.timer = window.setTimeout(abort, this.timeout);
      var callback = function(o) {
        window.clearTimeout(that.timer);
        that.currentRetry = 0;
        that.queue.shift();
        that.onFlush.fire(o.responseText);
        if (that.queue.length == 0) {
          that.onComplete.fire();
          return;
        }
        // Rekursiver Aufruf zum Leeren
        that.flush();
      };
      this.conn = asyncRequest(
        this.queue[0]['method'],
        this.queue[0]['uri'],
        callback,
        this.queue[0]['params']
      );
    }).
    method('setRetryCount', function(count) {
      this.retryCount = count;
    }).
```

```
method('setTimeout', function(time) {
  this.timeout = time;
}).
method('add', function(o) {
  this.queue.push(o);
}).
method('pause', function() {
  this.paused = true;
}).
method('dequeue', function() {
  this.queue.pop();
}).
method('clear', function() {
  this.queue = [];
});
```

Das kann auf den ersten Blick etwas Respekt einflößend aussehen, aber Sie können die
DED.Queue-Klasse schnell analysieren und die Hauptmethoden erkennen: flush,
setRetryCount, setTimeout, add, pause, dequeue und clear. Die queue-Eigen-
schaft ist ein Array-Literal, das Verweise auf jeden Request enthält. Methoden wie add
und dequeue führen nur Push- und Pop-Operationen für den Array aus. Die flush-
Methode sendet die Requests, indem sie aus dem Array geschoben werden.

8.4.4   Die Queue implementieren

Die Implementierung des Queue-Systems sieht in etwa wie folgt aus:

```
var q = new DED.Queue;
// Für langsamere Verbindungen können Sie den Retry-Zähler
// höher setzen.
q.setRetryCount(5);
// Timeout-Grenze senken, da wir schnelle Verbindungen
// bevorzugen möchten.
q.setTimeout(1000);
// Zwei Slots hinzufügen.
q.add({
  method: 'GET',
  uri: '/path/to/file.php?ajax=true'
});
q.add({
  method: 'GET',
  uri: '/path/to/file.php?ajax=true&woe=me'
});
// Queue leeren.
q.flush();
// Pause in der Queue, Halten der Requests.
q.pause();
// Queue löschen und neu starten.
```

```
q.clear();
// Zwei Requests hinzufügen.
q.add({
  method: 'GET',
  uri: '/path/to/file.php?ajax=true'
});
q.add({
  method: 'GET',
  uri: '/path/to/file.php?ajax=true&woe=me'
});
// Letzten Request aus der Queue entfernen.
q.dequeue();
// Queue erneut leeren.
q.flush();
```

So weit, so gut. Die Queue ist hoffentlich gut verständlich. Aber an diesem Punkt könnten Sie sich fragen, wo Bridges eine Rolle gespielt haben: bislang gar keine. Aber bei der Implementierung werden Sie überall Bridges vorfinden. Sehen Sie sich den folgenden Code an, der die Client-Implementierung zeigt:

```
<!DOCTYPE HTML PUBLIC "-//W3C//DTD HTML 4.01//EN"
  "http://www.w3.org/TR/html4/strict.dtd">
<html>
  <head>
    <meta -http--equiv="Content-type" content="text/html; charset=utf-8">
    <title>Ajax Connection Queue</title>
    <script src="utils.js"></script>
    <script src="queue.js"></script>
    <script type="text/javascript">
      addEvent(window, 'load', function() {
        // Implementation.
        var q = new DED.Queue;
        q.setRetryCount(5);
        q.setTimeout(3000);

        var items = $('items');
        var results = $('results');
        var queue = $('queue-items');

        // Verfolgen der eigenen Requests als Client.
        var requests = [];

        // Benachrichtiger für jeden geleerten Request.
        q.onFlush.subscribe(function(data) {
          results.innerHTML = data;
          requests.shift();
          queue.innerHTML = requests.toString();
        });
```

```
      // Benachrichtiger bei Misslingen.
      q.onFailure.subscribe(function() {
        results.innerHTML += ' <span style="color:red;">Connection
Error!</span>';
      });
      // Benachrichtiger bei Abschluss des Leerens.
      q.onComplete.subscribe(function() {
        results.innerHTML += ' <span style="color:green;">Completed!</span>';
      });
      var actionDispatcher = function(element) {
        switch (element) {
          case 'flush':
            q.flush();
            break;
          case 'dequeue':
            q.dequeue();
            requests.pop();
            queue.innerHTML = requests.toString();
            break;
          case 'pause':
            q.pause();
            break;
          case 'clear':
            q.clear();
            requests = [];
            queue.innerHTML = '';
            break;
        }
      };

      var addRequest = function(request) {
        var data = request.split('-')[1];
        q.add({
          method: 'GET',
          uri: 'bridge-connection-queue.php?ajax=true&s='+data,
          params: null
        });
        requests.push(data);
        queue.innerHTML = requests.toString();
      };
      addEvent(items, 'click', function(e) {
        var e = e || window.event;
        var src = e.target || e.srcElement;
        try {
          e.preventDefault();
        }
        catch (ex) {
```

```
          e.returnValue = false;
        }
        actionDispatcher(src.id);
      });

      var adders = $('adders');
      addEvent(adders, 'click', function(e) {
        var e = e || window.event;
        var src = e.target || e.srcElement;
        try {
          e.preventDefault();
        }
        catch (ex) {
          e.returnValue = false;
        }
        addRequest(src.id);
      });
    });
  </script>
  <style type="text/css" media="screen">
    body { font: 100% georgia,times,serif; }
    h1, h2 { -font-weight: normal; }
    #queue-items { height: 1.5em; }
    #add-stuff {
      padding: .5em;
      background: #ddd;
      border: 1px solid #bbb;
    }
    #results-area { padding: .5em;border: 1px solid #bbb; }
  </style>
</head>
<body id="example">
  <div id="doc">
    <h1>Ajax Connection Queue</h1>
    <div id="queue-items"></div>
    <div id="add-stuff">
      <h2>Add Requests to Queue</h2>
      <ul id="adders">
        <li><a href="#" id="action-01">Add "01" to Queue</a></li>
        <li><a href="#" id="action-02">Add "02" to Queue</a></li>
        <li><a href="#" id="action-03">Add "03" to Queue</a></li>
      </ul>
    </div>
    <h2>Other Queue Actions</h2>
    <ul id='items'>
      <li><a href="#" id="flush">Flush</a></li>
      <li><a href="#" id="dequeue">Dequeue</a></li>
```

```
      <li><a href="#" id="pause">Pause</a></li>
      <li><a href="#" id="clear">Clear</a></li>
    </ul>
    <div id="results-area">
      <h2>Results: </h2>
      <div id="results"></div>
    </div>
  </div>
  </body>
</html>
```

Diese sollte eine ziemlich brauchbare Anwenderoberfläche geben, die wie folgt aussieht.

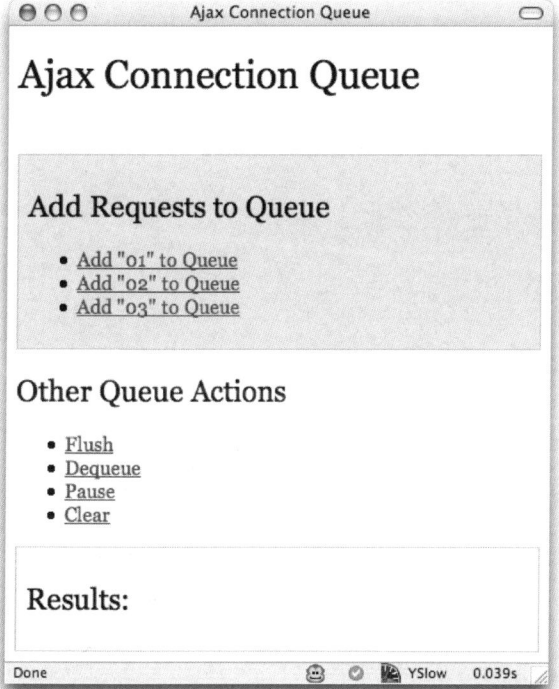

Im oberen Bereich kann der Anwender neue Requests in die DED.Queue–Instanz einfügen und im unteren Bereich kann der Anwender die restlichen Methoden ausführen. Nach dem Hinzufügen von Requests in die Queue sollten Sie etwas erhalten, das wie die folgende Abbildung aussieht.

Wenn Sie auf den Dequeue-Link klicken, sollte dieselbe `DED.Queue`-Instance zumindest die letzten drei Requests entfernt haben, wie hier dargestellt.

Klicken Sie auf den Flush-Link und lassen Sie zwei Requests verschwinden, dann klicken Sie auf Pause. Sie sollten dann die folgende Anzeige erhalten.

Nachdem alles abgeschlossen ist, sollten die Ergebnisse angeben, dass Sie die Queue abgeschlossen haben und alle Requests verschwunden sind. Beachten Sie, dass 02 der letzte Request war, der aus der Queue geleert wurde.

8.4.5 Wo wurden Bridges verwendet?

Diese Anwendung enthält überall Bridges. Da wir ein sauberes Queue-Interface erstellt haben, mussten wir überall Bridges verwenden. Im Besonderen implementieren die Event Listener-Callbacks die Queue nicht direkt, sondern verwenden Bridge-Funktionen, die Action Factories ausführen und dann die Dateneingabe erledigen.

Aber ein Bereich könnte vor allem verbessert werden: Wenn ein Anwender einen Link anklickt, um einen Request hinzuzufügen, durchläuft der Code dieselbe Grundlogik und übergibt dann die ID des angeklickten Elements an die addRequest-Funktion. Das ist nicht das, was die addRequest-Funktion erwartet. Sie soll nur eine normale numerische ID übernehmen und nicht durch einen gemischten String parsen müssen. Also können Sie stattdessen den Code verändern:

```
var addRequest = function(request) {
  var data = request.split('-')[1];
  // etc...
};
to just this:
var addRequest = function(data) {
  // etc...
};
```

Die addRequest-Funktion sieht eigentlich nur nach, was in den Daten ist, nicht wahr? Sie können nun eine zwischenzeitliche Bridge-Funktion einfügen:

```
var addRequestFromClick = function(request) {
  addRequest(request.split('-')[0]);
};
```

In dem Bereich, in dem der Benutzer Aktionen wie Flush und Pause durchführt, haben Sie einen Action Dispatcher erstellt. Der Dispatcher überbrückt einfach die Eingaben der Anwenderaktion und delegiert die Daten an die zugehörige Aktion. Diese Technik wird beim DOM-Skripting auch als Event Delegation bezeichnet. Die Anwenderaktion des click-Ereignisses wird im Wesentlichen von der DED.Queue-Implementierung abstrahiert. Dies entkoppelt die Methoden von den Ereignissen und ermöglicht Ihnen die Ausführung, wo immer Sie es möchten. Sie können über die Konsolenbefehlszeile von JavaScript aufgerufen und in einem Unit-Test ausgeführt werden. Sie können mit anderen Browser-Ereignissen verknüpft werden, wie mouseover oder focus. Die Möglichkeiten sind endlos – der Client muss dazu nur eine Bridge erstellen.

8.5   Wann sollte das Bridge-Muster verwendet werden?

Eine ereignisgesteuerte Programmierung ohne Bridges ist schwer vorstellbar. Aber beginnende JavaScript-Programmierer lassen sich oft vom funktionalen Stil der ereignisgesteuerten Entwicklung zu sehr einnehmen und vergessen Interfaces zu schreiben – selbst für schwierige Operationen. Es ist in der Regel einfach zu diagnostizieren, wo eine Bridge aufgenommen werden sollte. Angenommen, Ihr Code sieht wie folgt aus:

```
$('example').onclick = function() {
  new RichTextEditor();
};
```

Sie erfahren an keiner Stelle, wo der Editor angezeigt wird, wie die Konfigurationsoptionen aussehen und wie diese geändert werden können. Der Schlüssel ist hier, Ihre Interfaces Bridge-fähig und eigentlich adaptierbar zu machen (wie Sie in Kapitel 11 erfahren).

Vergleichen wir dies in der wirklichen Lebenswelt mit dem Bau von Städten und Straßen. Wohngegenden entsprechen den Modulen, und Straßen sind die Methoden, die sie verbinden. Die Nutzbarkeit einer Straße hat häufig Auswirkungen auf die Bevölkerung in dieser Region. Ebenso wird sich das Interface, das Sie Kunden anbieten, höchstwahrscheinlich auf die Beliebtheit auswirken.

8.6 Vorteile des Bridge-Musters

Wenn Sie das Bridge-Muster in Ihr Software-Design-Repertoire aufnehmen, profitieren nicht nur diejenigen, die Ihr Werk pflegen müssen. Das Entkoppeln von Abstraktionen von ihren Implementierungen ermöglicht die unabhängige Verwaltung von Teilen. Bugs sind einfacher auffindbar, und es besteht weniger die Gefahr, dass die Software ernsthaft unterbrochen wird. Bridges sollten im Wesentlichen der Klebstoff für jede Abstraktion sein.

8.7 Nachteile des Bridge-Musters

Von unserem Standpunkt aus hat das Muster wenige echte Nachteile. Wie bei den Vorteilen formuliert, führt es zu einer besseren API, mehr modularen Komponenten und einer saubereren Client-Implementierung. Diese Vorteile haben aber auch ihre Kosten. Jede verwendete Bridge fügt einen weiteren Funktionsaufruf hinzu, der sich negativ auf die Performance Ihrer Anwendung auswirken kann. Sie erhöhen auch die Komplexität, was im Falle eines Problems das Debuggen des Codes schwieriger machen kann. Bridges sind meist sehr vorteilhaft, aber achten Sie darauf, sie nicht überzustrapazieren. Wenn Sie zum Beispiel eine Bridge haben, die zwei Funktionen verbindet, aber die Funktionen nie an einem anderen Ort als der Bridge aufgerufen werden, ist die Bridge streng genommen nicht erforderlich und kann sicher entfernt werden.

8.8 Zusammenfassung

Mit den Worten der Gang of Four »entkoppelt das Bridge-Muster eine Abstraktion von deren Implementierung, so dass sie sich unabhängig voneinander verändern können.« Mit Bridges kann der Code modularisiert werden, es lassen sich sauberere Implementierungen erstellen und die Flexibilität der Abstraktionen verbessern. Bridges können zur Verbindung von Klassen und Funktionen verwendet werden sowie als Mittel dienen, um private Daten durch privilegierte Funktionen zur Verfügung zu stellen.

9   Das Composite-Muster

Das Composite-Muster ist das ideale Entwurfsmuster zum Erstellen dynamischer Benutzeroberflächen im Web: Mit diesem Muster können Sie bei vielen Objekten komplexes oder rekursives Verhalten mit einem einzigen Befehl initiieren. Dadurch kann Ihr Verbindungscode einfacher und besser zu pflegen sein, wobei komplexe Verhalten an Objekte delegiert werden.

Das Composite-Muster bietet für Sie als überarbeitete JavaScript-Provider-Programmierer zwei Vorteile:

1. Sie können eine Collection von Objekten genau so behandeln, wie Sie eines der Teilobjekte behandeln würden. Ein Composite implementiert dieselben Operationen wie die Objekte, aus denen es besteht. Wird eine dieser Operationen bei dem Composite ausgeführt, wird sie an alle untergeordneten Elemente weitergegeben. Jedes Element führt dann dieselbe Operation aus. Dies ist unglaublich leistungsstark, wenn Sie große Ansammlungen von Objekten haben. Sie können nicht nur nahtlos ein einzelnes Objekt durch eine Gruppe von Objekten ersetzen, sondern auch umgekehrt Gruppen durch einzelne Objekte. Dadurch lassen sich einzelne Objekte besser lose koppeln.

2. Es organisiert Unterobjekte in einer Baumstruktur und ermöglicht das Durchlaufen des gesamten Baums. Alle Composite-Objekte implementieren eine Methode, die ihre untergeordneten Elemente abruft. Mit dieser Methode können Sie die Implementierung verbergen und die untergeordneten Elemente in beliebiger Weise anordnen. Code, der dieses Objekt verwendet, hängt nicht von der internen Implementierung ab.

In diesem Kapitel zeigen wir Ihnen, wie das Composite-Muster in JavaScript implementiert wird und erörtern Situationen, in denen es nützlich sein kann.

9.1   Die Struktur des Composite-Musters

Es gibt zwei Arten von Objekten in der Hierarchie eines Composite: das Leaf (Blatt) und das Composite-Element, wie in Abb. 9.1 dargestellt. Es handelt sich um eine rekursive Definition, aber genau dadurch ist das Composite so nützlich. Ein Composite besteht aus anderen Composites und Leaf-Elementen. Nur die Leaf-Elemente enthalten keine weiteren Unterobjekte. Das Leaf-Element ist die kleinste Einheit eines Composite, und es ist das Objekt, für das die Operationen ausgeführt werden.

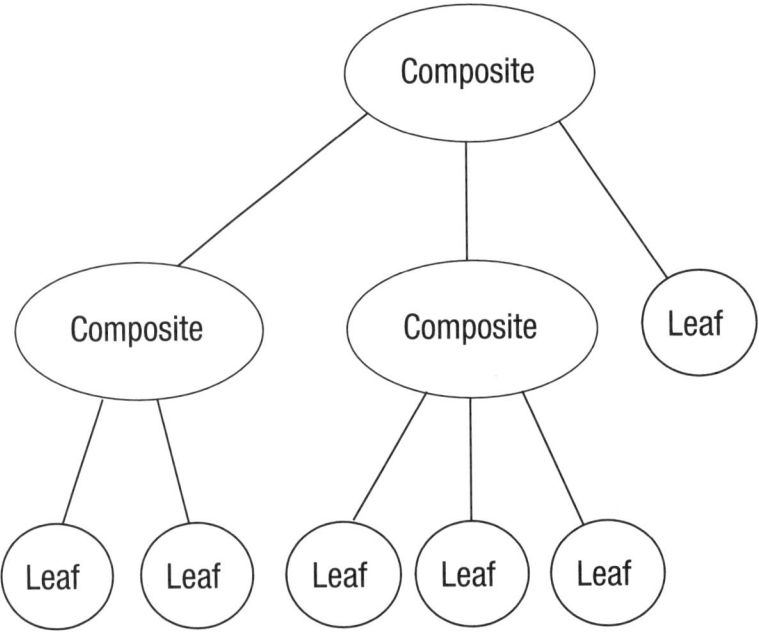

Abb. 9.1: Die Grundstruktur des Composite-Entwurfsmusters

9.2 Das Composite-Muster verwenden

Sie sollten das Composite-Muster nur verwenden, wenn Sie Folgendes vorliegen haben:

- Gruppen von Objekten in einer gewissen Art von Hierarchie (die genaue Struktur kann bei der Entwicklung unbekannt sein)

- Eine Operation, die Sie für diese Objekte oder eine Teilmenge davon durchführen möchten

Das Composite eignet sich besonders zur Durchführung von Operationen für sehr viele Objekte. Es ist dazu ausgelegt, diese Objekte zu strukturieren und Operationen von einer Ebene an die nächste zu übergeben. Hierdurch können Objekte loser gekoppelt und verschiedene Klassen oder Instanzen austauschbar verwendet werden. Der erzeugte Code ist modularer und besser wartbar.

9.3 Beispiel: Formularvalidierung

In diesem Beispiel nehmen wir an, dass Sie mit einem neuen Projekt beginnen. Anfangs sieht alles ganz einfach aus: Sie erstellen ein Formular, dessen Werte gespeichert, wiederhergestellt und validiert werden können. Das schafft doch nun wirklich jeder Programmierer, oder? Der Trick dabei ist, dass die Inhalte und die Anzahl der

Elemente in dem Formular überhaupt nicht bekannt sind und für jeden Benutzer anders aussehen können. Abb. 9.2 zeigt ein typisches Beispiel. Eine `validate`-Funktion, die eng mit speziellen Formularfeldern gekoppelt ist, wie Name und Adresse, funktioniert nicht, da Sie bei der Entwicklung nicht wissen, welche Felder gesucht werden sollen. Dies ist die perfekte Aufgabe für ein Composite.

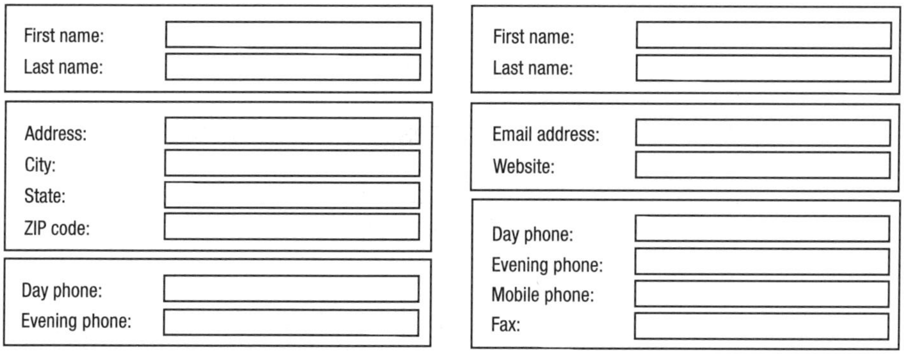

Abb. 9.2: Jeder Benutzer erhält möglicherweise ein anderes Formular angezeigt.

Ermitteln wir zuerst die Elemente eines Formulars und bezeichnen sie entweder als Composite oder als Leaf-Element (siehe die Zuordnung in Abb. 9.3). Die grundlegendsten Bausteine eines Formulars sind die Felder, in denen der Benutzer die Daten eingibt: die `input`, `select` und `textarea`-Tags. `Fieldset`-Tags, die die zusammengehörigen Felder gruppieren, befinden sich ein Level darüber. Das oberste Level ist das Formular.

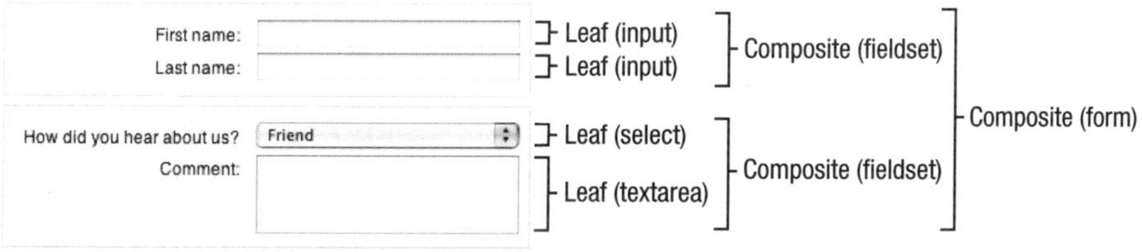

Abb. 9.3: Bestimmen der grundlegenden Formularelemente als Composite oder Leaf-Element

> **Hinweis:** Ein Composite sollte eine HAT-EINE-Beziehung mit seinen untergeord-
> neten Elementen haben, nicht eine IST-EIN-Beziehung. Ein Formular besteht aus
> Feldergruppen, und Feldergruppen bestehen wiederum aus Feldern. Ein Feld ist
> aber keine Unterklasse einer Feldgruppe. Da alle Objekte in einem Composite auf
> dasselbe Interface reagieren, kann es verlockend sein, sie sich als Superklassen und
> Unterklassen vorzustellen, aber das trifft hier nicht zu. Ein Leaf-Element erbt nicht
> von seinem Composite.

Die erste Aufgabe lautet, ein dynamisches Formular und die Implementierung der
Operationen `save` und `validate` zu erstellen. Die tatsächlichen Felder in dem Formular können für jeden Benutzer anders aussehen, so dass Sie nicht unbedingt eine
einzige `save`- oder `validate`-Funktion haben, die für alle funktioniert. Das Formular
soll modular sein, so dass es an jedem zukünftigen Punkt angehängt werden kann,
ohne dass die Funktionen `save` und `validate` neu kodiert werden müssen.

Anstatt eigene Methoden für jede mögliche Formularkombination zu erstellen, entscheiden Sie sich dafür, die beiden Methoden mit den Feldern zu verbinden. Das heißt,
jedes Feld weiß, wie es sich speichert und validiert:

```
nameFieldset.validate();
nameFieldset.save();
...
```

Die Herausforderung liegt in der gleichzeitigen Durchführung dieser Operationen für
alle Felder. Anstatt Code zu schreiben, um eine unbekannte Anzahl von Feldern zu
durchlaufen, können Sie mit einem Composite den Code vereinfachen. Um alle Felder
zu speichern, können Sie stattdessen einfach das Folgende aufrufen:

```
topForm.save();
```

Das `topForm`-Object ruft dann `save` rekursiv für alle untergeordneten Elemente auf.
Die konkrete `save`-Operation wird nur auf der untersten Ebene bei den Leaf-Elementen durchgeführt. Die Composite-Objekte geben den Aufruf an diese weiter. Nachdem
Sie nun eine Vorstellung davon haben, wie ein Composite aufgebaut ist, sehen wir uns
den Code an, durch den dies letzten Endes funktioniert.

Als Erstes erstellen wir zwei Interfaces für die zu implementierenden Composites und
Leaf-Elemente:

```
var Composite = new Interface('Composite', ['add', 'remove', 'getChild']);
var FormItem = new Interface('FormItem', ['save']);
```

Bis dato erwartet das `FormItem`-Interface nur die Implementierung einer `save`-Funktion, worauf wir später zurückkommen. Abb. 9-4 zeigt das UML-Klassendiagramm für die zu implementierenden Klassen.

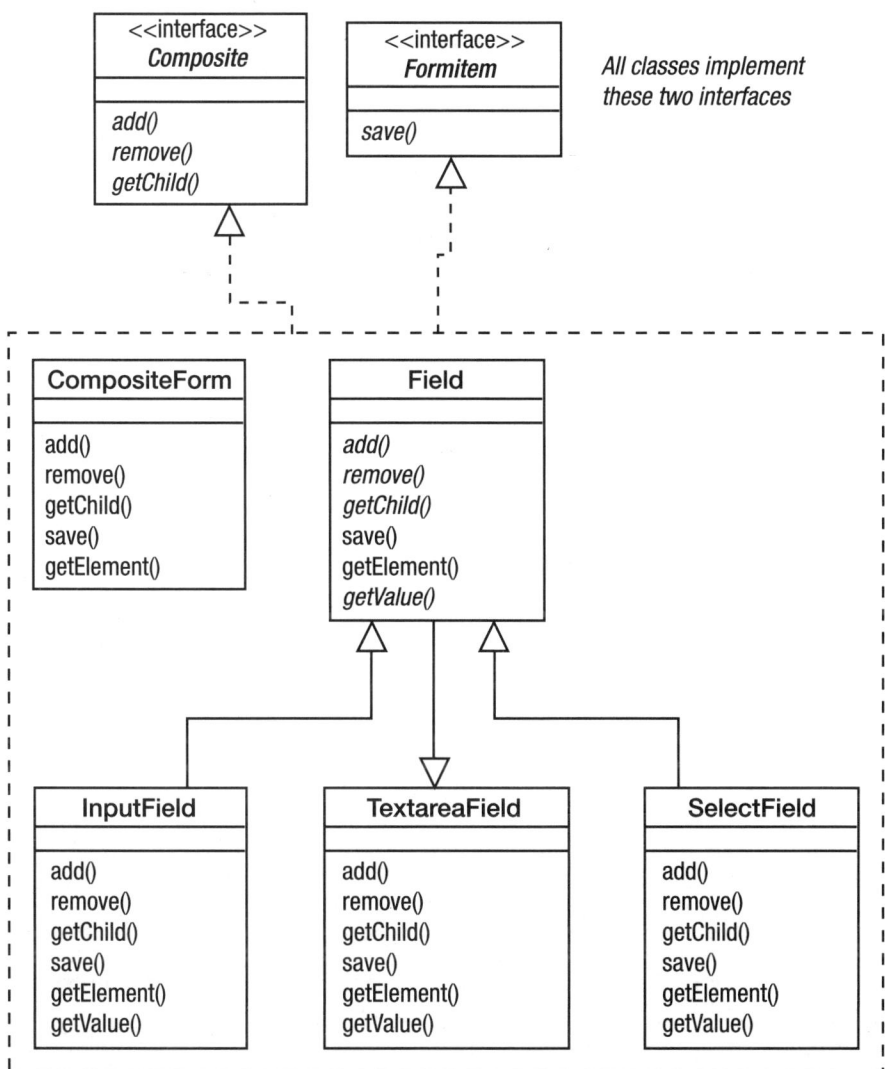

Abb. 9.4: Alle Klassen implementieren die beiden Interfaces Composite und Formitem.

Der Code für `CompositeForm` sieht so aus:

```
var CompositeForm = function(id, method, action) {
// Implementiert Composite, FormItem
  this.formComponents = [];
```

```
  this.element = document.createElement('form');
  this.element.id = id;
  this.element.method = method || 'POST';
  this.element.action = action || '#';
};

CompositeForm.prototype.add = function(child) {
  Interface.ensureImplements(child, Composite, FormItem);
  this.formComponents.push(child);
  this.element.appendChild(child.getElement());
};

CompositeForm.prototype.remove = function(child) {
  for(var i = 0, len = this.formComponents.length; i < len; i++) {
    if(this.formComponents[i] === child) {
      this.formComponents.splice(i, 1);
// Ein Element an Position i aus dem Array entfernen.
      break;
    }
  }
};

CompositeForm.prototype.getChild = function(i) {
  return this.formComponents[i];
};

CompositeForm.prototype.save = function() {
  for(var i = 0, len = this.formComponents.length; i < len; i++) {
    this.formComponents[i].save();
  }
};

CompositeForm.prototype.getElement = function() {
  return this.element;
};
```

Hier müssen mehrere Dinge angemerkt werden. Als Erstes wird ein Array verwendet, um die untergeordneten Elemente von CompositeForm aufzunehmen, aber man könnte genauso gut eine andere Datenstruktur verwenden. Das liegt daran, dass die konkreten Implementierungsdetails für die Clients verborgen sind. Sie stellen mit Interface.ensureImplements sicher, dass die zum Composite hinzugefügten Objekte das korrekte Interface implementieren. Das ist entscheidend, damit die Operationen des Composite korrekt funktionieren.

Die hier implementierte save-Methode zeigt, wie eine Operation auf einem Composite funktioniert: Die untergeordneten Elemente werden durchlaufen und für jedes Element dieselbe Methode aufgerufen. Betrachten wir nun die Leaf-Klassen für dieses Composite:

```
var Field = function(id) {
// Implementiert Composite, FormItem
  this.id = id;
  this.element;
};


Field.prototype.add = function() {};
Field.prototype.remove = function() {};
Field.prototype.getChild = function() {};


Field.prototype.save = function() {
  setCookie(this.id, this.getValue);
};


Field.prototype.getElement = function() {
  return this.element;
};


Field.prototype.getValue = function() {
  throw new Error('Unsupported operation on the class Field.');
};
```

Das ist die Klasse, von der die Leaf-Klassen erben. Sie implementiert die Composite-Methoden mit leeren Funktionen, da die Leaf-Knoten keine untergeordneten Elemente haben. Sie können sie auch Exceptions auslösen lassen.

Vorsicht: Die `save`-Methode wird in der allereinfachsten Form implementiert. Es ist keine gute Idee, unbearbeitete Benutzerdaten in einem Cookie zu speichern. Dafür gibt es verschiedene Gründe. Cookies können einfach auf dem Rechner des Benutzers gefälscht werden, so dass Sie keine Garantie bezüglich der Gültigkeit der Daten haben. Es bestehen Beschränkungen hinsichtlich der Länge der in einem Cookie gespeicherten Daten, so dass eventuell nicht alle Daten eines Benutzers gespeichert werden. Ferner besteht auch eine Performance-Einschränkung, da die Cookies in jedem Request Ihrer Domain als HTTP-Header angefordert werden.

Die `save`-Methode speichert den Wert des Objekts mit der `getValue`-Methode, die in jeder Unterklasse anders implementiert wird. Dieses Verfahren wird zum Speichern der Inhalte des Formulars verwendet, ohne es abzusenden. Das kann vor allem bei langen Formularen sinnvoll sein, da Benutzer ihre Einträge speichern und das Formular später fertig ausfüllen können:

```
var InputField = function(id, label) {
//Implementiert Composite, FormItem
  Field.call(this, id);
```

```
  this.input = document.createElement('input');
  this.input.id = id;

  this.label = document.createElement('label');
  var labelTextNode = document.createTextNode(label);
  this.label.appendChild(labelTextNode);

  this.element = document.createElement('div');
  this.element.className = 'input-field';
  this.element.appendChild(this.label);
  this.element.appendChild(this.input);
};
extend(InputField, Field); // Erbt von Field.

InputField.prototype.getValue = function() {
  return this.input.value;
};
```

InputField ist die erste dieser Unterklassen. Sie erbt die meisten ihrer Methoden von Field, implementiert aber den Code für getValue, der für ein Input-Tag spezifisch ist. TextareaField und SelectField implementieren auch spezielle getValue-Methoden:

```
var TextareaField = function(id, label) {
//Implementiert Composite, FormItem
  Field.call(this, id);

  this.textarea = document.createElement('textarea');
  this.textarea.id = id;

  this.label = document.createElement('label');
  var labelTextNode = document.createTextNode(label);
  this.label.appendChild(labelTextNode);

  this.element = document.createElement('div');
  this.element.className = 'input-field';
  this.element.appendChild(this.label);
  this.element.appendChild(this.textarea);
};
extend(TextareaField, Field); // Erbt von Field.

TextareaField.prototype.getValue = function() {
  return this.textarea.value;
};


var SelectField = function(id, label) {
// Implementiert Composite, FormItem
```

```
Field.call(this, id);

this.select = document.createElement('select');
this.select.id = id;

this.label = document.createElement('label');
var labelTextNode = document.createTextNode(label);
this.label.appendChild(labelTextNode);

this.element = document.createElement('div');
this.element.className = 'input-field';
this.element.appendChild(this.label);
this.element.appendChild(this.select);
};
extend(SelectField, Field); // Erbt von Field.

SelectField.prototype.getValue = function() {
  return this.select.options[this.select.selectedIndex].value;
};
```

9.3.1 Alles zusammengenommen

Hier kommt das Composite-Muster wirklich zur Geltung. Unabhängig von der Anzahl der Felder ist für das Durchführen von Operationen auf dem gesamten Composite nur ein Funktionsaufruf erforderlich:

```
var contactForm = new CompositeForm('contact-form', 'POST', 'contact.php');

contactForm.add(new InputField('first-name', 'First Name'));
contactForm.add(new InputField('last-name', 'Last Name'));
contactForm.add(new InputField('address', 'Address'));
contactForm.add(new InputField('city', 'City'));
contactForm.add(new SelectField('state', 'State', stateArray));
// var stateArray =[{'al', 'Alabama'}, ...];
contactForm.add(new InputField('zip', 'Zip'));
contactForm.add(new TextareaField('comments', 'Comments'));


addEvent(window, 'unload', contactForm.save);
```

Der Aufruf von `save` kann an ein Ereignis gebunden werden oder periodisch mit `setInterval` durchgeführt werden. Ebenso lassen sich ganz einfach andere Operationen zu diesem Composite hinzufügen. Die Validierung sollte auf dieselbe Weise erfolgen, zusammen mit der Wiederherstellung der gespeicherten Daten oder dem Zurücksetzen des Formulars in den Defaultzustand, wie Sie im nächsten Abschnitt erfahren.

9.3.2 Operationen zu FormItem hinzufügen

Nachdem das Framework nun vorhanden ist, können Operationen einfach zum FormItem-Interface hinzugefügt werden. Als Erstes bearbeiten wir das Interface:

```
var FormItem = new Interface('FormItem', ['save', 'restore']);
```

Dann implementieren wir die Operationen in den Leaf-Elementen. In diesem Fall können Sie einfach die Operationen in die Superklasse Field einfügen und jede Unterklasse erbt sie:

```
Field.prototype.restore = function() {
  this.element.value = getCookie(this.id);
};
```

Als Letztes fügen Sie die Operation in die Composite-Klassen ein:

```
CompositeForm.prototype.restore = function() {
  for(var i = 0, len = this.formComponents.length; i < len; i++) {
    this.formComponents[i].restore();
  }
};
```

Wenn Sie diese Zeile in die Implementierung einfügen, werden alle Feldwerte beim Laden des Fensters wiederhergestellt:

```
addEvent(window, 'load', contactForm.restore);
```

9.3.3 Klassen zur Hierarchie hinzufügen

An diesem Punkt gibt es nur eine Composite-Klasse. Wenn das Design eine höhere Granularität beim Aufruf der Operationen erfordert, könnten weitere Level hinzugefügt werden, ohne die anderen Klassen zu ändern. Angenommen, Sie müssen nur einige Teile des Formulars speichern und wiederherstellen (save und restore), ohne dass dies die anderen Teile beeinflussen soll. Eine Lösung ist, diese Operationen nacheinander für einzelne Felder vorzunehmen:

```
firstName.restore();
lastName.restore();
...
```

Dies funktioniert aber nicht, wenn Sie nicht wissen, welche Felder ein Formular haben wird. Eine bessere Alternative ist hier, eine weitere Hierarchieebene zu erstellen. Sie können die Felder zusammen in Feldgruppen gruppieren, wobei jedes ein Composite ist, welches das FormItem-Interface implementiert. Der Aufruf von restore für eine Feldgruppe führt dann zum Aufruf von restore für alle untergeordneten Elemente.

Sie müssen nicht unbedingt eine der anderen Klassen modifizieren, um die CompositeFieldset-Klasse zu erstellen. Da das Composite-Interface alle internen Implementierungsdetails verbirgt, können Sie eine beliebige Datenstruktur zum

Speichern der untergeordneten Elemente verwenden. Als Beispiel dafür verwenden wir ein Objekt zum Speichern der untergeordneten Elemente anstelle des Arrays in CompositeForm:

```
var CompositeFieldset = function(id, legendText) {
// Implementiert Composite, FormItem
  this.components = {};

  this.element = document.createElement('fieldset');
  this.element.id = id;

  if(legendText) {
// Erstellt eine Legende, wenn das optionale zweite
// Argument gesetzt ist.
    this.legend = document.createElement('legend');
    this.legend.appendChild(document.createTextNode(legendText);
    this.element.appendChild(this.legend);
  }
};

CompositeFieldset.prototype.add = function(child) {
  Interface.ensureImplements(child, Composite, FormItem);
  this.components[child.getElement().id] = child;
  this.element.appendChild(child.getElement());
};

CompositeFieldset.prototype.remove = function(child) {
  delete this.components[child.getElement().id];
};

CompositeFieldset.prototype.getChild = function(id) {
  if(this.components[id] != undefined) {
    return this.components[id];
  }
  else {
    return null;
  }
};

CompositeFieldset.prototype.save = function() {
  for(var id in this.components) {
    if(!this.components.hasOwnProperty(id)) continue;
    this.components[id].save();
  }
};

CompositeFieldset.prototype.restore = function() {
```

```
  for(var id in this.components) {
    if(!this.components.hasOwnProperty(id)) continue;
    this.components[id].restore();
  }
};


CompositeFieldset.prototype.getElement = function() {
  return this.element;
};
```

Die internen Details der `CompositeFieldset`-Klasse unterscheiden sich stark von `CompositeForm`, aber da sie dieselben Interfaces wie die anderen Klassen implementiert, kann sie im Composite verwendet werden. Sie müssen für diese neue Funktionalität am Implementierungscode nur ein paar Zeilen ändern:

```
var contactForm = new CompositeForm('contact-form', 'POST', 'contact.php');

var nameFieldset = new CompositeFieldset('name-fieldset');
nameFieldset.add(new InputField('first-name', 'First Name'));
nameFieldset.add(new InputField('last-name', 'Last Name'));
contactForm.add(nameFieldset);

var addressFieldset = new CompositeFieldset('address-fieldset');
addressFieldset.add(new InputField('address', 'Address'));
addressFieldset.add(new InputField('city', 'City'));
addressFieldset.add(new SelectField('state', 'State', stateArray));
addressFieldset.add(new InputField('zip', 'Zip'));
contactForm.add(addressFieldset);

contactForm.add(new TextareaField('comments', 'Comments'));

body.appendChild(contactForm.getElement());

addEvent(window, 'unload', contactForm.save);
addEvent(window, 'load', contactForm.restore);

addEvent('save-button', 'click', nameFieldset.save);
addEvent('restore-button', 'click', nameFieldset.restore);
```

Sie gruppieren nun einige der Felder in Feldgruppen. Sie können auch die Felder direkt zum Formular hinzufügen, wie beim Kommentartextbereich, da das Formular sich nicht darum kümmern muss, ob die untergeordneten Elemente Composites oder Leaf-Elemente sind, solange sie die korrekten Interfaces implementieren. Wird eine Operation für `contactForm` durchgeführt, wird dieselbe Operation für alle untergeordneten Elemente (und deren untergeordnete Elemente) durchgeführt, so dass keine Funktionalität verloren geht. Wir gewinnen aber die Fähigkeit, diese Operationen auf einer Teilmenge des Formulars auszuführen.

9.3.4   Weitere Operationen hinzufügen

Das ist ein guter Anfang, aber es gibt noch viel mehr Operationen, die auf diese Weise hinzugefügt werden können. Sie können ein Argument zu den Field-Konstruktoren hinzufügen, um festzulegen, ob das Feld erforderlich ist oder nicht, und dann basierend darauf eine validate-Methode implementieren. Sie können die restore-Methode ändern, so dass die Default-Werte der Felder eingestellt werden, wenn noch nichts gespeichert wurde. Sie können dann sogar eine submit-Methode hinzufügen, die alle Werte abruft und diesen mit einem Ajax-Request zur Server-Seite sendet. Das Composite ermöglicht das Hinzufügen von jeder dieser Operationen, ohne dass Sie wissen müssen, wie die jeweiligen Formulare aussehen werden.

9.4   Beispiel: Bildergalerie

In dem Formularbeispiel konnte das Composite-Muster aufgrund der Restriktionen in HTML nicht vollständig genutzt werden. Zum Beispiel konnten Sie kein Formular in einem anderen Formular erstellen, stattdessen mussten Feldgruppen verwendet werden. Ein echtes Composite kann in sich verschachtelt werden. Dieses Beispiel zeigt einen anderen Verwendungsfall des Composites zum Erstellen einer Benutzeroberfläche, wobei aber jedes Objekt an jeder Position angeordnet werden kann. Sie verwenden auch hier wieder JavaScript-Objekte als Wrapper um die HTML-Elemente.

Die Zuweisung dient diesmal der Erstellung einer Bildergalerie. Sie möchten selektiv bestimmte Teile der Galerie ausblenden oder anzeigen. Diese Teile können einzelne Fotos oder Galerien sein. Weitere Operationen können später hinzugefügt werden, aber hier konzentrieren wir uns nun auf hide und show. Es sind nur zwei Klassen erforderlich: eine Composite-Klasse als Galerie und eine untergeordnete Leaf-Klasse für die Bilder selbst:

```
var Composite = new Interface('Composite', ['add', 'remove', 'getChild']);
var GalleryItem = new Interface('GalleryItem', ['hide', 'show']);

// DynamicGallery-Klasse.

var DynamicGallery = function(id) {
//Implementiert Composite, GalleryItem
  this.children = [];

  this.element = document.createElement('div');
  this.element.id = id;
  this.element.className = 'dynamic-gallery';
}

DynamicGallery.prototype = {

  // Implementiert das Composite-Interface.
```

```
add: function(child) {
  Interface.ensureImplements(child, Composite, GalleryItem);
  this.children.push(child);
  this.element.appendChild(child.getElement());
},
remove: function(child) {
  for(var node, i = 0; node = this.getChild(i); i++) {
    if(node == child) {
      this.formComponents[i].splice(i, 1);
      break;
    }
  }
  this.element.removeChild(child.getElement());
},
getChild: function(i) {
  return this.children[i];
},

// Implementiert das GalleryItem-Interface.

hide: function() {
  for(var node, i = 0; node = this.getChild(i); i++) {
    node.hide();
  }
  this.element.style.display = 'none';
},
show: function() {
  this.element.style.display = 'block';
  for(var node, i = 0; node = this.getChild(i); i++) {
    node.show();
  }
},

// Helper-Methoden.

getElement: function() {
  return this.element;
}
};
```

Als Erstes definieren wir das Interface, das die Composite- und die Leaf-Klassen implementieren sollen. In diesem Fall sind die Operationen, die diese Klassen definieren, einfach hide und show plus den üblichen Composite-Methoden. Als Nächstes definieren Sie die Composite-Klasse. Da DynamicGallery ein Wrapper um ein div-Element ist, können Galerien in Galerien verschachtelt werden. Deshalb benötigen Sie nur eine Composite-Klasse.

Ein etwas anderes Format wird hier zum Festlegen der Methoden für das `prototype`-Attribut der `DynamicGallery` verwendet. Anstatt jede Methode als `DynamicGallery.prototype._methodName` zu deklarieren, können Sie ein einzelnes Objektliteral an das `prototype`-Attribut zuweisen und es mit allen Methoden füllen. Dieses Format ist nützlich, wenn Sie viele Methoden auf einmal definieren möchten, ohne `DynamicGallery.prototype` vor jedem Methodennamen wiederholen zu müssen. Sie können immer noch eine ausführlichere Syntax verwenden, wenn Sie weitere Methoden später hinzufügen möchten.

Es kann eine Versuchung sein, das DOM selbst als Datenstruktur zu verwenden, die die untergeordneten Elemente enthält. Es verfügt bereits über Methoden wie `addChild` und `removeChild` wie auch über das `childNodes`-Attribut, wodurch es perfekt zum Speichern und Abrufen der untergeordneten Elemente eines Composites geeignet wäre. Das Problem bei diesem Ansatz ist, dass dazu jeder dieser DOM-Knoten einen Verweis zurück auf seine Wrapperklasse haben muss, um die erforderlichen Operationen zu implementieren. Dies kann in einigen Browsern zu Speicherlecks führen. Im Allgemeinen empfiehlt es sich, Verweise vom DOM zurück auf Ihren JavaScript-Code zu vermeiden. In diesem Beispiel wird ein Array zur Aufnahme der untergeordneten Elemente verwendet.

Der Leaf-Knoten ist auch sehr einfach. Er ist ein Wrapper um das Image-Tag, das das Ausblenden und Anzeigen implementiert:

```
// GalleryImage-Klasse.

var GalleryImage = function(src) {
//Implementiert Composite, GalleryItem
  this.element = document.createElement('img');
  this.element.className = 'gallery-image';
  this.element.src = src;
}

GalleryImage.prototype = {

  // Implementiert das Composite-Interface.

  add: function() {},
// Dies ist ein Leaf-Knoten; wir implementieren
// diese Methode also nicht, wir definieren sie nur.
  remove: function() {},
  getChild: function() {},

// Implementiert das GalleryItem-Interface.

  hide: function() {
    this.element.style.display = 'none';
  },
  show: function() {
```

```
    this.element.style.display = '';
// Stellt die Anzeigeattribute auf
// die vorige Einstellung zurück.
  },

// Helfer-Methoden.

  getElement: function() {
    return this.element;
  }
};
```

Das ist ein gutes Beispiel dafür, wie ein Composite funktionieren sollte. Jede Klasse soll ziemlich einfach sein, aber aufgrund der hierarchischen Struktur können Sie komplexe Operationen ausführen: Der `GalleryImage`-Klassenkonstruktor erstellt ein Bildelement. Der Rest der Klassendefinition besteht aus leeren Composite-Methoden (da dies ein Leaf-Knoten ist) und den `GalleryItem`-Operationen. Nun können Sie Fotos mit diesen zwei Klassen anordnen:

```
var topGallery = new DynamicGallery('top-gallery');

topGallery.add(new GalleryImage('/img/image-1.jpg'));
topGallery.add(new GalleryImage('/img/image-2.jpg'));
topGallery.add(new GalleryImage('/img/image-3.jpg'));

var vacationPhotos = new DynamicGallery('vacation-photos');

for(var i = 0; i < 30; i++) {
  vacationPhotos.add(new GalleryImage('/img/vac/image-' + i + '.jpg'));
}

topGallery.add(vacationPhotos);
topGallery.show();       // Hauptgalerie anzeigen,
vacationPhotos.hide();   // aber Urlaubsgalerie ausblenden.
```

Sie können die Composite-Klasse `DynamicGallery` beliebig oft zum Anordnen Ihrer Bilder verwenden. Da das Composite in sich verschachtelt werden kann, können Sie ein beliebig großes Archiv haben, wobei Sie nur Instanzen dieser beiden Klassen verwenden. Sie können auch Operationen für jede Menge oder Teilmenge dieser Hierarchie durchführen. Mit nur wenigen Codezeilen können Sie den Code für »Zeige alle Urlaubsfotos mit Strand und Bergen an, außer denen aus dem Jahr 2004« programmieren, solange die Hierarchie korrekt eingerichtet ist.

9.5   Vorteile des Composite-Musters

Einfache Operationen können mit einem Composite zu komplexen Ergebnissen führen. Anstatt viel Bindecode zum manuellen Durchlaufen von Arrays und anderen

Datenstrukturen zu erstellen, können Sie einfach eine Operation auf dem obersten Objekt aufrufen, und jedes Unterobjekt kümmert sich darum, wie sie weitergegeben wird. Das ist vor allem nützlich, wenn Sie diese Operationen wiederholt aufrufen.

Objekte in einem Composite sind sehr lose gekoppelt. Solange alle Objekte in einem Composite dasselbe Interface implementieren, ist deren Verschieben oder Austauschen trivial. Dies verbessert die Wiederverwendbarkeit von Code und ermöglicht ein einfacheres Refactoring.

Composite-Objekte bilden ausgezeichnete hierarchische Strukturen. Jedes Mal, wenn Sie eine Operation auf einem Composite der obersten Ebene ausführen, führen Sie im Wesentlichen eine Suche in der Hierarchie der gesamten Struktur aus, um die Knoten zu ermitteln. Das alles ist für den Programmierer transparent, der das Objekt instanziiert. Knoten können in der Hierarchie einfach hinzugefügt, entfernt und gefunden werden.

9.6 Nachteile des Composite-Musters

Da das Composite leicht zu verwenden ist, kann dies die Kosten der Operationen überdecken, die es unterstützt. Da jede für ein Composite aufgerufene Operation an alle untergeordneten Elemente übergeben wird, kann die Performance leiden, wenn die Hierarchie zu groß ist. Es ist für einen Programmierer nicht sofort offensichtlich, dass der Aufruf einer Methode wie `topGallery.show()` das vollständige Durchlaufen eines Baums auslöst. Eine gute Dokumentation ist in dieser Situation sehr hilfreich.

In beiden Beispielen wurden die Composite- und Knotenklassen als Wrapper für HTML-Elemente verwendet. Das ist zwar nur eine der möglichen Verwendungen des Musters, die aber durchaus gängig ist. In diesen Fällen müssen die Regeln, die für die Verwendung von HTML gelten, auch für Composites gelten. Zum Beispiel ist es schwierig, eine Tabelle in ein Composite umzuwandeln; jedes Table-Tag kann nur bestimmte Tags enthalten. Die Leaf-Knoten sind ebenfalls nicht sofort offensichtlich, Tabellenzellen können als Leaf-Elemente betrachtet werden, aber sie können auch andere Elemente darin haben. Diese Restriktionen machen Ihre Composite-Objekte weniger nützlich und verringern die Modularität des Codes. Achten Sie darauf, die Vorteile gegen die Kosten abzuwägen, wenn Sie ein Composite auf diese Weise verwenden.

Eine gewisse Form von Interface ist erforderlich, damit Composites korrekt funktionieren. Je strenger die Interface-Prüfung, umso zuverlässiger ist Ihre Composite-Klasse. Dies macht das System komplexer, allerdings nicht sehr. Wenn Sie bereits eine gewisse Form von Interface oder Duck Typing (wie die `Interface`-Klasse) verwenden, wird dies kein Problem sein. Wenn nicht, müssen Sie Typprüfungen in Ihren Code integrieren.

9.7 Zusammenfassung

Wenn es korrekt eingesetzt wird, kann das Composite ein sehr mächtiges Muster sein. Es strukturiert Unterobjekte in Bäumen und ermöglicht, dass Operationen für diese Bäume mit einem einzigen Befehl ausgeführt werden. Es verbessert die Modularität Ihres Codes und erlaubt ein einfaches Refactoring und Auslagern der Objekte. Es kann besonders gut für dynamische HTML-Benutzeroberflächen geeignet sein, da Sie Code entwickeln können, ohne die Endkonfiguration der Benutzeroberfläche zu kennen. Es ist für jeden JavaScript-Programmierer eines der nützlichsten Entwurfsmuster.

10 Das Facade-Muster

Das Facade-Entwurfsmuster leistet zwei Dinge: Es vereinfacht das Interface einer Klasse, und es entkoppelt diese Klasse von dem sie verwendenden Client-Code. In JavaScript lieben viele Entwickler oftmals Facade-Muster – diese sind das Kernprinzip hinter nahezu allen JavaScript-Bibliotheken. Durch das Facade-Muster werden Bibliotheks-Utilities einfacher verständlich, indem Hilfsmethoden erstellt werden, durch die komplexe Systeme sehr einfach verwendet werden können. Facades bieten Programmierern die Möglichkeit, indirekt mit Subsystemen in einer Weise zu interagieren, die weniger fehleranfällig ist, als wenn man auf das Subsystem direkt zugreift.

Das Facade-Muster vereinfacht gängige oder sich wiederholende Aufgaben wie die Fehlerprotokollierung oder das Überwachen von Seitenanzeige-Statistiken. Facade-Muster erlauben Objekten, nach außen mehr Funktionalität zu zeigen, als sie wirklich haben, indem Hilfsmethoden hinzugefügt werden (die mehrere vorhandene Methoden in eine zusammenfügen).

Facades dienen der Vereinfachung komplexer Interfaces. Sie können die Überprüfung auf Fehler im Hintergrund übernehmen, große Objekte säubern, die nicht mehr länger gebraucht werden und die Features eines Objekts in einer einfacher verwendbaren Weise darstellen.

Facades sind zwar nie grundsätzlich notwendig. Dieselben Aufgaben können auch ohne sie erledigt werden. Dieses Entwursfmuster bezieht sich aber primär auf die Organisation. Sie können damit die Interfaces von Klassen und Objekten modifizieren, die dadurch für Sie komfortabler werden. Als Programmierer machen sie Ihnen das Leben leichter und den Code besser verwaltbar.

10.1 Einige Facade-Funktionen, die Sie vermutlich schon kennen

Betrachten Sie die Shortcut-Symbole auf Ihrem Desktop. Sie agieren als ein Interface, da Sie damit Orte ansteuern können, die ansonsten schwieriger zu erreichen wären. Es wäre sehr mühsam, sich jedes Mal zu den tief verschachtelten Dateien und Verzeichnissen durchwursteln zu müssen, wenn Sie diese benötigen. Betriebssysteme mit einer grafischen Benutzeroberfläche dienen somit als Facade zu Daten und Funktionalität auf Ihrem Computer. Jedes Mal, wenn Sie etwas anklicken, ziehen oder verschieben, interagieren Sie mit einem Facade-Element, das direkt Befehle im Hintergrund ausführt.

Angenommen, Sie haben bereits etwas Erfahrung in JavaScript und haben sich im Internet nach einer soliden Browser-übergreifenden Methode zur Behandlung von Event Listenern umgesehen. Eventuell sind Sie auf so etwas wie das Folgende gestoßen:

```
function addEvent(el, type, fn) {
  if (window.addEventListener) {
    el.addEventListener(type, fn, false);
  }
  else if (window.attachEvent) {
    el.attachEvent('on' + type, fn);
  }
  else {
    el['on' + type] = fn;
  }
}
```

Event Listener sind ein wichtiger Grund dafür, dass Entwickler JavaScript im Browser verwenden. Da JavaScript eine ereignisgesteuerte Sprache ist, wäre es seltsam, wenn eine JavaScript-Anwendung nicht einen einzigen Event Listener hätte. Möglich ist das dennoch: Es gibt fortgeschrittene Anwendungen, die JavaScript einfach als Programmierumgebung nutzen, die Text ausgibt und DOM-Knoten erstellt. Trotz dieser Beispiele beruht ein Großteil der Leistungsfähigkeit der Sprache auf der Fähigkeit, Ereignisse mit Aktionen zu verknüpfen. Das ist ein sehr nützlicher Aspekt der Sprache.

Die `addEvent`-Funktion ist ein grundlegendes Facade, mit dem Sie eine vereinfachte Methode zum Hinzufügen von Event-Listenern zu DOM-Knoten verwenden können. Dadurch müssen Sie nicht jedes Mal die Browser-Unterschiede prüfen, wenn Sie einem Element einen neuen Event Listener hinzufügen möchten. Es ist eine Hilfsmethode, durch die Sie bei der Event-Zuordnung die Details der unteren Programmierebene vergessen und sich stattdessen auf das Erstellen der Anwendung konzentrieren können.

In einer idealen Welt bräuchten Sie nur die `addEventListener`-Funktion zu verwenden. Da sie nicht konsistent in allen gängigen Browsern implementiert ist, müssen Sie den Code verzweigen, um den Fall abzudecken, dass sie nicht verfügbar ist. Die im letzten Beispiel dargestellte `addEvent`-Funktion nimmt die Prüfung für Sie vor und bestimmt, welche Event-Zuordnungstechnik verwendet werden soll. Dies ergibt einen kurzen Implementierungscode, und der Erkennungscode bleibt an einem einzigen Ort gekapselt. Dies veranschaulicht den Fall, dass Sie mit Hilfe des Facade-Musters mit einer Ansammlung schlecht entworfener APIs arbeiten können, indem diese in ein einzelnes gut entworfenes API gewrappt werden können.

10.2 JavaScript-Bibliotheken als Facades

JavaScript-Bibliotheken sind für Menschen gemacht. Sie sind dazu ausgelegt, Zeit zu sparen, gängige Aufgaben zu vereinfachen und ein Interface zu bieten, mit dem einfacher interagiert werden kann als mit den JavaScript-Funktionen, die in jedem Browser implementiert sind. In einer Browser-Umgebung mit umfangreichem DOM-Skripting benötigt JavaScript wirklich Bibliotheken. Die heutigen Anforderungen an die Entwicklung von Webanwendungen besagen, dass Sie möglichst effizient programmieren müssen. Dies kann durch Erstellen eigener Utility-Funktionen geschehen oder durch Verwenden einer Drittanbieter-Bibliothek wie Prototype, jQuery oder YUI (Yahoo! User Interface Library).

10.3 Facades als Hilfsmethoden

Ein weiterer Vorteil von Facades ist, dass Entwickler den Vorteil an der Hand haben, Funktionen zu kombinieren. Diese kombinierten Funktionen werden auch als Hilfsfunktionen bezeichnet. Rein vom Code her betrachtet, kann das so aussehen:

```
function a(x) {
  // tue irgendwas...
}
function b(y) {
  // tue irgendwas...
}
function ab(x, y) {
  a(x);
  b(y);
}
```

Sie fragen sich vielleicht, warum man nicht an erster Stelle die gesamte Funktionalität in die ab-Funktion setzt. Die getrennten Funktionen a, b und ab bieten Ihnen mehr Granularität und Flexibilität. Die Kombination von a und b kann Ihre Anwendung stören oder zu nicht beabsichtigten Ergebnissen führen. Nehmen wir zwei gängige Ereignismethoden, die häufig im DOM-Skripting verwendet werden:

```
event.stopPropagation()
event.preventDefault()
```

Die erste Methode `stopPropagation` schließt durch Aufsteigen durch den DOM-Baum den Prozess der Ereignisweitergabe im Wesentlichen ab. Die zweite Methode `preventDefault` fängt die Default-Browser-Aktion für das Ereignis ab, das an den Browser bei Aufruf eines Event Listeners übergeben wird. Damit kann verhindert werden, dass ein angeklickter Link dazu führt, dass der Browser zu einer neuen Seite navigiert oder dass ein Formular abgesendet wird. Da jeder Browser-Hersteller ein etwas anderes Interface für diese beiden Methoden bietet, haben wir nun den perfekten Verwendungsfall für eine Hilfsmethode mit dem Facade-Muster:

```
var DED = window.DED || {};
DED.util = {
  stopPropagation: function(e) {
    if (ev.stopPropagation) {
      // WWW-Interface
      e.stopPropagation();
```

```
  }
  else {
    // Interface des IE
    e.cancelBubble = true;
  }
},
preventDefault: function(e) {
  if (e.preventDefault) {
    // WWW-Interface
    e.preventDefault();
  }
  else {
    // Interface des IE
    e.returnValue = false;
  }
},
/* Unsere Hilfsmethode */
stopEvent: function(e) {
  DED.util.stopPropagation(e);
  DED.util.preventDefault(e);
}
};
```

Obwohl die beiden Entwurfsmuster ähnlich aussehen können, sind Facades keine Adapter. Adapter, die wir ausführlich in Kapitel 11 behandeln, sind Wrapper, die Interfaces zur Verwendung in nicht kompatiblen Systemen anpassen. Facades werden als Hilfsmittel erstellt. Ein Facade-Muster wird nicht dazu verwendet, um eine Interaktion mit Clients zu ermöglichen, die ein bestimmtes Interface benötigen; es dient der Bereitstellung eines einfacheren Interface.

10.4 Beispiel: Styles in HTML-Elementen festlegen

Das Festsetzen von Styles für HTML-Elemente ist vielleicht der Kern von DHTML. Wenn Sie einen Stil für ein HTML-Element einstellen möchten, weisen Sie einfach einer bestimmen Eigenschaft im Style-Objekt einen Wert zu. Meistens sind hier die Browser-Unterschiede minimal und unerheblich. Wenn Sie zum Beispiel die Textfarbe eines div-Elements mit einer content-ID auf rot (red) einstellen möchten, erstellen Sie folgenden Code:

```
var element = document.getElementById('content');
element.style.color = 'red';
```

Wenn Sie die font-size-Eigenschaft auf 16px einstellen möchten, sieht das so aus:

```
element.style.fontSize = '16px';
```

Angenommen, Sie möchten einen bestimmten Style für mehrere Elemente auf einmal festlegen. Dies scheint eine vernünftige Sache zu sein. Wenn Sie drei Elemente haben, jeweils mit den IDs `foo`, `bar` und `baz` und die Textfarbe für jedes auf Rot einstellen möchten, können Sie folgenden Code schreiben:

```
var element1 = document.getElementById('foo');
element1.style.color = 'red';

var element2 = document.getElementById('bar');
element2.style.color = 'red';

var element3 = document.getElementById('baz');
element3.style.color = 'red';
```

Es ist etwas mühselig, immer `getElementById` zu schreiben und dieselben Eigenschaften und Werte für jedes Element einzustellen. Hier ist das Facade-Muster sehr nützlich. Der Einfachheit halber erstellen wir ein Interface, das die Stapelverarbeitung von Elementen vereinfacht und deren Styles alle miteinander im Bulk-Verfahren festlegt. Da Sie die erforderlichen Hauptkomponenten kennen, fangen wir von hinten an und erstellen zuerst den Code, der die Methode verwendet, und dann die Methode selbst:

```
setStyle(['foo', 'bar', 'baz'], 'color', 'red');
```

Wie Sie sehen, haben Sie eine Funktion namens `setStyle` erstellt, wobei das erste übergebene Argument ein Array mit den drei IDs ist. Das zweite Argument ist die Eigenschaft, die Sie im Style-Objekt festlegen möchten und das dritte ist der Wert der Eigenschaft. In Kenntnis des Interface können Sie eine konkrete Implementierung erstellen. Die folgende Funktion ist eine Facade, die die Anforderungen erfüllt:

```
function setStyle(elements, prop, val) {
  for (var i = 0, len = elements.length-1; i < len; ++i) {
    document.getElementById(elements[i]).style[prop] = val;
  }
}
```

So nützlich wie die neue Facade-Methode ist, wäre es doch gut, wenn Sie mehrere Styles für mehrere Elemente auf einmal festlegen könnten. Dann müssten Sie die `setStyle`-Methode nicht wiederholt schreiben. Zum Beispiel, wenn Sie die `position` der Elemente festlegen, müssen Sie auch häufig die Eigenschaften `top` und `left` einstellen. Hinzu kommen Dinge wie Ränder und Auffüllungen, Fontgrößen und Zeilenhöhen, Textfarben und Hintergrundfarben – die Liste ließe sich fortsetzen. Mit der Funktion aus dem ersten Beispiel kann unser Code wie folgt aussehen:

```
setStyle(['foo'], 'position', 'absolute');
setStyle(['foo'], 'top', '50px');
setStyle(['foo'], 'left', '300px');
```

Mit einem ausgefeilteren Interface können Sie die gesamte Logik in einem weiteren Facade-Objekt kombinieren und die gesamte Funktionalität in einem einzigen Funktionsaufruf zusammen verarbeiten. Dies verwendet `setStyle` verdeckt, ohne dass es der Client-Code weiß. Machen wir weiter und nennen Sie es `setCSS`:

```
setCSS(['foo'], {
  position: 'absolute',
  top: '50px',
  left: '300px'
});
```

Dies sieht viel mehr nach CSS-Syntax aus, wobei die Objektnotation im Wesentlichen aus Name/Wert-Paaren besteht. Die Implementierung von `setCSS` sieht so aus:

```
function setCSS(el, styles) {
  for ( var prop in styles ) {
    if (!styles.hasOwnProperty(prop)) continue;
    setStyle(el, prop, styles[prop]);
  }
}
```

Sie können nun beide Elemente und Styles wie folgt miteinander verarbeiten:

```
setCSS(['foo', 'bar', 'baz'], {
  color: 'white',
  background: 'black',
  fontSize: '16px',
  fontFamily: 'georgia, times, serif'
});
```

10.5 Beispiel: Event Utility erstellen

Wie bereits erwähnt, empfiehlt es sich oftmals, Facade-Funktionen bei Entwicklungen für mehrere Browser zu erstellen. Wenn Sie damit beginnen, eine große Plattform mit Bibliothekscode zu erstellen, ist es ein hervorragender Gedanke, alle Utilities in eine Gruppe zu stellen, die leicht zu verwenden ist und auf die einfach zugegriffen werden kann. Die Entwicklung einer Event Utility ist oftmals eine gute Idee, wenn man dabei berücksichtigt, dass Browser Ereignisse sehr unterschiedlich verarbeiten.

Als Erstes beginnen wir mit dem Grund-Skeleton unter Verwendung des Singleton-Musters. Es enthält alle statischen Methoden im `DED.util`-Namespace:

```
DED.util.Event = {
  // Bulk folgt hier...
};
```

Sehen wir uns einige der Probleme an, auf die Entwickler häufig bei Ereignissen stoßen, wie dem Erhalt von Elementzielen und Ereignisobjekt. Natürlich leihen wir uns die Ereignisweiterreichung und das Default-Ereignisverhalten aus den früheren Code-stücken dieses Kapitels aus.

Wir haben nun Folgendes:

```
DED.util.Event = {
  getEvent: function(e) { },
  getTarget: function(e) { },
  stopPropagation: function(e) { },
  preventDefault: function(e) { },
  stopEvent: function(e) { }
};
```

Wir können die Lücken füllen, indem wir die Verzweigung hinzufügen und die Verfügbarkeit von Objekten und Features prüfen. Somit erstellen Sie fünf Facade-Methoden, mit denen Sie komfortabel mit einem konsistenteren Interface arbeiten können:

```
DED.util.Event = {
  getEvent: function(e) {
    return e || window.event;
  },
  getTarget: function(e) {
    return e.target || e.srcElement;
  },
  stopPropagation: function(e) {
    if (e.stopPropagation) {
      e.stopPropagation();
    }
    else {
      e.cancelBubble = true;
    }
  },
  preventDefault: function(e) {
    if (e.preventDefault) {
      e.preventDefault();
    }
    else {
      e.returnValue = false;
    }
  },
  stopEvent: function(e) {
    this.stopPropagation(e);
    this.preventDefault(e);
  }
};
```

Das Ereignis-Utility ist nun vollständig und kann einfach mit der oben erstellten `addEvent`-Funktion verwendet werden:

```
addEvent($('example'), 'click', function(e) {
  // Wer hat mich angeklickt?
  console.log(DED.util.Event.getTarget(e));
```

```
// Die Weitergabe der Default-Aktion wird beendet.
DED.util.Event.stopEvent(e);
});
```

10.6 Allgemeine Schritte für die Implementierung des Facade-Musters

Nachdem Sie bestimmt haben, in welchen Bereichen Ihre Anwendung von einer Facade-Methode profitieren würde, können Sie damit beginnen, Hilfsmethoden hinzuzufügen. Achten Sie beim Benennen der Funktionen darauf, dass die Namen den eigentlichen Zweck widerspiegeln. Bei gruppierten Funktionen kann es genügen, nur den Namen der Funktionen in einen einzigen Namen mit der Camel-Case-Schreibweise zu kombinieren – etwa `thisFunctionAndThatFunction`.

Für den Fall, dass Sie es mit inkonsistenten Browser-APIs zu tun haben, integrieren Sie Ihren Verzweigungscode einfach in die neu erstellte Facade-Funktion mit Techniken wie der Objekterfassung oder (in manchen Situationen) Browser-Sniffing. Die Wahl des Namens für diese Art von Funktionen kann etwas knifflig sein, da hier eine ähnliche Funktionalität vorliegt, die von verschiedenen Browsern unterschiedlich aufgerufen wird. Was ein Browser als `pageX` bezeichnet, heißt beim anderen `clientX`. Was bei einem Browser `addEventListener` ist, lautet beim anderen `attachEvent`. Der beste Rat ist hier, den Namen verständlich zu formulieren und den Code zu dokumentieren, indem Sie den Zweck des Facade-Elements beschreiben.

10.7 Wann sollte das Facade-Muster verwendet werden?

Wenn Sie gruppierte, sich wiederholende Muster erkennen, ist das ein Grund für die Implementierung von Facade-Methoden. Wenn Sie ständig Funktion b nach Funktion a entdecken, kann es eine gute Idee sein, ein Facade-Muster einzubinden, das diese beiden Funktionen gruppiert.

Ein anderer Fall, in dem Sie Facade-Funktionen zur Kerngruppe Ihrer Utilities hinzufügen können, ist, wenn integrierte JavaScript-Funktionen und Objekte zwischen Browsern variieren. Es ist nicht so, dass Sie diese APIs nicht direkt verwenden könnten, aber anstatt sich mit Schwierigkeiten aufgrund der verschiedenen Browser abzumühen, ist es besser, diese Unterschiede in Facade-Methoden zu abstrahieren. Dies führt zu einem widerspruchsfreieren Interface, wie durch die `addEvent`-Funktion.

10.8 Vorteile des Facade-Musters

Das Facade-Muster ist dazu da, Programmierern das Leben zu erleichtern. Mit Facades sparen Sie Zeit und Mühe, da Sie kombinierten Code einmal schreiben und ihn immer wieder verwenden können. Facades übernehmen die Hauptarbeit, so dass Sie für häufig auftretende Probleme und Routinen keine vereinfachten Interfaces bereitstellen müssen.

Facade-Methoden sind für Entwickler sehr praktisch und bieten eine Funktionalität auf einer höheren Ebene, die andernfalls mühsam und aufwendig zu implementieren wäre. Sie verringern auch die Abhängigkeiten von externem Code, was zusätzliche Flexibilität bei der Entwicklung von Anwendungen bietet. Durch Verwendung einer Facade sind Sie nicht eng an das zugrunde liegende Teilsystem gekoppelt. Hierdurch können Sie dieses System modifizieren, ohne den Client-Code zu unterbrechen.

10.9 Nachteile des Facade-Musters

In einigen Fällen kann ein Facade-Muster unnötigen Ballast hinzufügen. Nur weil etwas angenehm ist, bedeutet das noch nicht, dass es verwendet werden sollte. Es ist gang und gäbe, Facade-Interfaces falsch einzusetzen. Überlegen Sie genau, bevor Sie Ihre bevorzugten Facade-Funktionen einsetzen. Sie machen unter Umständen zu viel und erreichen zu wenig. Zum Beispiel würde Sie zum Campen sicher nicht Ihren Kühlschrank mitnehmen, nur weil er so praktisch ist und viele Lebensmittel kühlen kann. Ebenso wenig würden Sie einen Traktor mieten, um in Ihrem Blumengarten ein Loch zu graben. Überlegen Sie sich, wie angemessen Ihre Operationen sind, bevor Sie möglicherweise schädliche und aufwendige Routinen einsetzen, die zu einer Verlangsamung Ihrer Anwendungen führen. Manchmal ist die Granularität der einzelnen Funktionen einer monolithischen Facade-Funktion vorzuziehen. Die Facade-Funktionen können oftmals Aufgaben ausführen, die Sie nicht benötigen.

Bei einer einfachen persönlichen Website oder für kleine Marketing-Webseiten kann die Einbindung einer JavaScript-Bibliothek nicht so empfehlenswert sein, wenn das einzige optimierte Verhalten ein paar Tooltipps und ein Pop-up-Fenster sind. Eventuell ist es möglich, stattdessen ein paar einfache Facades anstelle einer ganzen Bibliothek davon zu verwenden. Am Ende ist es Ihre Entscheidung, diese Aufrufe zu machen und zu entscheiden, ob die Verwendung dieses Musters praktisch ist.

10.10 Zusammenfassung

Mit dem Facade-Muster können Sie Hilfsfunktionen erstellen, die ein einfaches Interface zur Ausführung komplexer Aufgaben bieten. Sie helfen Ihnen, den Code wartbar, verstehbar und abstraktionsorientiert zu halten. Damit können auch Ihre Teilsysteme und der Client-Code lose gekoppelt bleiben. Hilfsmethoden vereinfachen gängige oder sich wiederholende Aufgaben und gruppieren häufig verwendete Funktionen, die oftmals zusammen vorkommen. Facades werden oft in DOM-Skripting-Umgebungen verwendet, in denen man es mit inkonsistenten Browser-Interfaces zu tun hat.

11   Das Adapter-Muster

Mit dem Adapter-Entwurfsmuster können Sie bestehende Interfaces an Klassen anpassen, die andernfalls inkompatibel sind. Objekte, die dieses Muster verwenden, können auch als Wrapper bezeichnet werden, da sie ein anderes Objekt in ein neues Interface einhüllen. In vielen Situationen können sowohl Programmierer als auch Interface-Designer von der Erstellung von Adaptern profitieren. Oftmals lassen sich beim Entwurf von Klassen einige Interfaces nicht mit den bestehenden APIs verwenden. Adapter ermöglichen Ihnen dann die Verwendung dieser Klassen, ohne dass sie direkt modifiziert werden müssen. In diesem Kapitel betrachten wir einige der Situationen und erforschen die Möglichkeiten, in denen das Adapter-Muster zur Verbindung von Objekten verwendet werden kann.

11.1   Eigenschaften von Adaptern

Adapter werden zum bestehenden Code hinzugefügt, um zwei verschiedene Interfaces aufeinander abzustimmen. Wenn der vorhandene Code bereits ein gut funktionierendes Interface besitzt, ist nicht unbedingt ein Adapter erforderlich. Wenn aber ein Interface nicht intuitiv oder anderweitig für eine anstehende Aufgabe unpraktisch ist, können Sie mit einem Adapter ein sauereres und optionsreicheres Interface bereitstellen.

Oberflächlich betrachtet, scheint das Adapter-Muster dem Facade-Muster sehr ähnlich zu sein. Beide wrappen ein anderes Objekt und verändern das Interface, das es nach außen zeigt. Der Unterschied liegt in der Art, wie das Interface geändert wird. Ein Facade-Muster bietet ein vereinfachtes Interface. Es enthält keine Zusatzoptionen und macht manchmal Annahmen in dem Versuch, gängige Aufgaben einfacher zu machen. Ein Adapter-Muster konvertiert dagegen ein Interface in ein anderes. Es entfernt weder Fähigkeiten noch vereinfacht es das Interface anderweitig. Adapter sind für Clients erforderlich, die eine API erwarten, die aber nicht verfügbar ist.

Adapter können als dünne Code-Schicht zwischen inkompatiblen Methodenaufrufen implementiert werden. Angenommen, Sie haben eine Funktion, die drei Strings als Argumente annimmt, aber der Client hält einen Array mit drei String-Elementen. Ein Adapter ermöglicht, dass die beiden zusammen verwendet werden können.

Stellen Sie sich einen Fall vor, in dem Sie ein einzelnes Objekt haben, aber eine Funktion als Argumente drei einzelne Strings braucht:

```
var clientObject = {
  string1: 'foo',
  string2: 'bar',
```

```
  string3: 'baz'
};
function interfaceMethod(str1, str2, str3) {
  ...
}
```

Um `clientObject` als Argument an `interfaceMethod` zu übergeben, wird ein Adapter benötigt. Sie können ihn zum Beispiel wie folgt erstellen:

```
function clientToInterfaceAdapter(o) {
  interfaceMethod(o.string1, o.string2, o.string3);
}
```

Nun können Sie einfach das ganze Objekt an die Funktion übergeben:

```
clientToInterfaceAdapter(clientObject);
```

Beachten Sie, dass `clientToInterfaceAdapter` einfach `interfaceMethod` wrappt und die daran übergebenen Argumente so konvertiert, dass dies die Funktion entgegennehmen kann.

11.2   Bestehende Implementierungen füreinander adaptierbar machen

In einigen Fällen kann Code nicht von der Client-Seite her modifiziert werden. Aus diesem Grund vermeiden einige Programmierer das Erstellen von APIs überhaupt: Wenn Sie ein bestehendes Interface einmal ändern, müssen Sie den gesamten Client-Code aktualisieren, um diese neuen Interfaces zu verwenden – oder Sie riskieren, dass Ihre Anwendung nicht mehr funktioniert. Wenn Sie ein neues Interface einführen, ist es oft empfehlenswert, den Clients Adapter bereitzustellen, die das neue Interface für diese implementieren.

Eine kurze Analogie: Bei der PC-Hardware war der PS2-Slot die Standardschnittstelle zum Anschluss von Maus und Tastatur. Viele Jahre lang wurden fast alle PCs mit dieser Schnittstelle ausgeliefert, so dass die Maus- und Tastatur-Designer (Clients in der Terminologie dieses Kapitels) ein festes Ziel vor Augen hatten. Im Laufe der Zeit entwickelten die Hardware-Ingenieure aber eine Möglichkeit, die PS2-Schnittstelle ganz zu umgehen, indem das USB-System nun Tastaturen, Mäuse und andere Peripheriegeräte unterstützt.

Aber dann kam das Problem: Für die Motherboard-Konstrukteure war es eigentlich nicht wichtig, ob ein Benutzer eine USB-Tastatur hatte oder nicht. Sie entschieden sich für Kosteneinsparungen und lieferten Motherboards ohne PS2-Slots aus. Plötzlich erkannten die Tastaturentwickler, dass die Entwicklung eines Adapters erforderlich war, um die Abertausenden vorhandenen Tastaturen und Mäuse mit PS2-Adaptern noch verkaufen zu können. Und das war die Geburtsstunde des bekannten PS2-zu-USB-Adapters.

11.3   Beispiel: Eine Bibliothek an eine andere adaptierbar machen

Heute stehen viele JavaScript-Bibliotheken zur Auswahl. Die Benutzer der Bibliotheken sollten sehr genau entscheiden, welche Utilities am besten zu ihren Anforderungen passen und wie sich diese auf die Entwicklung auswirken. Es müssen auch andere Dinge berücksichtigt werden: der Kodierstil anderer Entwickler, die einfache Implementierbarkeit und die Konflikte und Inkompatibilität mit vorhandenem Code.

Dennoch: Wenn alle Entscheidungen getroffen sind, kann ein Team später – aus Performance-Gründen, für höhere Sicherheit oder aufgrund des Designs – entscheiden, die Bibliotheken auszuwechseln, ohne die Code-Basis zu verändern. Ein Unternehmen kann auch Adapter als Vermittler verwenden, um Juniorentwicklern zu helfen – zum Beispiel bei der Migration von einer besser bekannten API zu einer anderen.

Im besten Fall ist das Erstellen einer Adapter-Bibliothek oftmals eine elegantere Alternative, als den ganzen Code neu zu schreiben. Betrachten wir ein Beispiel, in dem die $-Funktion der Prototype-Bibliothek für die get-Methode der Yahoo User Interface (YUI) adaptiert wird. Die beiden ähneln sich in der Funktionalität – aber sehen Sie sich die Unterschiede zwischen ihren Interfaces an:

```
// Prototype $-Funktion.
function $() {
  var elements = new Array();
  for(var i = 0; i < arguments.length; i++) {
    var element = arguments[i];
    if(typeof element == 'string')
      element = document.getElementById(element);
    if(arguments.length == 1)
      return element;
    elements.push(element);
  }
  return elements;
}

/* YUI get-Methode. */
YAHOO.util.Dom.get = function(el) {
  if(YAHOO.lang.isString(el)) {
    return document.getElementById(el);
  }
  if(YAHOO.lang.isArray(el)) {
    var c = [];
    for(var i = 0, len = el.length; i < len; ++i) {
      c[c.length] = Y.Dom.get(el[i]);
    }
    return c;
  }
```

```
  if(el) {
    return el;
  }
  return null;
};
```

Der Hauptunterschied ist, dass `get` ein einzelnes Argument annimmt, das ein HTML-Element, ein String oder ein Array aus Strings oder HTML-Elementen sein kann. Im Gegensatz dazu nimmt die `$`-Funktion keine formalen Parameter an, sondern ermöglicht einem Client, eine beliebige Anzahl von Argumenten zu übergeben, wobei sowohl Strings wie auch HTML-Elemente akzeptiert werden.

Sehen wir uns an, wie ein Adapter aussehen könnte, wenn Sie die `$`-Funktion von Prototype an die Verwendung der `get`-Methode von YUI adaptieren (und umgekehrt). Die Implementierung ist erstaunlich einfach:

```
function PrototypeToYUIAdapter() {
  return YAHOO.util.Dom.get(arguments);
}
function YUIToPrototypeAdapter(el) {
  return $.apply(window, el);
}
```

Beachten Sie, dass die Adapter die anzupassenden Methoden wrappen, so dass vorhandene Clients eine vertraute API implementieren können. Wenn ein Benutzer einer Prototype-Bibliothek die YUI-Methode nutzen möchte, kann er den bestehenden Code einfach adaptieren, indem die `$`-Funktion in die Adapter-Funktion eingebunden wird. Sie müssen keine Methode verändern, Sie fügen nur diese Zeile für diejenigen Benutzer hinzu, die von Prototype auf YUI migrieren:

```
$ = PrototypeToYUIAdapter;
```

oder anders herum, für diejenigen, die von YUI auf Prototype migrieren:

```
YAHOO.util.Dom.get = YUIToPrototypeAdapter;
```

11.4 Beispiel: E-Mail-API anpassen

In diesem Beispiel betrachten wir eine Webmail-API, mit der Mails abgerufen, gesendet und andere Aufgaben durchgeführt werden können. Wir verwenden Ajax-artige Techniken, indem wir Nachrichten von einem Server abrufen und dann die Nachrichtendetails in das DOM laden. Nach Beendigung des Anwendungs-Interface sehen Sie, wie Sie Wrapper-Funktionen erstellen können, über die diese API mit Clients zusammenarbeiten kann, die ein anderes Interface erwarten.

Aber sehen wir uns zuerst die gesamte Anwendung an:

```
<!DOCTYPE HTML PUBLIC "-//W3C//DTD HTML 4.01//EN"
  "http://www.w3.org/TR/html4/strict.dtd"
>
<html>
  <head>
    <title>Mail API Demonstration</title>
      <style type="text/css" media="screen">
        body {
          font: 62.5% georgia,times,serif;
        }
        #doc {
          margin: 0 auto;
          width: 500px;
          -font--size: 1.3em;
        }
      </style>
      <script src="lib-utils.js"></script>
      <script type="text/javascript">
        // Applikations-Utilities
        var DED = {};
        DED.util = {
          substitute: function (s, o) {
            return s.replace(/{([^{}]*)}/g,
              function (a, b) {
                var r = o[b];
                return typeof r == 'string' || typeof r == 'number' ? r : a;
              }
            );
          },
          asyncRequest: function() {
            function handleReadyState(o, callback) {
              var poll = window.setInterval(
                function() {
                  if(o && o.readyState == 4) {
                    window.clearInterval(poll);
                    if ( callback ){
                      callback(o);
                    }
                  }
                },
                50
              );
            }
            var getXHR = function() {
              var http;
              try {
```

```
        http = new XMLHttpRequest;
        getXHR = function() {
          return new XMLHttpRequest;
        };
      }
      catch(e) {
        var msxml = [
          'MSXML2.XMLHTTP.3.0',
          'MSXML2.XMLHTTP',
          'Microsoft.XMLHTTP'
        ];
        for (var i=0, len = msxml.length; i < len; ++i) {
          try {
            http = new ActiveXObject(msxml[i]);
            getXHR = function() {
              return new ActiveXObject(msxml[i]);
            };
            break;
          }
          catch(e) {}
        }
      }
      return http;
    };
    return function(method, uri, callback, postData) {
      var http = getXHR();
      http.open(method, uri, true);
      handleReadyState(http, callback);
      http.send(postData || null);
      return http;
    };
  }()
}


// dedMail Anwendungs-Interface.
var dedMail = (function() {
  function request(id, type, callback) {
    DED.util.asyncRequest(
      'GET',
      'mail-api.php?ajax=true&id=' + id + '&type=' + type,
      function(o) {
        callback(o.responseText);
      }
    );
  }
  return {
    getMail: function(id, callback) {
```

```
            request(id, 'all', callback);
        },
        sendMail: function(body, recipient) {
// Sende Mail mit Body-Text an den angegebenen Empfänger.
        },
        save: function(id) {
// Entwurf mit der angegebenen E-Mail-ID speichern.
        },
        move: function(id, destination) {
// E-Mail in den angegebenen Zielordner verschieben.
        },
        archive: function(id) {
// E-Mail archivieren. Das kann eine Basis-Facade-Methode
// sein, die die Move-Methode verwendet, welche das Ziel
// hartkodiert.
        },
        trash: function(id) {
// Das kann auch eine Facade-Methode sein, die die
// Nachricht in den Trash-Ordner verschiebt.
        },
        reportSpam: function(id) {
// Nachricht in Spam-Ordner verschieben und Sender auf
// Blacklist setzen.
        },
        formatMessage: function(e) {
          var e = e || window.event;
          try {
            e.preventDefault();
          }
          catch(ex) {
            e.returnValue = false;
          }
          var targetEl = e.target || e.srcElement;
          var id = targetEl .id.toString().split('-')[1];
          dedMail.getMail(id, function(msgObject) {
            var resp = eval('('+msgObject+')');
            var details =  '<p><strong>From:</strong> {from}<br>';
            details += '<strong>Sent:</strong> {date}</p>';
            details += '<p><strong>Message:</strong><br>';
            details += '{message}</p>';
            messagePane.innerHTML = DED.util.substitute(details, resp);
          }
    };
  })();

    // Mail-Implementierung einrichten.
  addEvent(window, 'load', function() {
```

```
          var threads = getElementsByClass('thread', 'a');
          var messagePane = $('message-pane');
          for (var i=0, len=threads.length; i<len; ++i) {
            addEvent(threads[i], 'click', formatMessage);
          }
        });
    </script>
  </head>

  <body>
    <div id="doc">
      <h1>Email Application Interface</h1>
        <ul>
          <li>
            <a class="thread" href="#" id="msg-1">
              load message Sister Sonya
            </a>
          </li>
          <li>
            <a class="thread" href="#" id="msg-2">
              load message Lindsey Simon
            </a>
          </li>
          <li>
            <a class="thread" href="#" id="msg-3">
              load message Margaret Stoooart
            </a>
          </li>
        </ul>
        <div id="message-pane"></div>
      </div>
    </body>
</html>
```

Bevor wir uns näher mit dem Code befassen, hier ein kleiner Screenshot der finalen Ausgabe, nachdem Sie eines der Nachrichtenelemente angeklickt haben. So können Sie sich besser vorstellen, womit Sie arbeiten.

Was Ihnen vermutlich als Erstes auffällt ist, dass die Grundmenge der Utilities, die `getElementsByClass`, `$` und `addEvent` enthält, eingebaut wurde. Als Nächstes werden einige Applikations-Utilities in den `DED.util`-Namespace hinzugefügt, die die Applikationsentwicklung vereinfachen. Die Methode `DED.util._substitute` erlaubt Ihnen im Grunde, Strings zu ersetzen, wenn diese in einem Objektliteral bereitgestellt werden. Hier ein Beispiel:

```
var substitutionObject = {
  name: "world"
  place: "Google"
};
var text = 'Hello {name}, welcome to {place}';
var replacedText = DED.util.substitute(text, substitutionObject);
console.log(replacedText);
// Erzeugt "Hello world, welcome to Google"
```

Die nächste Utility-Funktion ist eine `asyncRequest`-Funktion, mit der Sie das Backend aufrufen können. Beachten Sie, dass eine Lazy Loading-Technik verwendet wird, die das `XMLHttpRequest`-Objekt abstrahiert, indem beim Laden verzweigt wird, um die Browser-Unterschiede zu berücksichtigen. Dann wird die `getXHR`-Funktion neu zugewiesen, nachdem sie das erste Mal aufgerufen wird, um das XHR-Objekt abzufragen. Das beschleunigt die Anwendung erheblich, da der Aufwand für die Objekterkennung verringert wird. Anstatt die Browser-Unterschiede für jeden Aufruf zu erfassen, geschieht dies nur einmal.

Sehen wir uns schließlich das `dedMail`-Singleton an:

```
var dedMail = (function() {...
```

Mit diesem Objekt können Sie die gängigen Mail-Methoden ausführen, `getMail`, `sendMail`, `move`, `archive` usw. Beachten Sie, dass die Logik nur für die `getMail`-Methode geschrieben wurde, die mit der angegebenen ID als Referenz-Mail vom Server abruft. Nachdem die Nachricht fertig geladen wurde, wird das Callback mit den Response-Text benachrichtigt. Sie könnten auch ein Publish/Subscribe-Muster verwenden, um auf ein `ready`-Ereignis zu warten, aber dieser funktionale Stil ist bei XHR-Aufrufen recht gebräuchlich. Es ist für Interface-Entwickler auch eine Frage der persönlichen Vorliebe.

11.4.1 Webmail-API in einen Adapter wrappen

Da nun das Anwendungs-Interface komplett eingerichtet und einsatzbereit ist, können Sie es im Client-Code aufrufen. Es scheint alles gut zu funktionieren: Sie haben die bereitgestellten Methoden verwendet, als Vorsichtsmaßnahme die Callbacks getestet und das Datenobjekt korrekt geparst und in das DOM geladen. Aber halt, einen Moment! Die Programmierer des experimentellen Engineering-Teams haben bereits ihren Code für das alte `fooMail`-System geschrieben, möchten aber auch gerne das neue und verbesserte `dedMail`-Interface nutzen. Das Problem ist, dass ihre Methoden HTML-Fragmente erwarten. Ebenso nimmt der Konstruktor nur eine ID an. Und zuletzt benötigt ihre `getMail`-Funktion als einziges Argument eine Callback-Funktion. Es ist ein bisschen altmodisch (denken die Ingenieure im `dedMail`-Team), aber die `fooMail`-Ingenieure können wirklich von den Performance-Tests von `dedMail` profitieren. Und schließlich möchten die `fooMail`-Ingenieure gerne das Umschreiben des gesamten Codes vermeiden. Und so wird entschieden: Wir brauchen Adapter.

11.4.2 Von fooMail auf dedMail migrieren

Wie die Prototype- und YUI-Adapter sollte die Migration von `fooMail` auf `dedMail` eine relativ simple Aufgabe sein. Sind Sender und Empfänger bekannt, dann können Sie die ankommende Logik der Sender in einer Art und Weise transformieren, die die Empfänger verstehen können.

Sehen wir uns zuerst einmal ein Codestück an, das die `fooMail`-API nutzt:

```
fooMail.getMail(function(text) {
  $('message-pane').innerHTML = text;
});
```

Beachten Sie, dass die `getMail`-Methode eine Callback-Methode aufnimmt, die eine Response in einfachem Text mit dem Namen, dem Datum und der Nachricht eines jeden Senders ist. Es ist nicht ideal, aber die Ingenieure von `fooMail` möchten das nicht ändern, da sie nicht das Risiko eingehen wollen, die bestehende Anwendung auseinanderzureißen. So könnte nun ein Basisadapter für die Implementierer von `fooMail` aussehen, ohne dass vorhandener Code geändert werden muss:

```
var dedMailtoFooMailAdapter = {};
dedMailtoFooMailAdapter.getMail = function(id, callback) {
  dedMail.getMail(id, function(resp) {
    var resp = eval('('+resp+')');
    var details =  '<p><strong>From:</strong> {from}<br>';
    details += '<strong>Sent:</strong> {date}</p>';
    details += '<p><strong>Message:</strong><br>';
    details += '{message}</p>';
```

```
    callback(DED.util.substitute(details, resp));
  });
};
// Weitere Methoden sind zur Anpassung von dedMail an das
// fooMail-Interface erforderlich.
...


// Weisen Sie den Adapter der fooMail-Variablen zu.
fooMail = dedMailtoFooMailAdapter;
```

Hier wird das `fooMail`-Objekt durch das `dedMailtoFooMailAdapter`-Singleton überschrieben. Die `getMail`-Methode wird in diesem Singleton implementiert. Sie wird die Callback-Methode korrekt verarbeiten und diese dem Client in dem von ihm erwarteten HTML-Format zurückgeben.

11.5 Wann sollte das Adapter-Muster verwendet werden?

Adapter sollten immer dort verwendet werden, wo Clients ein bestimmtes Interface erwarten, das von der API angebotene bestehende Interface dazu aber nicht kompatibel ist. Adapter sollten nur verwendet werden, um die Syntaxunterschiede auszugleichen. Die mit einem Adapter angepasste Methode muss immer noch in der Lage sein, die erforderliche Aufgabe zu erfüllen. Wenn dies nicht zutrifft, löst ein Adapter Ihr Problem nicht. Adapter können auch verwendet werden, wenn Clients ein anderes Interface bevorzugen – eventuell eines, das für sie leichter verwendbar ist. Wenn Sie einen Adapter erstellen, entkoppeln Sie genauso wie bei einem Bridge- oder Facade-Element eine Abstraktion von deren Implementierung, wodurch beide unabhängig voneinander differieren können.

11.6 Vorteile des Adapter-Musters

Wie in diesem Kapitel beschrieben, können Adapter dazu beitragen, größeres Umschreiben von Code zu vermeiden. Sie verarbeiten die Logik, indem sie ein neues Interface um eine bestehende Klasse wrappen, so dass Sie neue APIs (mit anderen Interfaces) verwenden können und nicht bestehende Implementierungen aufbrechen.

11.7 Nachteile des Adapter-Musters

Der Hauptgrund, warum einige Entwickler Adapter vermeiden möchten, ist, dass damit ganz neuer Code erstellt werden muss. Einige sind der Ansicht, dass Adapter überflüssiger Overhead sind, der vermieden werden kann, indem vorhandener Code einfach umgeschrieben wird. Adapter können auch eine neue Gruppe zu unterstützender Utilities einführen. Wenn eine bestehende API nicht finalisiert ist, oder noch wahrscheinlicher, ein neueres Interface nicht fertig ist, können Adapter nicht weiter funktionieren. Als die Tastatur-Konstrukteure PS2-zu-USB-Adapter erstellten, war dies sinnvoll, da der PS2-Stecker auf Tausenden von Tastaturen festgelegt war und die USB-Schnittstelle der neue Standard wurde. Bei der Software-Entwicklung ist dies nicht immer garantiert.

11.8   Zusammenfassung

Das Adapter-Muster ist eine nützliche Technik, mit der Klassen und Objekte gewrappt werden können, wodurch der Client-Code genau das Interface erhält, das er erwartet. Sie können damit vermeiden, bestehende Implementierungen auseinanderzureißen und diese an neue, bessere Interfaces anpassen. Sie können das Interface an Ihre eigenen Anforderungen als Implementierer anpassen. Adapter führen in der Tat neuen Code ein. Aber in großen Systemen und alten Frameworks überwiegen die Vorteile mit hoher Wahrscheinlichkeit die Nachteile.

12   Das Decorator-Muster

In diesem Kapitel beschäftigen wir uns damit, wie man Objekten Features hinzufügt, ohne neue Unterklassen zu erstellen. Das Decorator-Muster dient zum transparenten Wrappen von Objekten in einem anderen Objekt desselben Interfaces. Hierdurch können Sie eine Methode mit neuem Verhalten erweitern und dann den Methodenaufruf an das ursprüngliche Objekt übergeben. Decorator-Objekte sind eine flexible Alternative zum Erstellen von Unterklassen. Dieses Muster ist für JavaScript sehr gut geeignet – wie Sie später in diesem Kapitel bei den dynamischen Interfaces sehen werden, da bei JavaScript-Code die Objekttypen in der Regel keine große Rolle spielen.

12.1   Die Struktur des Decorator-Musters

Mit einem Decorator-Muster können Sie einem Objekt Funktionalität hinzufügen. Es kann anstelle einer großen Anzahl von Unterklassen verwendet werden. Um dies genauer zu erläutern, bauen wir unseren Fahrradshop aus Kapitel 7 weiter aus. Als Sie die `AcmeBicycleShop`-Klasse zuletzt gesehen haben, enthielt sie vier Fahrradmodelle, die die Kunden bestellen können. Seither hat der Shop damit begonnen, weitere Ausstattungsmerkmale für seine Fahrräder anzubieten. Gegen eine Zusatzgebühr kann ein Kunde nun ein Fahrrad mit Vorder- und Rücklicht, einem Lenkerkorb oder einer Klingel kaufen. Jede Option verändert den Preis und die Montagemethode. Die einfachste Lösung für diese Aufgabe ist die Erstellung einer Unterklasse für jede Kombination von Optionen:

```
var AcmeComfortCruiser = function() { ... };
// Superklasse für alle anderen Comfort Cruiser
var AcmeComfortCruiserWithHeadlight = function() { ... };
var AcmeComfortCruiserWithTaillight = function() { ... };
var AcmeComfortCruiserWithHeadlightAndTaillight = function() { ... };
var AcmeComfortCruiserWithBasket = function() { ... };
var AcmeComfortCruiserWithHeadlightAndBasket = function() { ... };
var AcmeComfortCruiserWithTaillightAndBasket = function() { ... };
var AcmeComfortCruiserWithHeadlightTaillightAndBasket = function() { ... };
var AcmeComfortCruiserWithBell = function() { ... };
...
```

Aber dies kommt aus dem einfachen Grund nicht in Frage, dass nicht weniger als 100 Klassen implementiert werden müssten (24 Unterklassen für jede der vier übergeordneten Klassen plus die übergeordneten Klassen selbst). Sie müssten auch die Factory-Methode ändern, damit die 100 Unterklassen erstellt und vom Kunden erworben werden können. Da Sie nicht den Rest Ihres Lebens damit verbringen möchten, Hunderte von Unterklassen zu pflegen, brauchen Sie eine bessere Lösung.

Das Decorator-Muster ist die ideale Wahl zur Implementierung dieser Optionen. Anstatt eine Unterklasse für jede Kombination aus Fahrrad und Optionen zu erstellen, erstellen Sie nur vier neue Klassen, eine pro Option. Diese neuen Klassen implementieren dasselbe `Bicycle`-Interface wie die vier Radmodelle, dienen aber nur als Wrapper um eines dieser vier Modelle. Jeder Methodenaufruf für diese Optionsklassen wird an die darin gewrappte Bicycle-Klasse übergeben, manchmal mit einer geringfügigen Änderung.

In diesem Beispiel sind die Optionsklassen die Decorator-Elemente, und die Fahrradmodellklassen sind ihre Komponenten. Ein Decorator wrappt seine Komponente auf transparente Weise und kann damit austauschbar verwendet werden, da beide dasselbe Interface implementieren. Sehen wir uns nun an, wie die Bicycle-Decorator-Klassen implementiert werden. Als Erstes ändern wir das Interface etwas ab, indem wir eine `getPrice`-Methode einfügen:

```
/* Das Bicycle-Interface. */

var Bicycle = new Interface('Bicycle', ['assemble', 'wash', 'ride', 'repair',
    'getPrice']);
```

Alle Fahrradmodelle und Options-Decorator implementieren dieses Interface. Die `AcmeComfortCruiser`-Klasse sieht wie folgt aus (zur Verwendung von Decorator-Elementen sind keine Änderungen erforderlich):

```
/* Die AcmeComfortCruiser-Klasse. */

var AcmeComfortCruiser = function() {
// Implementiert Bicycle
  ...
};
AcmeComfortCruiser.prototype = {
  assemble: function() {
    ...
  },
  wash: function() {
    ...
  },
  ride: function() {
    ...
  },
  repair: function() {
    ...
  },
  getPrice: function() {
    return 399.00;
  }
};
```

Mit Ausnahme der `getPrice`-Methode spielen die Implementierungsdetails keine Rolle. Sie werden sehen warum, wenn wir später die vier Optionsklassen definieren. Die Optionsklassen übergeben meistens einfach an sie gemachte Methodenaufrufe. Um dies zu vereinfachen und damit künftig weitere Optionen einfacher hinzugefügt werden können, erstellen wir eine abstrakte `BicycleDecorator`-Klasse, die alle Optionen als Unterklasse verwenden. Sie implementiert die Standardversionen der Methoden, die zur Implementierung des `Bicycle`-Interface benötigt sind:

```
/* Die abstrakte Decorator-Klasse BicycleDecorator. */

var BicycleDecorator = function(bicycle) {
// Implementiert Bicycle
  Interface.ensureImplements(bicycle, Bicycle);
  this.bicycle = bicycle;
}
BicycleDecorator.prototype = {
  assemble: function() {
    return this.bicycle.assemble();
  },
  wash: function() {
    return this.bicycle.wash();
  },
  ride: function() {
    return this.bicycle.ride();
  },
  repair: function() {
    return this.bicycle.repair();
  },
  getPrice: function() {
    return this.bicycle.getPrice();
  }
};
```

So einfach kann ein Decorator sein. Im Konstruktor übernimmt die Decorator-Klasse ein Objekt, das als Komponente verwendet wird. Sie implementiert das `Bicycle`-Interface und ruft für jede Methode einfach dieselbe Methode in der Komponente auf. An dieser Stelle sieht das sehr ähnlich wie das Composite-Muster aus. Wir behandeln die Unterschiede zwischen den beiden Mustern im Abschnitt »Decorator-Muster und Composite-Muster im Vergleich«. Die `BicycleDecorator`-Klasse wird als Superklasse für alle Optionsklassen verwendet. Alle Methoden, die nicht geändert werden müssen, können von der `BicycleDecorator` geerbt werden, und diese geerbten Methoden rufen dieselbe Methode in der Komponente auf und stellen so sicher, dass die Optionsklassen für den Client-Code vollkommen transparent sind.

Hier wird das Decorator-Muster wirklich interessant. Mit der `BicycleDecorator`-Klasse können Sie sehr einfach Optionsklassen erstellen. Sie müssen nur den Konstruktor der Superklasse aufrufen und gewisse Methoden überschreiben. Der Code für die `HeadlightDecorator`-Klasse sieht so aus:

```
/* HeadlightDecorator-Klasse. */

var HeadlightDecorator = function(bicycle) {
// Implementiert Bicycle
  this.superclass.constructor(bicycle);
// Ruft den Konstruktor der Superklasse auf.
}
extend(HeadlightDecorator, BicycleDecorator);
// Erweitert die Superklasse.
HeadlightDecorator.prototype.assemble = function() {
  return this.bicycle.assemble() + ' Attach headlight to handlebars.';
};
HeadlightDecorator.prototype.getPrice = function() {
  return this.bicycle.getPrice() + 15.00;
};
```

Diese Klasse ist ziemlich einfach. Sie überschreibt die beiden Methoden, die sie dekorieren muss. In diesem Falle werden diese Methoden dekoriert, indem erst die Methode der Komponente ausgeführt und ihr dann etwas hinzugefügt wird. Die `assemble`-Methode ruft eine weitere Anweisung ab, und die `getPrice`-Methode wird verändert, so dass sie den Preis des Vorderlichts enthält.

Nachdem nun alles eingerichtet ist, wird es Zeit, sich das Decorator-Element in Aktion anzusehen. Um ein Fahrrad mit einem Vorderlicht zu erstellen, wird zuerst das Fahrrad instanziiert. Dann wird die `Headlight`-Option instanziiert und das `Bicycle`-Objekt als Argument daran übergeben. Ab hier verwenden wir nur noch das `HeadlightDecorator`-Objekt. Sie können dann total vergessen, dass es ein Decorator-Objekt ist und es einfach als Fahrrad behandeln:

```
var myBicycle = new AcmeComfortCruiser();
// Fahrrad instanziieren.
alert(myBicycle.getPrice()); // Gibt 399.00 Dollar zurück.

myBicycle = new HeadlightDecorator(myBicycle);
// Bicycle-Objekt dekorieren.
alert(myBicycle.getPrice());
// Gibt nun 414.00 Dollar zurück.
```

Die dritte Codezeile ist die wichtigste. Sie erstellen keine eigene Variable, um die `HeadlightDecorator`-Instanz zu speichern. Sie speichern sie stattdessen in derselben Variablen. Diese bedeutet zwar, dass Sie nicht mehr auf das ursprüngliche Bicycle-Objekt zugreifen können. Aber das ist auch in Ordnung, da Sie es nicht mehr benötigen. Das Decorator-Element kann vollkommen austauschbar mit dem Bicycle-Objekt verwendet werden. Dies bedeutet auch, dass Sie beliebig viele verschachtelte Decorator-Elemente zuweisen können. Wenn Sie die `TaillightDecorator`-Klasse erstellen, können Sie diese über der `HeadlightDecorator`-Klasse verwenden:

```
/* TaillightDecorator-Klasse. */

var TaillightDecorator = function(bicycle) {
// Implementiert Bicycle
  this.superclass.constructor(bicycle);
// Konstruktor der Superklasse aufrufen.
}
extend(TaillightDecorator, BicycleDecorator); // Erweitert d.Superklasse.
TaillightDecorator.prototype.assemble = function() {
  return this.bicycle.assemble() + ' Attach taillight to the seat post.';
};
TaillightDecorator.prototype.getPrice = function() {
  return this.bicycle.getPrice() + 9.00;
};

var myBicycle = new AcmeComfortCruiser();
// Instanziiert Bicycle.
alert(myBicycle.getPrice()); // Gibt 399.00 Dollar zurück.

myBicycle = new TaillightDecorator(myBicycle);
// Dekoriert das Bicycle-Objekt mit Schlusslicht.
alert(myBicycle.getPrice());
// Gibt nun 408.00 Dollar zurück.

myBicycle = new HeadlightDecorator(myBicycle);
// Dekoriert das Bicycle-Objekt erneut, nun mit
// einem Vorderlicht.
alert(myBicycle.getPrice());
// Gibt nun 423.00 Dollar zurück.
```

Sie können auf die gleiche Weise Decorator-Elemente für den Korb und die Klingel erstellen. Durch das dynamische Zuweisen aller Decorator-Elemente zur Laufzeit können Sie Objekte mit den benötigten Features erstellen, ohne dass Sie 100 verschiedene Unterklassen pflegen müssen. Wenn sich der Preis des Vorderlichts einmal ändert, müssen Sie ihn nur an einer Stelle, in der HeadlightDecorator-Klasse, aktualisieren. Dadurch wird die Wartung viel einfacher.

12.1.1 Die Rolle des Interface im Decorator-Muster

Das Decorator-Muster profitiert sehr von der Verwendung von Interfaces. Das wichtigste Feature des Decorators ist, dass es anstelle seiner Komponenten verwendet werden kann. In diesem Beispiel bedeutet dies, dass Sie eine Instanz von HeadlightDecorator überall dort verwenden können, wo Sie zuvor eine Instanz von AcmeComfortCruiser verwendet haben, ohne dass Sie den Code verändern müssen. Dies wird realisiert, indem sichergestellt wird, dass alle Decorator-Objekte das Bicycle-Interface implementieren.

Das Interface dient hier zwei Zwecken: Es dokumentiert zuerst, welche Methoden die Decorator-Objekte implementieren müssen, was dazu beiträgt, Fehler bei der Entwicklung zu verhindern. Indem Sie ein Interface mit einem festen Methodenset erstellen, stellen Sie sicher, dass Sie nicht auf ein bewegliches Ziel zielen. Es wird auch in der aktualisierten Factory-Methode verwendet (die Sie später im Abschnitt »Die Rolle des Factory-Musters« kennenlernen werden), um sicherzustellen, dass jedes erstellte Objekt die erforderlichen Methoden implementiert.

Wenn ein Decorator-Objekt nicht austauschbar mit seiner Komponente verwendet werden kann, ist es defekt. Dies ist ein Hauptmerkmal des Musters, und es muss darauf geachtet werden, jede Abweichung in den Interfaces von Decorator-Objekten und Komponenten zu vermeiden. Einer der Vorteile dieses Musters ist, dass Objekte in bestehenden Systemen transparent mit neuen Objekten dekoriert werden können, ohne dass etwas im Code geändert wird. Das ist nur möglich, wenn sie identische Interfaces haben.

12.1.2 Das Decorator-Muster und das Composite-Muster im Vergleich

Wie Sie in der `BicycleDecorator`-Klasse gesehen haben, bestehen viele Ähnlichkeiten zwischen dem Decorator-Muster und dem Composite-Muster. Beide wrappen andere Objekte (sogenannte untergeordnete oder Kindelemente im Composite-Muster und Komponenten im Decorator-Muster). Beide implementieren dasselbe Interface wie die gewrappten Objekte und übergeben alle Methodenaufrufe. Einen extrem schlichten Decorator wie `BicycleDecorator` kann man sich sogar als einfaches Composite vorstellen. Wie unterscheiden sich dann die beiden Muster?

Das Composite ist ein strukturelles Muster, das zum Gruppieren vieler Unterobjekte in ein zusammenhängendes Ganzes verwendet wird. Programmierer können so mit großen Objektgruppen interagieren, als ob sie ein einziges Objekt wären, und sie in hierarchische Bäume kategorisieren. Meist verändert es die Methodenaufrufe nicht – es gibt sie einfach die Kette hinunter weiter, bis sie bei Leaf-Objekten ankommen, die sie verarbeiten.

Das Decorator-Muster ist auch ein strukturelles Muster, aber es wird nicht zur Organisation von Objekten verwendet. Es dient dem Hinzufügen von Verantwortlichkeiten zu bereits bestehenden Objekten, ohne dass diese dafür geändert oder Unterklassen davon gebildet werden müssen. In trivialen Fällen wird es in transparenter Weise alle Methodenaufrufe ohne Modifikation übergeben, aber der springende Punkt beim Decorator-Muster ist die Veränderung der Methoden. `HeadlightDecorator` modifizierte die beiden Methoden `assemble` und `getPrice`, indem zuerst die Methode weitergegeben wurde und dann das zurückgegebene Ergebnis verändert wurde.

Während ein einfaches Composite einem einfachen Decorator-Muster gleichen kann, unterscheiden sich die beiden in der Ausrichtung. Composites modifizieren keine Methodenaufrufe, sie konzentrieren sich stattdessen auf die Strukturierung von Teilobjekten. Decorator-Elemente bestehen nur, um die Methodenaufrufe zu verändern und nehmen keine Strukturierung vor, da es nur ein Unterobjekt gibt. Wenngleich die Strukturen dieser beiden Muster erstaunlich ähnlich aussehen, werden sie für völlig unterschiedliche Aufgaben verwendet, so dass die Gefahr einer Verwechslung gering ist.

12.2 Wie kann ein Decorator-Muster seine Komponente modifizieren?

Der Zweck des Decorator-Musters ist, das Verhalten des Komponentenobjekts etwas zu modifizieren. In diesem Abschnitt lernen Sie einige Möglichkeiten kennen, wie dies gemacht wird.

12.2.1 Verhalten nach einer Methode hinzufügen

Die gängigste Art eine Methode zu modifizieren ist, Verhalten nach der Methode hinzuzufügen. Die Methode einer Komponente wird aufgerufen, und zusätzliches Verhalten wird nach ihrer Rückkehr ausgeführt. Ein einfaches Beispiel findet sich in der getPrice-Methode von HeadlightDecorator:

```
HeadlightDecorator.prototype.getPrice = function() {
  return this.bicycle.getPrice() + 15.00;
};
```

Die getPrice-Methode wird für die Komponente aufgerufen, und dann addieren Sie den Preis des Vorderlichts zu dem aus dem Aufruf zurückgegebenen Preis. Das Ergebnis wird als Gesamtpreis zurückgegeben. Dies kann beliebig oft ausgeführt werden. Erstellen wir zur Veranschaulichung ein Fahrrad mit zwei Vorderlichtern und einem Schlusslicht:

```
var myBicycle = new AcmeComfortCruiser();
// Fahrrad instanziieren.
alert(myBicycle.getPrice()); // Gibt 399.00 Dollar zurück.

myBicycle = new HeadlightDecorator(myBicycle);
// Bicycle-Objekt mit erstem Vorderlicht ausstatten.
myBicycle = new HeadlightDecorator(myBicycle);
// Bicycle-Objekt mit zweiten Vorderlicht ausstatten.
myBicycle = new TaillightDecorator(myBicycle);
// Bicycle-Objekt mit Schlusslicht ausstatten.
alert(myBicycle.getPrice());
// Gibt nun 438.00 Dollar zurück.
```

Der Aufrufstapel sieht in etwa wie folgt aus: getPrice wird vom TaillightDecorator-Objekt aufgerufen (als äußerstes Decorator-Objekt), was wiederum getPrice für das äußere HeadlightDecorator-Objekt aufruft. Dies wird fortgesetzt, bis das AcmeComfortCruiser-Objekt erreicht wird, und es wird eine Zahl für den Preis zurückgegeben. Jedes Decorator-Objekt fügt den eigenen Preis hinzu und übergibt die Zahl an die nächste Ebene. Am Ende erhalten Sie die Endsumme 438.00.

Ein weiteres Beispiel für das Hinzufügen von Verhalten nach einer Methode findet sich in der `assemble`-Methode: Anstatt die Zahlen zum Endpreis zu addieren, werden neue Montageanweisungen an das Ende der Anweisungen, die davor stehen, angehängt. Das Endergebnis ist eine Liste von Schritten, die zur Montage des ganzen Fahrrads benötigt werden, wobei die Schritte, die zum Anbringen der durch die Decorator-Objekte dargestellten Elemente erforderlich sind, am Ende hinzugefügt werden.

Dies ist die häufigste Art, die Methoden einer Komponente zu verändern. Sie bewahrt die ursprüngliche Aktion, während gleichzeitig verschiedene Verhaltensweisen hinzugefügt werden oder das zurückgegebene Ergebnis verändert wird.

12.2.2 Verhalten vor einer Methode hinzufügen

Wenn das Verhalten vor Ausführung einer Methode der Komponente verändert wird, muss vor dem Aufruf der Methode der Komponente entweder ein Decorator-Verhalten stehen oder der Wert der an die Methode übergebenen Argumente muss irgendwie verändert werden. Als Beispiel implementieren wir ein Decorator-Muster, das Farboptionen für die Fahrräder anbietet:

```
/* FrameColorDecorator-Klasse. */

var FrameColorDecorator = function(bicycle, frameColor) {
// implementiert Bicycle.
  this.superclass.constructor(bicycle);
// Ruft den Konstruktor der Superklasse auf.
  this.frameColor = frameColor;
}
extend(FrameColorDecorator, BicycleDecorator);
// Erweitert die Superklasse.
FrameColorDecorator.prototype.assemble = function() {
  return 'Paint the frame ' + this.frameColor + ' and allow it to dry. ' +
      this.bicycle.assemble();
};
FrameColorDecorator.prototype.getPrice = function() {
  return this.bicycle.getPrice() + 30.00;
};
```

Zwei Dinge sind hier anders als bei den bislang vorgestellten Decorator-Objekten. Zum ersten erhält das Decorator-Element einen neuen Zustand `frameColor`. Dieses legt den Status über ein zum Konstruktor hinzugefügtes Argument fest. Der zweite Unterschied ist, dass es den Montageanweisungen einen Schritt voranstellt, anstatt ihn hinten anzuhängen. Das sind beide gültige Implementierungen eines Decorator-Musters. Das Decorator-Objekt muss nicht immer Änderungen vornehmen oder Code ausführen, nachdem die Methode der Komponente aufgerufen wurde. Es kann stattdessen den Code vor Ausführen der Methode ausführen, oder sogar die Argumente ändern, die an die Methode übergeben werden. Das Decorator-Objekt kann auch Attribute, wie `frameColor`, hinzufügen, um damit zusätzliche Features zu implementieren.

Bei Aufruf von `assemble` für ein Objekt, das mit `FrameColorDecorator` dekoriert wurde, wird der neue Befehl an den Anfang hinzugefügt:

```
var myBicycle = new AcmeComfortCruiser();
// Fahhrrad instanziieren.
myBicycle = new FrameColorDecorator(myBicycle, 'red');
// Bicycle-Objekt mit Rahmenfarbe ausstatten.
myBicycle = new HeadlightDecorator(myBicycle);
// Bicycle-Objekt mit erstem Vorderlicht ausstatten.
myBicycle = new HeadlightDecorator(myBicycle);
// Bicycle-Objekt mit zweitem Vorderlicht ausstatten.
myBicycle = new TaillightDecorator(myBicycle);
// Bicycle-Objekt mit Schlusslicht ausstatten.
alert(myBicycle.assemble());
/* Gibt zurück:
    "Paint the frame red and allow it to dry. (Full instructions for
assembling the bike itself go here) Attach headlight to handlebars.
Attach headlight to handlebars. Attach taillight to the seat post."
*/
```

12.2.3 Methode ersetzen

Manchmal ist es notwendig, eine Methode ganz zu ersetzen, um neues Verhalten zu implementieren. In diesem Fall wird die Methode der Komponente nicht aufgerufen (oder sie wird aufgerufen und der Rückgabewert verworfen). Als Beispiel dieser Art von Modifikation erstellen wir einen Decorator, um eine lebenslange Garantie für ein Fahrrad zu implementieren:

```
/* LifetimeWarrantyDecorator-Klasse. */

var LifetimeWarrantyDecorator = function(bicycle) {
// Implementiert Bicycle
  this.superclass.constructor(bicycle);
// Konstruktor der Superklasse aufrufen.
}
extend(LifetimeWarrantyDecorator, BicycleDecorator);
// Superklasse erweitern.
LifetimeWarrantyDecorator.prototype.repair = function() {
  return 'This bicycle is covered by a lifetime warranty. Please take it to
' +
      'an authorized Acme Repair Center.';
};
LifetimeWarrantyDecorator.prototype.getPrice = function() {
  return this.bicycle.getPrice() + 199.00;
};
```

Dieses Decorator-Objekt ersetzt die `repair`-Method der Komponente durch eine neue. Die originale Methode der Komponente wird nie aufgerufen. Es ist ebenso möglich, ein Decorator-Objekt zu erstellen, das eine Methode auf der Basis einer Art von Bedingung ersetzt. Wenn die Bedingung erfüllt ist, wird die Methode ersetzt. Wenn nicht, wird die Methode der Komponente verwendet. Als Beispiel hierfür erstellen wir ein Decorator-Objekt, das eine Garantie mit einem Ablaufdatum implementiert:

```
/* TimedWarrantyDecorator-Klasse. */

var TimedWarrantyDecorator = function(bicycle, coverageLengthInYears) {
    // Implementiert Bicycle.
  this.superclass.constructor(bicycle);
// Ruft Konstruktor der Superklasse auf.

  this.coverageLength = coverageLengthInYears;
  this.expDate = new Date();
  var coverageLengthInMs = this.coverageLength * 365 * 24 * 60 * 60 * 1000;
  expDate.setTime(expDate.getTime() + coverageLengthInMs);
}
extend(TimedWarrantyDecorator, BicycleDecorator);
// Erweitert die Superklasse.
TimedWarrantyDecorator.prototype.repair = function() {
  var repairInstructions;
  var currentDate = new Date();
  if(currentDate < expDate) {
    repairInstructions = 'This bicycle is currently covered by a warranty.
' +
        'Please take it to an authorized Acme Repair Center.';
  }
  else {
    repairInstructions = this.bicycle.repair();
  }
  return repairInstructions;
};
TimedWarrantyDecorator.prototype.getPrice = function() {
  return this.bicycle.getPrice() + (40.00 * this.coverageLength);
};
```

Sowohl die Methode getPrice wie auch repair variieren je nach Deckungsumfang. Wenn die Garantie noch gültig ist, geben die Reparaturanweisungen an, dass das Fahrrad an eine Reparaturwerkstätte übergeben werden soll. Wenn nicht, wird stattdessen die repair-Methode der Komponenten aufgerufen.

Bis hierher spielt es keine Rolle, in welcher Reihenfolge die Decorator-Objekte angewendet wurden, aber sie müssen zum Schluss oder zumindest nach allen anderen Dekorator-Objekten verwendet werden, die die repair-Methode modifizieren. Der Einsatz von Decorator-Objekten, die Methoden ersetzen, bedeutet, dass Sie genau die Reihenfolge kennen müssen, die Sie beim Wrappen des Fahrrads in die Decorator-Objekte vorgeben. Dies kann durch die Verwendung von Factory-Methoden vereinfacht werden, aber in jedem Fall geht etwas von der Flexibilität der Decorator-

Elemente verloren, wenn die Reihenfolge von Bedeutung ist. Alle vor diesem Abschnitt behandelten Decorator-Muster können in beliebiger Reihenfolge zugeordnet werden und würden immer noch funktionieren, so dass sie ganz nach Bedarf transparent oder dynamisch hinzugefügt werden können. Bei der Einführung von Decorator-Objekten, die Methoden ersetzen, müssen Sie einen Prozess implementieren, um die Reihenfolge der verwendeten Decorator-Objekte sicherzustellen.

12.2.4 Neue Methoden hinzufügen

Alle in den obigen Beispielen behandelten Modifikationen finden in den im Interface definierten Methoden statt, die bereits in der Komponente existieren. Aber das ist nicht zwingend erforderlich: Ein Decorator-Objekt kann zur Definition neuer Methoden verwendet werden, wobei es aber schwierig ist, dies in robuster Weise zu implementieren. Um die neue Methode zu verwenden, muss der umgebende Code erst wissen, dass sie vorhanden ist. Da diese neue Methode nicht im Interface steht und sie dynamisch hinzugefügt wird, muss eine Typprüfung durchgeführt werden, um das äußerste Decorator-Element zu bestimmen, welches das Objekt wrappt. Es ist viel einfacher und weniger fehleranfällig, die bestehenden Methoden zu modifizieren, als das Komponentenobjekt mit neuen Methoden zu dekorieren, da das Objekt dann genauso wie zuvor behandelt werden kann, ohne dass Veränderungen am umgebenden Code vorgenommen werden müssen.

Dennoch kann das Hinzufügen neuer Methoden mit Decorator-Objekten eine sehr leistungsstarke Möglichkeit sein, zu einer Klasse neue Funktionalität hinzuzufügen. Sie können eines dieser Decorator-Objekte verwenden, um einem Bicycle-Objekt eine Methode zum Klingeln einer Glocke hinzuzufügen. Das ist neue Funktionalität. Ohne das Decorator-Objekt könnte das Fahrrad diese Aufgabe nicht ausführen:

```
/* BellDecorator-Klasse. */

var BellDecorator = function(bicycle) {
// Implementiert Bicycle.
  this.superclass.constructor(bicycle);
// Ruft den Konstruktor der Superklasse auf.
}
extend(BellDecorator, BicycleDecorator);
// Erweitert die Superklasse.
BellDecorator.prototype.assemble = function() {
  return this.bicycle.assemble() + ' Attach bell to handlebars.';
};
BellDecorator.prototype.getPrice = function() {
  return this.bicycle.getPrice() + 6.00;
};
BellDecorator.prototype.ringBell = function() {
  return 'Bell rung.';
};
```

Dies sieht wie die anderen bisher behandelten Decorator-Objekte aus, mit Ausnahme der Tatsache, dass dies eine Methode `ringBell` implementiert, die nicht im Interface enthalten ist. Ein Fahrrad, das mit diesem Objekt ausgestattet wird, verfügt nun über neue Funktionalität:

```
var myBicycle = new AcmeComfortCruiser();
// Fahrrad instanziieren.
myBicycle = new BellDecorator(myBicycle);
// Bicycle-Objekt mit Glocke ausstatten.
alert(myBicycle.ringBell()); // Gibt 'Bell rung' zurück.
```

Wie im oben Beispiel zu sehen, muss `BellDecorator` der zuletzt zugeordnete Decorator sein oder auf die neue Methode kann nicht zugegriffen werden. Das liegt daran, dass die anderen Decorator-Objekte nur die Methoden übergeben können, die sie kennen und die im Interface stehen. Keines der anderen Decorator-Objekte weiß von `ringBell`. Wenn Sie nach dem Anbringen einer Glocke ein Vorderlicht hinzufügen möchten, würde die neue Methode tatsächlich von `HeadlightDecorator` maskiert, d. h. verborgen:

```
var myBicycle = new AcmeComfortCruiser();
// Fahrrad instanziieren.
myBicycle = new BellDecorator(myBicycle);
// Bicycle-Objekt mit Glocke ausstatten.
myBicycle = new HeadlightDecorator(myBicycle);
// Bicycle-Objekt mit Vorderlicht ausstatten.
alert(myBicycle.ringBell()); // Methode nicht gefunden.
```

Es gibt verschiedene Lösungen für dieses Problem: Sie können die `ringBell`-Methode zum Interface hinzufügen und sie in der Superklasse `BicycleDecorator` implementieren, was bedeutet, dass die Methode von den äußeren Decorator-Objekten weitergegeben wird. Das ist nicht ideal, da die Methode hierdurch von allen Objekten, die das `Bicycle`-Interface verwenden, implementiert werden muss, selbst wenn sie leer ist oder nie verwendet wird. Eine andere Lösung ist die Verwendung eines Set-Prozesses zum Erstellen von Decorator-Objekten, was sicherstellt, dass das `BellDecorator`-Objekt immer das äußerste Decorator-Objekt ist, wenn es verwendet wird. Das ist eine gute temporäre Lösung – was passiert aber, wenn ein anderes Decorator-Objekt erstellt wird, das auch eine neue Methode implementiert? Sie können nur eines davon zu einem gegebenen Zeitpunkt verwenden, da mindestens eine der neuen Methoden immer maskiert ist.

Die beste Lösung ist, Code zum `BicycleDecorator`-Konstruktor hinzuzufügen, der das Komponentenobjekt prüft und Pass-Through-Methoden für jede der in der Komponente vorhandenen Methode erstellt. Wenn ein weiteres Decorator-Element um `BellDecorator` (oder ein anderer Decorator-Objekt, das eine neue Methode implementiert) gewrappt wird, kann auf diese Weise immer noch auf diese Methode zugegriffen werden. So sieht der neue Code dafür aus:

```
/* Die abstrakte Decorator-Klasse BicycleDecorator, verbessert. */

var BicycleDecorator = function(bicycle) {
// Implementiert Bicycle.
  this.bicycle = bicycle;
  this.interface = Bicycle;

  // Durchläuft in Schleifen alle Attribute von this.bicycle
  // und erstellt Pass-Through-Methoden für alle Methoden,
  // die derzeit nicht implementiert sind.
  outerloop: for(var key in this.bicycle) {
    // Sicherstellen, dass die Eigenschaft eine Funktion ist.
    if(typeof this.bicycle[key] !== 'function') {
      continue outerloop;
    }

    // Sicherstellen, dass die Methode nicht im Interface
    //steht.
    for(var i = 0, len = this.interface.methods.length; i < len; i++) {
      if(key === this.interface.methods[i]) {
        continue outerloop;
      }
    }

    // Neue Methode hinzufügen.
    var that = this;
    (function(methodName) {
      that[methodName] = function() {
        return that.bicycle[methodName]();
      };
    })(key);
  }
}
BicycleDecorator.prototype = {
  assemble: function() {
    return this.bicycle.assemble();
  },
  wash: function() {
    return this.bicycle.wash();
  },
  ride: function() {
    return this.bicycle.ride();
  },
  repair: function() {
    return this.bicycle.repair();
  },
  getPrice: function() {
```

```
    return this.bicycle.getPrice();
  }
};
```

Die Methoden im Interface sind ganz normal im Prototyp von `BicycleDecorator` definiert. Der Konstruktor untersucht das Komponentenobjekt und erstellt eine neue Pass-Through-Methode für jede Methode, die noch nicht im Interface steht. Auf diese Weise maskieren die äußeren Decorator-Elemente die neuen Methoden der inneren Decorator-Elemente, und Sie können frei Decorator-Objekte erstellen, die neue Methoden implementieren, ohne fürchten zu müssen, dass nicht darauf zugegriffen werden kann.

12.3   Die Rolle des Factory-Elements

Wie Sie im obigen Abschnitt gesehen haben, kann die Reihenfolge, in der Decorator-Elemente verwendet werden, wichtig sein. Im Idealfall sollten die Decorator-Elemente so erstellt werden, dass sie immer vollkommen unabhängig von der Reihenfolge sind, aber das ist nicht immer möglich. In Situationen, in denen Sie eine gewisse Reihenfolge sicherstellen müssen, kann ein Factory-Objekt verwendet werden. Factories sind tatsächlich gut geeignet, um ganz allgemein dekorierte Objekte zu erstellen, selbst wenn die Reihenfolge keine Rolle spielt. In diesem Abschnitt überschreiben wir die `createBicycle`-Methode aus der `AcmeBicycleShop`-Klasse, die in Kapitel 7 erstellt wurde, um die Optionen für die Fahrräder angeben zu können. Diese Optionen werden in Decorator-Elemente übersetzt und dem instanziierten Bicycle-Objekt vor der Rückgabe zugeordnet.

Die ursprüngliche `AcmeBicycleShop`-Klasse sah so aus:

```
/* Ursprüngliche AcmeBicycleShop-Factory-Klasse. */

var AcmeBicycleShop = function() {};
extend(AcmeBicycleShop, BicycleShop);
AcmeBicycleShop.prototype.createBicycle = function(model) {
  var bicycle;

  switch(model) {
    case 'The Speedster':
      bicycle = new AcmeSpeedster();
      break;
    case 'The Lowrider':
      bicycle = new AcmeLowrider();
      break;
    case 'The Flatlander':
      bicycle = new AcmeFlatlander();
      break;
    case 'The Comfort Cruiser':
    default:
      bicycle = new AcmeComfortCruiser();
```

```
}

  Interface.ensureImplements(bicycle, Bicycle);
  return bicycle;
};
```

Die verbesserte Version dieser Klasse ermöglicht Ihnen Optionen anzugeben, die dem Fahrrad zugewiesen werden sollen. Das Factory-Muster dient hier zum Verfolgen der verschiedenen Klassen (sowohl den Bicycle-Klassen wie auch den Decorator-Klassen). Indem Sie alle Informationen an einem Ort speichern, können Sie die tatsächlichen Klassennamen vom Client-Code entkoppelt halten und somit einfacher neue Klassen hinfügen oder bestehende später ändern. So sieht die verbesserte Version aus:

```
/* AcmeBicycleShop-Factory-Klasse, mit Decorator-Elementen. */

var AcmeBicycleShop = function() {};
extend(AcmeBicycleShop, BicycleShop);
AcmeBicycleShop.prototype.createBicycle = function(model, options) {
  // Bicycle-Objekt instanziieren.
  var bicycle = new AcmeBicycleShop.models[model]();

  // Durch die Optionen iterieren und Decorator-Elemente
  //instanziieren.
  for(var i = 0, len = options.length; i < len; i++) {
    var decorator = AcmeBicycleShop.options[options[i].name];
    if(typeof decorator !== 'function') {
      throw new Error('Decorator ' + options[i].name + ' not found.');
    }
    var argument = options[i].arg;
    bicycle = new decorator(bicycle, argument);
  }

  // Interface prüfen und das fertige Objekt zurückgeben.
  Interface.ensureImplements(bicycle, Bicycle);
  return bicycle;
};

// Modellnamen einer Klasse zuordnen.
AcmeBicycleShop.models = {
  'The Speedster': AcmeSpeedster,
  'The Lowrider': AcmeLowrider,
  'The Flatlander': AcmeFlatlander,
  'The Comfort Cruiser': AcmeComfortCruiser
};

// Optionsname dem Decorator-Klassennamen zuordnen.
AcmeBicycleShop.options = {
  'headlight': HeadlightDecorator,
  'taillight': TaillightDecorator,
  'bell': BellDecorator,
```

```
  'basket': BasketDecorator,
  'color': FrameColorDecorator,
  'lifetime warranty': LifetimeWarrantyDecorator,
  'timed warranty': TimedWarrantyDecorator
};
```

Wenn die Reihenfolge wichtig ist, können Sie Code hinzufügen, um den options-Array zu sortieren, bevor Sie damit die Decorator-Elemente instanziieren.

Die Verwendung eines Factory-Musters zur Instanziierung des Bicycle-Objekts bietet mehrere wichtige Vorteile. Als Erstes müssen Sie nicht die verschiedenen Klassennamen für die Fahrräder und Decorator-Objekte verfolgen. Dies wird alles in der Klasse AcmeBicycleShop gekapselt. Dies bedeutet, dass Sie Fahrradmodelle und Optionen sehr einfach hinzufügen können, indem Sie diese in die Arrays AcmeBicycleShop.models oder AcmeBicycleShop.options aufnehmen. Um dies zu veranschaulichen, betrachten wir zwei verschiedene Arten, ein dekoriertes Bicycle-Objekt zu erstellen. Bei der ersten Möglichkeit wird kein Factory-Muster verwendet:

```
var myBicycle = new AcmeSpeedster();
myBicycle = new FrameColorDecorator(myBicycle, 'blue');
myBicycle = new HeadlightDecorator(myBicycle);
myBicycle = new TaillightDecorator(myBicycle);
myBicycle = new TimedWarrantyDecorator(myBicycle, 2);
```

Durch die direkte Instanziierung der Objekte besteht nun eine enge Kopplung mit nicht weniger als fünf getrennten Klassen. Die zweite Möglichkeit verwendet das Factory-Muster und ist nur mit einer Klasse, der Factory selbst, gekoppelt:

```
var alecsCruisers = new AcmeBicycleShop();
var myBicycle = alecsCruisers.createBicycle('The Speedster', [
  { name: 'color', arg: 'blue' },
  { name: 'headlight' },
  { name: 'taillight' },
  { name: 'timed warranty', arg: 2 }
]);
```

Die Factory-Klasse prüft das Interface des finalen dekorierten Objekts, um die Implementierung des korrekten Interface sicherzustellen. Das bedeutet, dass Sie sich darauf verlassen können, dass die erstellten Objekte das tun, was sie tun sollen. Es bedeutet auch, dass jeder Code, der die createBicycle-Methode nutzt, das erstellte Objekt verwenden kann, ohne sich darum kümmern zu müssen, ob es ein Bicycle-Objekt oder ein Decorator-Objekt ist – das Interface ist dasselbe, so dass es keinen echten Unterschied zum Client-Code gibt.

Zuletzt kann die Factory-Klasse die Optionen ordnen, wenn das erforderlich ist. Das ist extrem nützlich, wenn bestimmte Decorator-Elemente die Methode der Komponente so ändern, dass sie das erste oder letzte zugeordnete Decorator-Objekt sein müssen. Wenn ein Decorator-Element eine Methode ersetzt, anstatt sie zu ergänzen, kann es notwendig sein, es zum Schluss zu erstellen, um sicherzustellen, dass es das äußerste verwendete Decorator-Element ist.

12.4 Funktions-Decorator

Decorator-Elemente müssen nicht unbedingt Klassen sein. Es ist möglich, Decorator-Elemente zu erstellen, die einzelne Funktionen wie auch Methoden wrappen. Das ist in einigen Sprachen eine gängige Technik. In Python ist dies so beliebt, dass nun Funktions-Decorator als integrierter Bestandteil der Kernsprache verfügbar sind.

Es folgt ein Beispiel eines einfachen Funktions-Decorator-Objekts: Es hüllt eine andere Funktion ein und veranlasst, dass die zurückgegebenen Ergebnisse in Großbuchstaben geschrieben werden:

```
function upperCaseDecorator(func) {
  return function() {
    return func.apply(this, arguments).toUpperCase();
  }
}
```

Dieser Decorator lässt sich zum Erstellen einer neuen Funktion verwenden, die dann normal ausgeführt werden kann. In diesem Beispiel wird eine normale Funktion definiert und dann dekoriert, um eine neue Funktion zu erstellen:

```
function getDate() {
  return (new Date()).toString();
}
getDateCaps = upperCaseDecorator(getDate);
```

Die getDateCaps-Funktion kann wie jede andere Funktion aufgerufen werden. Sie gibt die Ergebnisse in Großschreibung zurück:

```
alert(getDate());
// Gibt Wed Sep 26 2007 20:11:02 GMT-0700 (PDT) zurück
alert(getDateCaps());
// Gibt WED SEP 26 2007 20:11:02 GMT-0700 (PDT) zurück.
```

In der Definition des Funktions-Decorators wird func.apply zur Ausführung der gewrappten Funktion verwendet. Das heißt, dass das also auch zum Wrappen von Methoden funktioniert:

```
BellDecorator.prototype.ringBellLoudly =
    upperCaseDecorator(BellDecorator.prototype.ringBell);

var myBicycle = new AcmeComfortCruiser();
myBicycle = new BellDecorator(myBicycle);

alert(myBicycle.ringBell()); // Gibt 'Bell rung' zurück.
alert(myBicycle.ringBellLoudly());
// Gibt 'BELL RUNG' zurück.
```

Funktions-Decorator sind nützlich, wenn Sie der Ausgabe einer anderen Funktion eine gewisse Art der Formatierung oder Konvertierung zuordnen möchten. Zum Beispiel wäre es möglich, einen Funktions-Decorator zu erstellen, der die `assemble`-Methode der Fahrradklassen wrappt und die Montageanweisungen in einer anderen Sprache zurückgibt (obwohl dies ein sehr großes Decorator-Element wäre). Sie können auch ein Decorator-Element erstellen, das Funktionen wrappt, die eine Zahl zurückgeben und die Zahl in eine andere Basis konvertieren. Funktions-Decorators geben Ihnen in einem viel kleineren Package als Decorator für vollständige Klassen viel Flexibilität an die Hand.

12.5 Wann sollte das Decorator-Muster verwendet werden?

Decorator sollten immer verwendet werden, wenn Sie Features oder Verantwortlichkeiten zu einer Klasse hinzufügen und es nicht praktisch ist, dafür Unterklassen zu bilden. Der häufigste Grund, warum die Unterklassenbildung unpraktisch ist, liegt vor, wenn die Anzahl und Kombinationen der erforderlichen Features eine hohe Anzahl an Unterklassen erfordern. Das Fahrradshop-Beispiel zeigt, wie sehr das zutrifft. Es gibt verschiedene Fahrradoptionen, von denen einige mehrmals zugewiesen werden können, was bedeutet, dass Sie Tausende von Unterklassen benötigen würden, um dasselbe ohne Decorator zu erreichen. In diesem Sinn kann man sich das Decorator-Muster sogar als Optimierungsmuster vorstellen, da es in dieser Situation die benötigte Code-Menge um mehrere Größenordnungen reduziert.

Das Decorator-Muster sollte auch verwendet werden, wenn Sie einem Objekt Features hinzufügen möchten, ohne den Code, der es verwendet, ändern zu müssen. Da Decorator-Elemente Objekte dynamisch und transparent ändern können, sind sie ideal für die Modifizierung bestehender Systeme. Es kann oftmals einfacher sein, ein paar Decorator-Elemente zu erstellen und anzuwenden, als den Aufwand der Erstellung und Wartung einer Unterklasse auf sich zu nehmen.

12.6 Beispiel: Methoden-Profiler

Decorator-Elemente zeichnen sich dadurch aus, dass sie beliebigen Objekten neue Features verleihen. In diesem Beispiel erstellen wir ein Decorator-Element, das um jedes Objekt gewrappt werden kann, um eine Methoden-Profilierung hinzuzufügen. Das Ziel ist, Code vor jedem Methodenaufruf, der einen Timer startet, und nach jedem Methodenaufruf, der den Timer beendet und die Ergebnisse berichtet, hinzuzufügen. Das muss völlig transparent sein, so dass dies mit jedem Objekt verwendet werden kann, ohne mit der normalen Codeausführung in Konflikt zu geraten. Es sollte auch für jedes Objekt funktionieren, unabhängig vom Interface. Zu Beginn erstellen wir eine schnelle Version, die die Timing-Stücke implementiert. Dann werden wir das in ein Decorator-Element verallgemeinern, das überall verwendet werden kann.

Sie benötigen eine Beispielklasse zum Testen. Die `ListBuilder`-Klasse sollte dafür geeignet sein. Sie erstellt einfach eine geordnete Liste auf der Seite:

```
/* ListBuilder-Klasse. */

var ListBuilder = function(parent, listLength) {
  this.parentEl = $(parent);
  this.listLength = listLength;
};
ListBuilder.prototype = {
  buildList: function() {
    var list = document.createElement('ol');
    this.parentEl.appendChild(list);

    for(var i = 0; i < this.listLength; i++) {
      var item = document.createElement('li');
      list.appendChild(item);
    }
  }
};
```

Unser erster Versuch erstellt ein Decorator-Element speziell für diese `ListBuilder`-Klasse, die die verstrichene Zeit der `buildList`-Methode protokolliert. Wir geben diese Ergebnisse mit `console.log` aus. Beachten Sie beim Ausführen des Codes, dass nicht alle Browser das `console`-Objekt implementieren:

```
/* SimpleProfiler-Klasse. */

var SimpleProfiler = function(component) {
  this.component = component;
};
SimpleProfiler.prototype = {
  buildList: function() {
    var startTime = new Date();
    this.component.buildList();
    var elapsedTime = (new Date()).getTime() - startTime.getTime();
    console.log('buildList: ' + elapsedTime + ' ms');
  }
};
```

`SimpleProfiler` ist eine Decorator-Klasse für `ListBuilder`. Sie implementiert dieselbe Methode `buildList` und fügt Timing-Elemente vor und nach der Weitergabe des Methodenaufrufs ein. Dann gibt sie die Ergebnisse aus.

Um dies zu testen, können Sie eine Liste mit 5.000 Elementen erstellen und prüfen, wie schnell das geht:

```
var list = new ListBuilder('list-container', 5000);
// Objekt instanziieren.
list = new SimpleProfiler(list);
// Objekt im Decorator wrappen.
list.buildList();
// Liste erstellen und "buildList: 298 ms" anzeigen.
```

Nachdem Sie nun wissen, dass es funktioniert, ist es an der Zeit, dies zu verallgemeinern, so dass es für jedes Element funktioniert. Hierzu müssen alle Eigenschaften des Komponentenobjekts durchlaufen und Pass-Through-Methoden für jede gefundene Methode erstellt werden. Die Pass-Through-Methoden müssen auch Start- und Stoppcode für den Timer enthalten:

```
/* MethodProfiler-Klasse. */

var MethodProfiler = function(component) {
  this.component = component;
  this.timers = {};

  for(var key in this.component) {
    // Sicherstellen, dass die Eigenschaft eine Funktion ist.
    if(typeof this.component[key] !== 'function') {
      continue;
    }

    // Methode hinzufügen.
    var that = this;
    (function(methodName) {
      that[methodName] = function() {
        that.startTimer(methodName);
        var returnValue = that.component[methodName].apply(that.component,
            arguments);
        that.displayTime(methodName, that.getElapsedTime(methodName));
        return returnValue;
      };
    })(key); }
};
MethodProfiler.prototype = {
  startTimer: function(methodName) {
    this.timers[methodName] = (new Date()).getTime();
  },
  getElapsedTime: function(methodName) {
    return (new Date()).getTime() - this.timers[methodName];
```

```
  },
  displayTime: function(methodName, time) {
    console.log(methodName + ': ' + time + ' ms');
  }
};
```

Beginnen wir mit dem einfachen Teil: Die Methoden in `prototype` führen die Timingaufgaben aus. `startTimer` ruft die Startzeit in Millisekunden ab und speichert sie. `getElapsedTime` ruft die Startzeit ab und zieht sie von der aktuellen Zeit ab, um die insgesamt verstrichene Zeit zu erhalten. `displayTime` gibt den Methodennamen und die Anzahl der Millisekunden für die Ausführung aus.

Der Konstruktor verdient eine nähere Betrachtung, vor allem in der `for..in`-Schleife. Diese Schleife durchläuft jede Eigenschaft des Komponentenobjekts. Wenn die Eigenschaft keine Methode ist, wird sie übergangen. Wenn sie eine Methode ist, wird eine neue Methode zum Decorator mit gleichem Namen hinzugefügt. Diese neue Methode enthält Code zum Starten des Timers, zum Aufrufen der Methode der Komponente (mit Übergabe aller Argumente und Speichern des Rückgabewerts), dem Stoppen und der Anzeige des Timers und der Rückgabe des gespeicherten Werts. Diese Methodendeklaration wird in eine anonyme Funktion gewrappt, so dass für die `methodName`-Variable der korrekte Wert erhalten wird.

Um dies zu testen, ändern Sie zuerst die `ListBuilder`-Klasse durch Hinzufügen einer neuen Methode `removeLists` und eines neuen Arguments, mit dem Sie angeben können, ob dies eine geordnete oder nicht-geordnete Liste ist. Nachdem Sie nun sicher sind, dass `ListBuilder` von der ersten Version ausreichend verschieden ist, können Sie sie in einem `MethodProfiler`-Objekt dekorieren und sich die Ausgabe ansehen:

```
var list = new ListBuilder('list-container', 5000);
list = new MethodProfiler(list);
list.buildList('ol'); // Zeigt "buildList: 301 ms" an.
list.buildList('ul'); // Zeigt "buildList: 287 ms" an.
list.removeLists('ul'); // Zeigt "removeLists: 10 ms" an.
list.removeLists('ol'); // Zeigt "removeLists: 12 ms" an.
```

Das ist ein guter Einsatz des Decorator-Musters, da der Profiler vollkommen transparent ist und Objekten Funktionalität hinzufügt, ohne Unterklassen zu bilden. Es kann ganz einfach mit nur einer Decorator-Klasse zur Dekoration vieler verschiedener Arten von Objekten verwendet werden. Da sie jeden an sie vorgenommenen Methodenaufruf transparent durchführt, weiß oder kümmert sich der restliche Code nicht darum, dass sie da ist. Sie können sogar weitere Decorator-Elemente hinzufügen, um andere Funktionen oder andere Arten der Performance-Überwachung durchzuführen.

12.7   Vorteile des Decorator-Musters

Decorator-Elemente eignen sich hervorragend, um Objekten Features oder Verantwortlichkeiten zur Laufzeit hinzuzufügen. Im Fahrradshop-Beispiel konnten Sie dynamisch weitere Ausstattungsmerkmale zu den Bicycle-Objekten mithilfe von Decorator-Elementen hinzufügen. Das ist besonders vorteilhaft, wenn nur einige Objekte diese Features benötigen. Dadurch müssen Sie den gleichen Effekt nicht mit sehr vielen Unterklassen erreichen.

Decorator-Elemente arbeiten transparent, das heißt, Sie können sie um die Objekte wrappen und sie dann weiterhin auf die gleiche Weise wie zuvor verwenden. Wie Sie im `MethodProfiler`-Beispiel gesehen haben, kann dies sogar dynamisch erfolgen, ohne das Interface des Komponentenobjekts vorab zu kennen. Das Decorator-Muster gibt Ihnen eine enorme Flexibilität an die Hand, um Erweiterungen zu bestehenden Objekten hinzuzufügen.

12.8   Nachteile des Decorator-Musters

Bei Verwendung des Decorator-Musters gibt es zwei Hauptnachteile. Der erste ist, dass jeder Code, der auf die Typprüfung vertraut, nicht erfolgreich ist, wenn ein Objekt in einem Decorator-Objekt gewrappt ist. Es stimmt, dass die strenge Typprüfung von Objekten in JavaScript selten vorkommt. Sollte sie aber in Ihrem Code vorkommen, passen Decorator-Elemente nicht zum erforderlichen Typ. Decorator-Elemente sind normalerweise vollkommen transparent für den Client-Code. Aber in diesem Fall kann der Client-Code den Unterschied zwischen einem Decorator-Element und seiner Komponente angeben.

Der zweite Nachteil ist, dass die Verwendung von Decorator-Elementen oftmals die Architektur komplizierter machen kann. Sie neigen dazu, viele kleine Objekte einzuführen, die relativ ähnlich aussehen (siehe das Fahrradshop-Beispiel), aber ganz unterschiedliche Dinge erledigen. Das kann oftmals verwirrend sein, vor allem für Entwickler, die nicht mit dem Decorator-Muster vertraut sind. Auch kann die Syntax, die zur Implementierung von Decorator-Objekten mit dynamischen Interfaces (wie `MethodProfiler`) erforderlich ist, ziemlich einschüchternd sein. Sie müssen besonders vorsichtig sein, wenn Sie eine Architektur mit Decorator-Elementen bauen, um sicherzustellen, dass der Code gut dokumentiert und gut verständlich ist.

12.9   Zusammenfassung

In diesem Kapitel haben wir ein Entwurfsmuster untersucht, mit dem Objekten auf transparente und dynamische Weise Funktionalität hinzugefügt werden kann, ohne dass Unterklassen erstellt werden. Das Decorator-Muster kann dazu verwendet werden, Features zu bestimmten Objekten hinzuzufügen, ohne die Klassendefinition zu ändern. Wir haben das Fahrradshop-Beispiel von einer anderen Warte aus betrachtet und mithilfe von Factories Fahrräder mit anpassbaren Optionen erstellt. Wir haben verschiedene Möglichkeiten, wie Decorator-Elemente zur Modifikation von Objekten, die sie einhüllen, verwendet werden können, und einige damit einhergehende Fallstricke erörtert. Als praktische Übung haben wir ein Decorator-Element mit einem dynamischen Interface erstellt, mit dem die Zeit protokolliert werden kann, die die Ausführung der Methoden eines Objekts benötigt.

Decorator-Elemente sind außerordentlich nützlich, wenn Sie verstanden haben, wie sie funktionieren. Allein die Tatsache, dass wir mit sieben Decorator-Elementen erreicht haben, wofür ansonsten Tausende von Unterklassen erforderlich gewesen wären, zeigt dies sehr deutlich. Da dieses Muster vollkommen transparent ist, kann es ohne große Furcht vor Codeunterbrechungen oder Inkompatibilität verwendet werden. Decorator-Elemente sind einfach eine Möglichkeit, ihre Objekte zu erweitern, ohne sie neu zu definieren.

13 Das Flyweight-Muster

In diesem Kapitel untersuchen wir ein weiteres Optimierungsmuster namens Flyweight. Es ist am nützlichsten in Situationen, in denen viele ähnliche Objekte erstellt werden, die Performance-Probleme verursachen. Das Muster ist vor allem in JavaScript sehr vorteilhaft, wo komplexer Code schnell den verfügbaren Browser-Speicher aufbrauchen kann. Durch Konvertieren vieler unabhängiger Objekte in ein einziges gemeinsam genutztes Objekt können Sie die für das Ausführen von Webanwendungen benötigten Ressourcen reduzieren. Das kann in bestimmten Situationen von großem Nutzen sein. Für große Anwendungen, die möglicherweise mehrere Tage durchgängig ohne erneutes Laden laufen, kann jede Technik, die die Menge an genutztem Speicher reduziert, eine sehr positive Wirkung haben. Bei kleinen Seiten, die nicht lange im Browser geöffnet bleiben, ist die Speicherkonservierung dagegen nicht so wichtig.

13.1 Die Struktur des Flyweight-Musters

Anfangs kann das Flyweight-Muster etwas schwierig zu verstehen sein. Sehen wir uns deshalb als Erstes seine Struktur aus der Vogelperspektive an. Wir erläutern die einzelnen Teile dann später im Detail.

Das Flyweight-Muster dient zur Reduzierung der Zahl der in einer Anwendung benötigten Objekte. Dies wird dadurch erreicht, dass der interne Zustand eines Objekts in zwei Kategorien unterteilt wird: die *intrinsischen* Daten und die *extrinsischen* Daten. Intrinsische Daten sind die Informationen, die von internen Methoden einer Klasse benötigt werden. Die Klasse kann also ohne diese Daten nicht korrekt funktionieren. Extrinsische Daten sind Informationen, die aus einer Klasse entfernt und extern gespeichert werden. Wir können alle Objekte nehmen, die denselben intrinsischen Zustand haben, und sie durch ein einzelnes gemeinsam genutztes Objekt ersetzen. Das reduziert die Anzahl der Objekte auf die Anzahl der vorhandenen eindeutigen intrinsischen Zustände.

Anstatt eines normalen Konstruktors wird eine Factory zum Erstellen dieser gemeinsam verwendeten Objekte verwendet. Auf diese Weise können Sie die Objekte verfolgen, die bereits instanziiert wurden, und nur dann eine neue Kopie erstellen, wenn der benötigte intrinsische Zustand sich von einem bereits vorhandenen Objekt unterscheidet. Zum Speichern des extrinsischen Zustands des Objekts wird ein Manager-Objekt verwendet. Beim Aufruf einer der Methoden des Objekts übergibt der Manager diese extrinsischen Zustände als Argumente.

Sehen wir uns im Folgenden die einzelnen Teile einmal genauer an.

13.2 Beispiel: Kfz-Registrierungen

Angenommen, Sie müssen ein System erstellen, das alle Fahrzeuge in einer Stadt abbildet. Sie müssen die Detailinformationen über jedes Fahrzeug (Hersteller, Modell, Baujahr) speichern und die Details über den Besitzer jedes Fahrzeugs (Name des Besitzers, Kennzeichen – hier als »tag« bezeichnet – und aktuelles Zulassungsdatum). Natürlich wollen Sie jedes Fahrzeug als Objekt darstellen:

```
/* Car-Klasse, nicht optimiert. */

var Car = function(make, model, year, owner, tag, renewDate) {
  this.make = make;
  this.model = model;
  this.year = year;
  this.owner = owner;
  this.tag = tag;
  this.renewDate = renewDate;
};
Car.prototype = {
  getMake: function() {
    return this.make;
  },
  getModel: function() {
    return this.model;
  },
  getYear: function() {
    return this.year;
  },

  transferOwnership: function(newOwner, newTag, newRenewDate) {
    this.owner = newOwner;
    this.tag = newTag;
    this.renewDate = newRenewDate;
  },
  renewRegistration: function(newRenewDate) {
    this.renewDate = newRenewDate;
  },
  isRegistrationCurrent: function() {
    var today = new Date();
    return today.getTime() < Date.parse(this.renewDate);
  }
};
```

Dies funktioniert für eine gewisse Zeit gut, aber wenn die Bevölkerung in Ihrer Stadt zunimmt, werden Sie bemerken, dass das System jeden Tag etwas langsamer läuft. Die Verwendung von Hunderttausenden von Fahrzeugobjekten führt zur Überlastung der vorhandenen Rechnerressourcen. Um das System zu optimieren, verwenden Sie das Flyweight-Muster und verringern die Anzahl der benötigten Objekte.

Der erste Schritt ist die Trennung des intrinsischen Zustands vom extrinsischen Zustand.

13.2.1 Intrinsischer und extrinsischer Zustand

Die Kategorisierung der Daten eines Objekts als intrinsisch oder extrinsisch kann ein wenig willkürlich sein. Sie werden möglichst viele Daten extrinsisch machen wollen, während immer noch die Modularität eines jeden Objekts gewahrt bleibt. Diese Unterscheidung kann etwas beliebig sein. In diesem Beispiel sind die physikalischen Fahrzeugdaten (Hersteller, Modell, Baujahr) intrinsisch, die Besitzerdaten (Name des Besitzers, Kennzeichen und letztes Zulassungsdatum) dagegen extrinsisch. Dies bedeutet, dass nur ein Fahrzeugobjekt für jede Kombination von Hersteller, Modell und Baujahr benötigt wird. Das ergibt zwar immer noch viele Objekte, aber immerhin einige Größenordnungen weniger als zuvor. Die eine Instanz einer jeden Hersteller-Modell-Baujahr-Kombination wird von allen Besitzern dieses Fahrzeugtyps gemeinsam genutzt. Die neue `Car`-Klasse sieht anfangs wie folgt aus. Wir erklären später im Abschnitt »Extrinsischer in einem Manager-Objekt gekapselter Zustand«, wo die extrinsischen Daten hinkommen.

```
/* Car-Klasse, als Flyweight optimiert. */

var Car = function(make, model, year) {
  this.make = make;
  this.model = model;
  this.year = year;
};
Car.prototype = {
  getMake: function() {
    return this.make;
  },
  getModel: function() {
    return this.model;
  },
  getYear: function() {
    return this.year;
  }
};
```

Alle extrinsischen Daten wurden entfernt. Alle Methoden, die sich auf die Registrierung beziehen, wurden in ein Manager-Objekt verschoben (obwohl Sie auch Methoden übrig gelassen haben können und Argumente für alle extrinsischen Daten hinzugefügt haben können). Da die Daten des Objekts aufgeteilt sind, müssen Sie nun ein Factory-Muster zur Instanziierung verwenden.

13.2.2 Instanziierung mit einem Factory-Muster

Das Factory-Element ist ziemlich einfach. Es prüft, ob ein Fahrzeug dieser speziellen Hersteller-Modell-Baujahr-Kombination bereits zuvor erstellt wurde. Wenn ja, gibt es dieses zurück. Wenn nicht, erstellt es ein neues Fahrzeug und speichert es für die spätere Verwendung. Dies gewährleistet, dass immer nur eine Kopie eines jeden eindeutigen intrinsischen Zustands erstellt wird:

```
/* CarFactory-Singleton. */

var CarFactory = (function() {

  var createdCars = {};

  return {
    createCar: function(make, model, year) {
      // Prüft, ob diese Kombination zuvor erstellt wurde.
      if(createdCars[make + '-' + model + '-' + year]) {
        return createdCars[make + '-' + model + '-' + year];
      }
      // Andernfalls neue Instanz erstellen und speichern.
      else {
        var car = new Car(make, model, year);
        createdCars[make + '-' + model + '-' + year] = car;
        return car;
      }
    }
  };
})();
```

13.2.3 Extrinsischer in einem Manager-Objekt gekapselter Zustand

Wir benötigen noch ein weiteres Objekt, um diese Optimierung abzuschließen. Alle Daten, die aus den `Car`-Objekten entfernt wurden, müssen irgendwo gespeichert werden. Wir verwenden ein Singleton als Manager-Objekt zum Kapseln der Daten. Jedes der `Car`-Objekte im alten Stil wird nun in die extrinsischen Daten und die Referenz auf das gemeinsame `Car`-Objekt, zu dem die Daten gehören, aufgeteilt. Die Kombination eines `Car`-Objekts und der Besitzerdaten wird als `Car`-Datensatz bezeichnet. Das Manager-Objekt speichert die beiden Teile. Es enthält auch die Methoden, die aus der alten `Car`-Klasse entfernt wurden:

```
/* CarRecordManager-Singleton. */

var CarRecordManager = (function() {

  var carRecordDatabase = {};
```

```
return {
  // Neuen Car-Datensatz in das System der Stadt einfügen.
  addCarRecord: function(make, model, year, owner, tag, renewDate) {
    var car = CarFactory.createCar(make, model, year);
    carRecordDatabase[tag] = {
      owner: owner,
      renewDate: renewDate,
      car: car
    };
  },

  // Zuvor in der Car-Klasse enthaltene Methoden.
  transferOwnership: function(tag, newOwner, newTag, newRenewDate) {
    var record = carRecordDatabase[tag];
    record.owner = newOwner;
    record.tag = newTag;
    record.renewDate = newRenewDate;
  },
  renewRegistration: function(tag, newRenewDate) {
    carRecordDatabase[tag].renewDate = newRenewDate;
  },
  isRegistrationCurrent: function(tag) {
    var today = new Date();
    return today.getTime() < Date.parse(carRecordDatabase[tag].renewDate);
  }
};
})();
```

Alle aus der `Car`-Klasse herausgenommenen Methoden sind nun in einem privaten Attribut des `CarRecordManager`-Singletons namens `CarRecordDatabase` gespeichert. Dieses eine `CarRecordDatabase`-Objekt ist viel effizienter als die riesige Anzahl zuvor verwendeter Objekte. Die Methoden, die den Besitz des Fahrzeugs betreffen, sind ebenso hier gekapselt, da sie alle mit den extrinsischen Daten zu tun haben.

Die Optimierung erfolgt also um den Preis der zusätzlichen Komplexität. Es gibt nun eine Klasse und zwei Singleton-Objekte, wo es zuvor nur eine einzige Klasse gab. Es ist auch etwas verwirrend, Daten für ein Objekt an zwei verschiedenen Orten zu speichern. Aber beide Einwände sind unerheblich im Vergleich zu den Performance-Problemen, die dadurch vermieden werden können. Wenn es in der richtigen Situation verwendet wird, macht das Flyweight-Muster Ihr Programm effizienter.

13.3 Extrinsische Zustände verwalten

Es gibt viele verschiedene Möglichkeiten, den extrinsischen Zustand eines Flyweight-Objekts zu verwalten. Eine gängige Möglichkeit ist die Verwendung eines Manager-Objekts, das eine zentrale Datenbank der extrinsischen Zustände sowie das Flyweight-

Objekt enthält, zu dem sie gehören. Dies ist der im `Car`-Beispiel verwendete Ansatz – er hat den Vorteil, dass er einfach und leicht zu warten ist. Es ist auch ein leichtgewichtiger Ansatz, da Sie nur einen Array oder ein Objektliteral verwenden, um die extrinsischen Daten zu speichern. Wir verwenden diesen Ansatz später erneut in dem Beispiel des Tooltip-Objekts.

Eine andere Möglichkeit, einen extrinsischen Zustand zu verwalten, ist ein Composite. Mit dem in Kapitel 9 behandelten Composite-Muster können wir die Hierarchie des Objekts selbst zum Speichern von Informationen nutzen, ohne dass eine zentrale Datenbank erforderlich ist. Die Leaf-Knoten können sämtlich Flyweight-Objekte sein, so dass sie an vielen Stellen in der Hierarchie des Composites gemeinsam genutzt werden können. Dies kann in großen Hierarchien sehr nützlich sein, da dieselben Daten mit weit weniger eindeutigen Objekten dargestellt werden können.

13.4   Beispiel: Web-Kalender

Um zu veranschaulichen, wie ein Composite zum Speichern des extrinsischen Zustands verwendet werden kann, erstellen wir einen Web-Kalender. Als Erstes wird eine nicht optimierte Nicht-Flyweight-Version implementiert. Dies ist ein großes Composite, das mit dem Composite-Objekt für das Baujahr beginnt. Dies kapselt die Composite-Objekte für den Monat, das wiederum die Leaf-Elemente für den Tag kapselt. Das ist ein einfaches Beispiel. Es zeigt in jedem Monat die Tage der Reihe nach und die Monate eines Jahres nacheinander an:

```
/* CalendarItem-Interface. */

var CalendarItem = new Interface('CalendarItem', ['display']);

/* CalendarYear-Klasse, ein Composite. */

var CalendarYear = function(year, parent) {
  // Implementiert CalendarItem
  this.year = year;
  this.element = document.createElement('div');
  this.element.style.display = 'none';
  parent.appendChild(this.element);

  function isLeapYear(y) {
    return (y > 0) && !(y % 4) && ((y % 100) || !(y % 400));
  }

  this.months = [];
  // Die Anzahl der Tage pro Monat.
  this.numDays = [31, isLeapYear(this.year) ? 29 : 28, 31, 30, 31, 30, 31,
31, 30,
      31, 30, 31];
```

```
  for(var i = 0, len = 12; i < len; i++) {
    this.months[i] = new CalendarMonth(i, this.numDays[i], this.element);
  }
);
CalendarYear.prototype = {
  display: function() {
    for(var i = 0, len = this.months.length; i < len; i++) {
      this.months[i].display();
      // Aufruf an nächstuntere Ebene übergeben.
    }
    this.element.style.display = 'block';
  }
};


/* CalendarMonth-Klasse, ein Composite. */

var CalendarMonth = function(monthNum, numDays, parent) {
  // implementiert CalendarItem
  this.monthNum = monthNum;
  this.element = document.createElement('div');
  this.element.style.display = 'none';
  parent.appendChild(this.element);

  this.days = [];
  for(var i = 0, len = numDays; i < len; i++) {
    this.days[i] = new CalendarDay(i, this.element);
  }
);
CalendarMonth.prototype = {
  display: function() {
    for(var i = 0, len = this.days.length; i < len; i++) {
      this.days[i].display();
      // Aufruf an nächstuntere Ebene übergeben.
    }
    this.element.style.display = 'block';
  }
};


/* CalendarDay-Klasse, ein Leaf-Element. */

var CalendarDay = function(date, parent) {
  // Implementiert CalendarItem
  this.date = date;
  this.element = document.createElement('div');
  this.element.style.display = 'none';
  parent.appendChild(this.element);
};
```

```
CalendarDay.prototype = {
  display: function() {
    this.element.style.display = 'block';
    this.element.innerHTML = this.date;
  }
};
```

Das Problem bei diesem Code ist, dass Sie 365 `CalendarDay`-Objekte für jedes Jahr erstellen müssen. Um einen Kalender über zehn Jahre zu erstellen, würden mehrere Tausend `CalendarDay`-Objekte instanziiert. Auch wenn diese Objekte nicht sehr groß sind, können so viele Objekte, unabhängig vom Typ, die Browser-Ressourcen belasten. Es wäre effizienter, ein `CalendarDay`-Objekt für alle Tage zu verwenden, unabhängig davon, wie viele Jahre Sie anzeigen.

13.4.1 Day-Objekte in Flyweights konvertieren

Die Konvertierung der `CalendarDay`-Objekte in Flyweight-Objekte ist einfach. Als Erstes modifizieren Sie die `CalendarDay`-Klasse und entfernen alle darin gespeicherten Daten. Diese Datenstücke (das Datum und das übergeordnete Element) werden die extrinsischen Daten:

```
/* CalendarDay-Klasse, ein Flyweight-Leaf. */

var CalendarDay = function() {};
// Implementiert CalendarItem
CalendarDay.prototype = {
  display: function(date, parent) {
    var element = document.createElement('div');
    parent.appendChild(element);
    element.innerHTML = date;
  }
};
```

Als Nächstes erstellen wir eine Instanz des `day`-Objekts. Diese Instanz wird in allen `CalendarMonth`-Objekten verwendet. Ein Factory-Element könnte hier wie im ersten Beispiel verwendet werden, aber da Sie nur eine Instanz dieser Klasse erstellen, können Sie sie direkt instanziieren:

```
/* Einzelne Instanz von CalendarDay. */

var calendarDay = new CalendarDay();
```

Die extrinsischen Daten werden als Argumente an die `display`-Methode anstatt als Argumente an den Klassenkonstruktor übergeben. So funktionieren Flyweights normalerweise. Da einige (oder alle) Daten außerhalb des Objekts gespeichert werden, müssen sie an die Methoden übergeben werden, um dieselbe Funktion wie zuvor auszuführen.

Der letzte Schritt ist eine kleine Änderung der `CalendarMonth`-Klasse. Wir entfernen die Argumente für den `CalendarDay`-Klassenkonstruktor und übergeben sie stattdessen an die `display`-Methode. Ebenso ersetzen wir den `CalendarDay`-Klassenkonstruktor durch das `CalendarDay`-Objekt:

```
/* CalendarMonth-Klasse, ein Composite. */

var CalendarMonth = function(monthNum, numDays, parent) {
  // implementiert CalendarItem
  this.monthNum = monthNum;
  this.element = document.createElement('div');
  this.element.style.display = 'none';
  parent.appendChild(this.element);

  this.days = [];
  for(var i = 0, len = numDays; i < len; i++) {
    this.days[i] = calendarDay;
  }
);
CalendarMonth.prototype = {
  display: function() {
    for(var i = 0, len = this.days.length; i < len; i++) {
      this.days[i].display(i, this.element);
    }
    this.element.style.display = 'block';
  }
};
```

13.4.2 Wo werden die extrinsischen Daten gespeichert?

Im Unterschied zum vorherigen Beispiel wurde keine zentrale Datenbank erstellt, um alle aus den Flyweight-Objekt herausgenommenen Daten zu speichern. Die anderen Klassen wurden tatsächlich kaum verändert. `CalendarYear` ist vollständig unverändert, und in `CalendarMonth` mussten nur zwei Zeilen geändert werden. Das ist möglich, da die Struktur des Composite bereits an erster Stelle alle extrinsischen Daten enthält. Das `month`-Objekt kennt das Datum jeden Tages, da die Tagesobjekte sequenziell in einem Array gespeichert sind. Beide aus dem `CalendarDay`-Konstruktor entfernte Datenstücke sind bereits im `CalendarMonth`-Objekt gespeichert.

Aus diesem Grund funktioniert das Composite-Muster so gut zusammen mit dem Flyweight-Muster. Ein Composite-Objekt hat in der Regel viele Leaf-Elemente und speichert auch bereits viele der Daten, die extrinsisch gemacht werden könnten. Die Leaf-Elemente enthalten sehr wenige intrinsische Daten, so dass sie sehr einfach eine gemeinsame Ressource werden können.

13.5 Beispiel: Tooltip-Objekte

Das Flyweight-Muster ist vor allem nützlich, wenn JavaScript-Objekte HTML erstellen müssen. Wenn Sie eine große Anzahl von Objekten haben, die jeweils ein paar DOM-Elemente erstellen, kann dies Ihre Seite durch den hohen Speicherverbrauch schnell verlangsamen. Das Flyweight-Muster ermöglicht Ihnen, nur ein paar dieser Objekte zu erstellen und sie gemeinsam an allen Stellen, an denen sie benötigt werden, zu nutzen. Ein ideales Beispiel dafür sind Tooltips.

Ein Tooltip, oder Quickinfo, ist das erläuternde Textfeld, das angezeigt wird, wenn Sie den Mauszeiger über eine Option in einer Desktop-Anwendung führen. Sie enthalten in der Regel Informationen zu der Option, so dass der Benutzer weiß, was die Option macht, ohne sie anklicken zu müssen. Das kann in Webanwendungen sehr nützlich sein und ist in JavaScript ziemlich einfach zu implementieren.

13.5.1 Die nicht-optimierte Tooltip-Klasse

Als Erstes erstellen wir eine Klasse ohne Flyweight-Muster. Hier ist eine `Tooltip`-Klasse für die Aufgabe:

```
/* Tooltip-Klasse, nicht-optimiert. */

var Tooltip = function(targetElement, text) {
  this.target = targetElement;
  this.text = text;
  this.delayTimeout = null;
  this.delay = 1500; // In Millisekunden.

  // HTML erstellen.
  this.element = document.createElement('div');
  this.element.style.display = 'none';
  this.element.style.position = 'absolute';
  this.element.className = 'tooltip';
  document.getElementsByTagName('body')[0].appendChild(this.element);
  this.element.innerHTML = this.text;

  // Ereignisse zuordnen.
  var that = this; // Gültigkeitsbereich korrigieren.
  addEvent(this.target, 'mouseover', function(e) { that.startDelay(e); });
  addEvent(this.target, 'mouseout', function(e) { that.hide(); });
};
Tooltip.prototype = {
  startDelay: function(e) {
    if(this.delayTimeout == null) {
      var that = this;
      var x = e.clientX;
      var y = e.clientY;
```

```
        this.delayTimeout = setTimeout(function() {
            that.show(x, y);
        }, this.delay);
    }
},
show: function(x, y) {
    clearTimeout(this.delayTimeout);
    this.delayTimeout = null;
    this.element.style.left = x + 'px';
    this.element.style.top = (y + 20) + 'px';
    this.element.style.display = 'block';
},
hide: function() {
    clearTimeout(this.delayTimeout);
    this.delayTimeout = null;
    this.element.style.display = 'none';
}
};
```

Im Konstruktor ordnen Sie die Event Listener den Ereignissen `mouseover` und `mouseout` zu. Das Problem ist hier: Diese Event Listener werden normalerweise im Gültigkeitsbereich des HTML-Elements, das sie ausgelöst hat, ausgeführt. Dies bedeutet, dass das `this`-Schlüsselwort auf das HTML Element verweist anstatt auf das `Tooltip`-Objekt, und dass die Methoden `startDelay` und `hide` nicht gefunden werden. Um dieses Problem zu beheben, können Sie einen Trick einsetzen, um Methoden aufzurufen, selbst wenn das `this`-Schlüsselwort nicht mehr auf das korrekte Objekt zeigt. Deklarieren Sie eine neue Variable namens `that` und weisen sie ihr `this` zu. `that` ist eine normale Variable, die sich nicht je nach Gültigkeitsbereich des Listeners verändert, so dass Sie damit `Tooltip`-Methoden aufrufen können.

Diese Klasse ist sehr einfach einzusetzen. Sie instanziieren sie einfach und über eine Referenz auf ein Element auf der Seite und den anzuzeigenden Text. Die `$`-Funktion dient hier zum Abruf einer Referenz auf ein Element basierend auf dessen ID:

```
/* Verwendung von Tooltip. */

var linkElement = $('link-id');
var tt = new Tooltip(linkElement, 'Lorem ipsum...');
```

Aber was passiert, wenn dies auf einer Seite mit Hunderten oder Tausenden von Elementen eingesetzt wird, die alle Tooltips benötigen? Das bedeutet, dass es Tausende von Instanzen der `Tooltip`-Klasse gibt, jede mit eigenen Attributen, DOM-Elementen und Styles auf der Seite. Das ist nicht sehr effizient.

Da zu einem Zeitpunkt immer nur ein Tooltip angezeigt werden kann, ist es nicht sinnvoll, das HTML für jedes Objekt neu zu erstellen. Die Implementierung eines jeden `Tooltip`-Objekts als Flyweight bedeutet, dass es nur eine Instanz davon gibt, und dass ein Manager-Objekt den anzuzeigenden Text als extrinsische Daten übergibt.

13.5.2 Tooltip als Flyweight

Um die `Tooltip`-Klasse in ein Flyweight zu konvertieren, sind drei Dinge erforderlich: das modifizierte `Tooltip`-Objekt, wobei die extrinsischen Daten entfernt sind, ein Factory zur Steuerung, wie `Tooltip` instanziiert wird, und ein Manager-Objekt zum Speichern der extrinsischen Daten. Sie können in diesem Beispiel ein wenig kreativ werden und ein Singleton für Factory und Manager verwenden. Sie können auch die extrinsischen Daten als Teil des Event Listeners speichern, so dass keine zentrale Datenbank erforderlich ist. Entfernen Sie zuerst die extrinsischen Daten aus der `Tooltip`-Klasse:

```
/* Tooltip-Klasse, als Flyweight. */

var Tooltip = function() {
  this.delayTimeout = null;
  this.delay = 1500; // In Millisekunden.

  // HTML erstellen.
  this.element = document.createElement('div');
  this.element.style.display = 'none';
  this.element.style.position = 'absolute';
  this.element.className = 'tooltip';
  document.getElementsByTagName('body')[0].appendChild(this.element);
};
Tooltip.prototype = {
  startDelay: function(e, text) {
    if(this.delayTimeout == null) {
      var that = this;
      var x = e.clientX;
      var y = e.clientY;
      this.delayTimeout = setTimeout(function() {
        that.show(x, y, text);
      }, this.delay);
    }
  },
  show: function(x, y, text) {
    clearTimeout(this.delayTimeout);
    this.delayTimeout = null;
    this.element.innerHTML = text;
    this.element.style.left = x + 'px';
    this.element.style.top = (y + 20) + 'px';
    this.element.style.display = 'block';
  },
  hide: function() {
    clearTimeout(this.delayTimeout);
    this.delayTimeout = null;
    this.element.style.display = 'none';
  }
};
```

Es werden alle Argumente aus dem Konstruktor und dem Code zur Zuordnung von Ereignissen entfernt. Auch wird ein neues Argument zu den Methoden `startDelay` und `show` hinzugefügt. Hierdurch kann der Text als extrinsische Daten übergeben werden.

Als Nächstes kommen das Factory und das Manager-Singleton an die Reihe. Die `Tooltip`-Deklaration wird in das `TooltipManager`-Singleton verschoben, so dass es nur hier instanziiert werden kann:

```
/* TooltipManager-Singleton, ein Flyweight-Factory- und Manager-Objekt. */

var TooltipManager = (function() {
  var storedInstance = null;


  /* Tooltip-Klasse, als Flyweight. */

  var Tooltip = function() {
    ...
  };
  Tooltip.prototype = {
    ...
  };


  return {
    addTooltip: function(targetElement, text) {
      // Tooltip-Objekt abrufen.
      var tt = this.getTooltip();

      // Ereignisse zuordnen.
      addEvent(targetElement, 'mouseover', function(e) { tt.startDelay(e,
text); });
      addEvent(targetElement, 'mouseout', function(e) { tt.hide(); });
    },
    getTooltip: function() {
      if(storedInstance == null) {
        storedInstance = new Tooltip();
      }
      return storedInstance;
    }
  };
})();
```

Es besitzt zwei Methoden, eine für jede der beiden Rollen. `getTooltip` ist die Factory-Methode. Sie ist identisch mit der anderen Flyweight-Erstellungsmethode, die Sie bereits kennengelernt haben. Die Manager-Methode ist `addTooltip`. Sie ruft ein Tooltip-Objekt ab und erstellt die Ereignisse `mouseover` und `mouseout` mit anonymen Funktionen. Sie müssen in diesem Beispiel keine zentrale Datenbank erstellen, da schon die in den anonymen Funktionen erstellten Closures die extrinsischen Daten speichern.

Der Code, der zum Erstellen eines dieser Tooltips benötigt wird, sieht nun etwas anders aus. Anstatt `Tooltip` zu instanziieren, rufen Sie die `addTooltip`-Methode auf:

```
/* Tooltip-Verwendung. */

TooltipManager.addTooltip($('link-id'), 'Lorem ipsum...');
```

Was haben Sie durch die Konvertierung in ein Flyweight-Objekt gewonnen? Die Anzahl der zu erstellenden DOM-Elemente wurde auf eines reduziert. Das ist hervorragend. Denn wenn man einem Tooltip Features wie einen Schatten beim Ziehen oder ein iframe-Shim hinzufügte, könnten Sie schnell fünf bis zehn DOM-Elemente pro Objekt haben. Einige Hundert oder Tausend Tooltips würden eine Seite vollständig zum Erliegen bringen, wenn sie nicht als Flyweights implementiert werden. Auch die in den Objekten gespeicherte Datenmenge wird verringert. In beiden Fällen können Sie beliebig viele Tooltips (im vernünftigen Rahmen) erstellen, ohne die Gefahr, dass Tausende von `Tooltip`-Instanzen umherschwirren.

13.6 Instanzen zur späteren Wiederverwendung speichern

Eine andere ähnliche Situation, die sich gut für die Verwendung des Flyweight-Musters eignet, sind modale Dialogfelder. Wie ein Tooltip kapselt ein Dialogfeldobjekt sowohl Daten als auch HTML. Aber das Dialogfeld enthält viel mehr DOM-Elemente, so dass es noch wichtiger ist, die Anzahl der erstellten Instanzen zu reduzieren. Das Problem ist, dass mehr als ein Dialogfeld auf einer Seite zu einem Zeitpunkt vorhanden sein kann. Sie wissen also de facto nicht genau, wie viele benötigt werden. Wie können Sie dann wissen, wie viele Instanzen erlaubt sein sollen?

Da die exakte Anzahl der zur Laufzeit benötigten Instanzen nicht bei der Entwicklung bestimmt werden kann, können Sie die Anzahl der erzeugten Instanzen nicht einschränken. Stattdessen erstellen Sie nur so viele, wie benötigt werden, und speichern sie zur späteren Verwendung. Auf diese Weise fallen keine Erstellungskosten mehr an, und Sie haben nur so viele Instanzen, wie absolut erforderlich sind.

Die Implementierungsdetails des `DialogBox`-Objekts sind in diesem Beispiel nicht unbedingt wichtig. Sie müssen nur wissen, dass das Objekt ressourcenintensiv ist und möglichst selten instanziiert werden sollte. Hier ist das Interface und das Skeleton für die Klasse, die der Manager verwendet:

```
/* DisplayModule-Interface. */

var DisplayModule = new Interface('DisplayModule', ['show', 'hide',
'state']);
```

```
/* DialogBox-Klasse. */

var DialogBox = function() { // Implementiert DisplayModule
  ...
};
DialogBox.prototype = {
  show: function(header, body, footer) {
  // Legt den Inhalt fest und
    ...
  // zeigt das Dialogfeld an.
  },
  hide: function() { // Blendet das Dialogfeld aus.
    ...
  },
  state: function() { // Gibt 'visible' oder 'hidden' zurück.
    ...
  }
};
```

Solange die Klasse die drei im `DisplayModule`-Interface definierten Module (`show`, `hide` und `save`) implementiert, ist die spezielle Implementierung nicht wichtig. Der wichtige Teil dieses Beispiels ist der Manager, der steuert, wie viele dieser Flyweight-Objekte erstellt werden. Der Manager benötigt drei Komponenten: eine Methode zum Anzeigen eines Dialogfeldes, eine Methoden zum Prüfen, wie viele Dialogfelder derzeit auf der Seite verwendet werden und einen Ort, um die instanziierten Dialogfelder zu speichern. Diese Komponenten werden in ein Singleton gepackt, um sicherzustellen, dass zu einem Zeitpunkt nur ein Manager existiert:

```
/* DialogBoxManager-Singleton. */

var DialogBoxManager = (function() {
  var created = []; // Speichert erstellte Instanzen.

  return {
    displayDialogBox: function(header, body, footer) {
      var inUse = this.numberInUse();
      // Ermittelt die Anzahl der verwendeten Dialogboxen.
      if(inUse > created.length) {
        created.push(this.createDialogBox());
        // Erweiterung, falls notwendig.
      }
      created[inUse].show(header, body, footer);
      // Dialogfeld anzeigen.
    },
    createDialogBox: function() { // Factory-Methode.
      var db = new DialogBox();
      return db;
    },
```

```
numberInUse: function() {
  var inUse = 0;
  for(var i = 0, len = created.length; i < len; i++) {
    if(created[i].state() === 'visible') {
      inUse++;
    }
  }
  return inUse;
}
};
})();
```

Der Array `created` speichert die Objekte, die bereits instanziiert sind, so dass sie wieder verwendet werden können. Die `numberInUse`-Methode gibt die Anzahl der aktuell verwendeten vorhandenen `DialogBox`-Objekte durch Abfrage ihres Zustands zurück. Diese Zahl wird als Index für den erstellten Array verwendet. Die `displayDialogBox`-Methode prüft nun zuerst, ob der Index größer ist als die Länge des Arrays. Sie erstellen nur eine neue Instanz, wenn eine bereits vorhandene Instanz nicht wieder verwendet werden kann.

Dieses Beispiel ist etwas komplexer als das Tooltip-Beispiel, aber es kommen immer dieselben Prinzipien zum Einsatz. Wir verwenden die ressourcenintensiven Objekte wieder, indem wir die extrinsischen Daten herausnehmen. Wir erstellen einen Manager, der die Anzahl der zu instanziierenden Objekte beschränkt und die extrinsischen Daten speichert. Es werden nur so viele Instanzen erstellt, wie benötigt werden, und wenn die Instanziierung ein teurer Prozess ist, speichern Sie diese Instanzen, so dass sie später wieder verwendet werden können. Diese Technik ähnelt dem Pooling von SQL-Verbindungen in serverseitigen Sprachen. Eine neue Verbindung wird nur erstellt, wenn alle andere bestehenden Verbindungen bereits in Verwendung sind.

13.7   Wann sollte das Flyweight-Muster verwendet werden?

Es sollten ein paar Bedingungen erfüllt sein, bevor Sie versuchen, Ihre Objekte in Flyweights zu konvertieren. Die Seite muss viele ressourcenintensive Objekte nutzen. Dies ist die wichtigste Bedingung. Es rentiert sich nicht, diese Optimierung nur wegen ein paar zu erwartenden Kopien eines Objekts durchzuführen. Wie groß ist »viele«? Der Browser-Speicher und die CPU-Nutzung limitieren beide potenziell die Anzahl der Ressourcen, die erstellt werden können. Wenn Sie genug Objekte instanziieren, die Probleme in diesen Bereichen verursachen, spricht das sicherlich für die Verwendung des Musters.

Die nächste Bedingung ist, dass zumindest einige der in jedem dieser Objekte gespeicherten Daten extrinsisch gemacht werden können sollen. Dies bedeutet, dass Sie in der Lage sein müssen, einige intern gespeicherte Daten nach außerhalb des Objekts zu verschieben und sie an die Methoden als Argument zu übergeben. Die externe Speicherung dieser Daten sollte auch weniger ressourcenintensiv sein, andernfalls wird die Performance nicht entscheidend verbessert. Wenn ein Objekt viel Infrastrukturcode und HTML enthält, ist es wahrscheinlich ein guter Kandidat für diese Art der Optimierung. Wenn es einfach nur ein Behälter für Daten und Methoden für den Zugriff auf die Daten ist, werden die Ergebnisse nicht so gut sein.

Die letzte Bedingung ist, dass wenn die extrinsischen Daten einmal entfernt sind, nur noch relativ wenige eindeutige Objekte vorhanden sein sollen. Das Best Case-Szenario ist, dass nur noch ein eindeutiges Objekt übrig bleibt, wie in den Kalender- und Tooltip-Beispielen. Es ist nicht immer möglich, die Anzahl der Instanzen auf eine zu verringern, aber Sie sollten versuchen, möglichst bei ein paar wenigen eindeutigen Instanzen des Objekts zu landen. Das gilt vor allem dann, wenn Sie mehrere Kopien jedes dieser eindeutigen Objekte benötigen, wie im Beispiel der Dialogfelder.

13.8 Allgemeine Schritte für die Implementierung des Flyweight-Musters

Wenn diese drei Bedingungen erfüllt sind, ist das Programm ein guter Kandidat für die Optimierung durch das Flyweight-Muster. Beinahe alle Implementierungen des Flyweight-Musters basieren auf denselben allgemeinen Schritten:

1. Entfernen Sie alle extrinsischen Daten aus der Zielklasse. Hierzu entfernen Sie möglichst viele Attribute aus der Klasse; dies sollten Attribute sein, die sich für jede Instanz anders verändern. Dasselbe gilt für Konstruktorargumente. Diese Argumente sollten stattdessen zu den Methoden der Klasse hinzugefügt werden. Anstatt in der Klasse gespeichert zu werden, werden diese Daten durch das Manager-Objekt übergeben. Diese Klasse sollte immer noch dieselben Funktionen ausführen können wie zuvor. Der einzige Unterschied ist, dass die Daten von einer anderen Stelle bezogen werden.

2. Erstellen Sie ein Factory, um die Art der Instanziierung der Klasse zu steuern. Dieses Factory muss alle eindeutigen erstellten Instanzen der Klasse verfolgen. Eine Möglichkeit ist hierzu, eine Referenz auf jedes Objekt in einem Objektliteral zu halten, das durch die eindeutige Argumentmenge indiziert wird, mit der es erstellt wurde. Wenn ein Objekt angefordert wird, kann auf diese Weise das Factory-Objekt zuerst das Objektliteral prüfen, ob dieser spezielle Request bereits gemacht wurde. Ist das der Fall, kann er einfach die Referenz auf ein bestehendes Objekt zurückgeben. Wenn nicht, erstellt er eine neue Instanz, speichert eine Referenz darauf im Objektliteral und gibt dies zurück. Eine andere Technik namens Pooling hält mit einem Array Referenzen auf die instanziierten Objekte. Dies ist nützlich, wenn die Anzahl der verfügbaren Objekte wichtig ist, nicht die eindeutig konfigurierten Instanzen. Pooling kann dazu verwendet werden, um die Anzahl der instanziierten Objekte möglichst klein zu halten. Das Factory übernimmt basierend auf den intrinsischen Daten alle Aspekte der Objekterstellung.

3. Erstellen Sie ein Manager-Objekt zum Speichern der extrinsischen Daten. Das Manager-Objekt steuert alle Aspekte, die mit den extrinsischen Daten zu tun haben. Vor der Implementierung der Optimierung haben Sie neue Instanzen der Zielklasse immer dann erstellt, wenn sie benötigt wurden, und alle Daten übergeben. Nun rufen Sie jedesmal, wenn Sie eine Instanz benötigen, eine Methode des Manager-Objekts auf und übergeben ihr stattdessen alle Daten. Diese Methode bestimmt, welche Informationen intrinsisch und welche extrinsisch sind. Die intrinsischen Daten werden an das Factory-Objekt übergeben, so dass ein Objekt erstellt (oder wiederverwendet, wenn es bereits besteht) werden kann. Die extrinsischen Daten werden in einer Datenstruktur im Manager-Objekt gespeichert. Der Manager übergibt dann diese Daten bei Bedarf an die Methoden der gemeinsamen Objekte, wodurch dasselbe Ergebnis erzielt wird, wie wenn die Klasse viele Instanzen hätte.

13.9   Vorteile des Flyweight-Musters

Das Flyweight-Muster kann die Ressourcenlast einer Seite um mehrere Größenordnungen senken. Im Tooltip-Beispiel wurde die Anzahl der `ToolTip`-Objekte (und der HTML-Elemente, die es erstellt) auf eine einzelne Instanz reduziert. Wenn die Seite Hunderte oder Tausende von Tooltips verwendet, wie es bei großen Desktop-Anwendungen häufig der Fall ist, ist das Einsparungspotenzial enorm. Auch wenn Sie die Anzahl der Instanzen nicht auf eine reduzieren können, lassen sich durch das Flyweight-Muster immer noch erhebliche Einsparungen erzielen.

Sie können diese Einsparungen ohne allzu große Änderungen am Code bewirken. Wenn Sie das Manager-, Factory- und Flyweight-Objekt erstellt haben, müssen Sie als einzige Änderung am Code eine Methode des Manager-Objekts aufrufen, anstatt die Klasse direkt zu instanziieren. Wenn Sie das Flyweight für andere Programmierer als API erstellen, müssen diese nur die Art des Aufrufs etwas ändern, um davon zu profitieren. Hier kommt das Muster wirklich zur Geltung: Wenn Sie diese Optimierung an der API einmal vorgenommen haben, wird es für jeden, der es verwendet, viel effizienter. Wenn Sie diese Optimierung für eine Bibliothek verwenden, die für eine ganze Site genutzt wird, werden die Anwender auch enorme Geschwindigkeitsverbesserungen erleben.

13.10 Nachteile des Flyweight-Musters

Das ist nur ein Optimierungsmuster. Es macht nichts anderes, als die Effizienz des Codes unter bestimmten Bedingungen zu verbessern. Es kann und sollte nicht immer verwendet werden. Es kann den Code de facto weniger effizient machen, wenn es ohne zwingenden Grund eingesetzt wird. Dieses Muster fügt zusätzliche Komplexität hinzu, um den Code zu optimieren, wodurch es schwierig zu debuggen und zu warten wird.

Es ist schwieriger zu debuggen, da ein Fehler nun an drei Stellen auftreten kann: im Manager-, im Factory- und im Flyweight-Objekt. Zuvor gab es nur ein Objekt, das

Probleme machen konnte. Auch die Verfolgung der Daten ist sehr knifflig, da es nicht immer klar ist, woher ein Datenstück stammt. Wenn ein Tooltip den falschen Text anzeigt, liegt das dann daran, dass der falsche Text übergeben wurde, oder daran, dass eine gemeinsame Ressource vergessen hat, den Text aus seiner letzten Verwendung zu löschen? Diese Arten von Fehlern können kostspielig sein.

Durch diese Optimierung kann auch die Pflege schwieriger sein. Anstatt eine saubere Architektur mit Objekten, die Daten kapseln, vorliegen zu haben, stehen Sie nun vor einem fragmentierten Datenwirrwarr, der an mindestens zwei Stellen gespeichert ist. Es ist wichtig zu dokumentieren, warum ein bestimmtes Datenstück intrinsisch oder extrinsisch ist, da diejenigen, die den Code nach Ihnen warten, dies eventuell nicht mehr wissen.

Diese Nachteile sind zwar nicht unbedingt schwerwiegend – sie bedeuten aber, dass die Optimierung nur dann vorgenommen werden sollte, wenn sie benötigt wird. Es muss immer zwischen der Effizienz zur Laufzeit und der Wartbarkeit abgewogen werden, aber das gehört zur Entwicklung dazu. Falls Sie daran zweifeln, ob ein Flyweight-Muster erforderlich ist, dann ist es das wahrscheinlich auch nicht. Das Flyweight-Muster ist in Situationen sinnvoll, in denen die Systemressourcen beinahe vollständig aufgebraucht sind, und wo es offensichtlich ist, dass eine gewisse Optimierung durchgeführt werden muss. Dann überwiegen die Vorteile die Kosten.

13.11 Zusammenfassung

In diesem Kapitel haben wir die Struktur, Verwendung und Vorteile des Flyweight-Musters erörtert. Es ist ausschließlich ein Optimierungsmuster, mit dem die Performance verbessert und der Code effizienter gestaltet wird, vor allem bei der Speichernutzung. Es wird implementiert, indem man bei einer bestehenden Klasse alle Daten herausnimmt, die extern gespeichert werden können. Jede eindeutige Instanz dieser Klasse wird dann eine Ressource, die von vielen Orten gemeinsam genutzt wird. Ein einzelnes Flyweight-Objekt ersetzt viele Originalobjekte.

Damit das Flyweight-Objekt so genutzt werden kann, müssen verschiedene neue Objekte erstellt werden. Ein Factory-Object wird zur Steuerung benötigt, wie die Klasse instanziiert wird und um die Anzahl der erstellten Instanzen auf das absolute Minimum zu begrenzen. Es sollte auch zuvor erstellte Instanzen speichern, um sie wiederzuverwenden, falls später ähnliche Objekte benötigt werden. Ein Manager-Objekt ist erforderlich, um die extrinsischen Daten zu speichern und sie an die Methoden des Flyweight-Objekts zu übergeben. Auf diese Weise kann die ursprüngliche Funktion der Klasse bewahrt werden, während sich die Anzahl der benötigten Kopien erheblich verringert.

Wenn richtig eingesetzt, kann das Flyweight-Muster die Performance stark verbessern und die benötigten Ressourcen erheblich reduzieren. Wenn es jedoch nicht richtig verwendet wird, kann es den Code viel komplizierter machen, das Debuggen erschweren und die Pflege aufwendiger machen, wobei dann zudem nur geringe Performance-Vorteile gewonnen werden. Stellen Sie vor Verwendung des Musters sicher, dass Ihr

Programm die erforderlichen Bedingungen erfüllt und dass die Performance-Gewinne die Kosten der Komplexität des Codes überwiegen.

Dieses Muster ist vor allem für JavaScript-Programmierer nützlich, da damit die Anzahl der speicherintensiven DOM-Elemente, die auf einer Seite bearbeitet werden müssen, reduziert werden kann. Wenn es in Verbindung mit Organisationsmustern wie Composites verwendet wird, können komplexe, voll funktionale Webanwendungen erstellt werden, die in jeder modernen JavaScript-Umgebung problemlos laufen.

14 Das Proxy-Muster

In diesem Kapitel beschäftigen wir uns mit dem Proxy-Entwurfsmuster. Ein Proxy ist ein Objekt, mit dem der Zugriff auf ein anderes Objekt gesteuert werden kann. Es implementiert dasselbe Interface wie das andere Objekt und gibt alle Methodenaufrufe daran weiter. Dieses andere Objekt wird oftmals als *echtes Subjekt* bezeichnet. Ein Proxy kann anstelle des echten Subjekts instanziiert werden und ermöglicht den Zugriff darauf von einem entfernten Ort. Er kann auch die Instanziierung des echten Subjekts aufschieben, bis es tatsächlich gebraucht wird. Dies ist vor allem nützlich, wenn das echte Subjekt lange zur Initialisierung benötigt oder zu groß ist, um im Speicher gehalten zu werden, wenn es nicht benötigt wird. Proxys können bei der Verarbeitung von Klassen sehr nützlich sein, die Daten langsam in eine Benutzeroberfläche laden.

14.1 Die Struktur des Proxy-Musters

In seiner grundlegendsten Form übernimmt das Proxy-Muster die Zugriffssteuerung. Ein Proxy-Objekt implementiert dasselbe Interface wie ein anderes Objekt (das echte Subjekt). Das echte Subjekt erledigt die eigentliche Arbeit: Es ist das Objekt oder die Klasse, die die benötigte Aufgabe ausführt. Das Proxy-Objekt moderiert lediglich den Zugriff auf das echte Subjekt. Es muss betont werden, dass ein Proxy-Objekt keine Methoden zu einem anderen Objekt hinzufügt oder verändert (wie dies ein Decorator machen würde) oder das Interface eines anderen Objekts vereinfacht (wie es ein Facade-Muster tun würde). Es implementiert exakt dasselbe Interface wie das echte Subjekt und übergibt die dafür vorgenommenen Methodenaufrufe an das echte Subjekt.

14.1.1 Wie steuert das Proxy-Muster den Zugriff auf das echte Subjekt?

Der einfachste Proxy-Typ ist der, der überhaupt keine Zugriffssteuerung implementiert. Es werden einfach alle Methodenaufrufe an das echte Subjekt übergeben. Dieser Proxy-Typ ist zwar nutzlos, bietet aber eine Grundlage, auf der man aufbauen kann.

In diesem Beispiel errichten wir eine Klasse, die eine Library darstellt. Diese Klasse kapselt einen Katalog von Book-Objekten, die in Kapitel 3 definiert wurden:

```
/* Aus Kapitel 3. */

var Publication = new Interface('Publication', ['getIsbn', 'setIsbn',
'getTitle',
```

```
    'setTitle', 'getAuthor', 'setAuthor', 'display']);
var Book = function(isbn, title, author) { ... }
// implementiert Publication


/* Library-Interface. */

var Library = new Interface('Library', ['findBooks', 'checkoutBook',
'returnBook']);


/* PublicLibrary-Klasse. */

var PublicLibrary = function(books) {
// implementiert Library
  this.catalog = {};
  for(var i = 0, len = books.length; i < len; i++) {
    this.catalog[books[i].getIsbn()] = { book: books[i], available: true };
  }
};
PublicLibrary.prototype = {
  findBooks: function(searchString) {
    var results = [];
    for(var isbn in this.catalog) {
      if(!this.catalog.hasOwnProperty(isbn)) continue;
      if(searchString.match(this.catalog[isbn].getTitle()) ||
          searchString.match(this.catalog[isbn].getAuthor())) {
        results.push(this.catalog[isbn]);
      }
    }
    return results;
  },
  checkoutBook: function(book) {
    var isbn = book.getIsbn();
    if(this.catalog[isbn]) {
      if(this.catalog[isbn].available) {
        this.catalog[isbn].available = false;
        return this.catalog[isbn];
      }
      else {
        throw new Error('PublicLibrary: book ' + book.getTitle() +
          ' is not currently available.');
      }
    }
    else {
      throw new Error('PublicLibrary: book ' + book.getTitle() + ' not
found.');
    }
  },
```

```
  returnBook: function(book) {
    var isbn = book.getIsbn();
    if(this.catalog[isbn]) {
      this.catalog[isbn].available = true;
    }
    else {
      throw new Error('PublicLibrary: book ' + book.getTitle() + ' not
found.');
    }
  }
};
```

Das ist eine recht einfache Klasse. Sie können damit den Katalog durchsuchen, Bücher ausleihen und sie später zurückgeben. Ein Proxy für die `PublicLibrary`-Klasse, der keine Zugriffssteuerung implementiert, würde wie folgt aussehen:

```
/* PublicLibraryProxy-Klasse, ein nutzloser Proxy. */

var PublicLibraryProxy = function(catalog) {
  // implementiert Library
  this.library = new PublicLibrary(catalog);
};
PublicLibraryProxy.prototype = {
  findBooks: function(searchString) {
    return this.library.findBooks(searchString);
  },
  checkoutBook: function(book) {
    return this.library.checkoutBook(book);
  },
  returnBook: function(book) {
    return this.library.returnBook(book);
  }
};
```

Der Proxy implementiert dasselbe Interface und alle identischen Methoden wie `PublicLibrary`. Bei der Instanziierung wird eine Kopie von `PublicLibrary` instanziiert und als Attribut gespeichert. Bei jedem Aufruf einer Methode aus `PublicLibraryProxy` wird dieses Attribut verwendet, um dieselbe Methode in der `PublicLibrary`-Instanz aufzurufen. Dieser Proxy-Typ sollte auch dynamisch erstellt werden, indem das Interface des echten Subjekts geprüft wird und entsprechende Methoden dafür erstellt werden. Das entspricht der Art und Weise, wie wir ein Decorator-Muster mit einem dynamischen Interface in Kapitel 12 erstellt haben.

Wie bereits erwähnt, ist dieser Proxy-Typ nicht sehr hilfreich. Einer der nützlichsten Proxy-Typen ist dagegen der *virtuelle Proxy*. Ein virtueller Proxy steuert den Zugriff auf ein echtes Subjekt, dessen Erstellung aufwendig ist. Es verschiebt die Instanziierung des echten Subjekts, bis eine Methode aufgerufen wird, und liefert manchmal Feedback zum Status der Instanziierung. Er kann auch als Platzhalter dienen, bis das echte

Subjekt geladen wird. Als Beispiel nehmen wir an, dass die `PublicLibrary`-Klasse zu langsam ist, um sofort beim Laden einer Seite instanziiert zu werden. Sie können dann einen virtuellen Proxy erstellen, der die Instanziierung verschiebt, bis sie benötigt wird:

```
/* PublicLibraryVirtualProxy-Klasse. */

var PublicLibraryVirtualProxy = function(catalog) {
  // implementiert Library
  this.library = null;
  this.catalog = catalog;
  // Argument im Konstruktor speichern.
};
PublicLibraryVirtualProxy.prototype = {
  _initializeLibrary: function() {
    if(this.library === null) {
      this.library = new PublicLibrary(this.catalog);
    }
  },
  findBooks: function(searchString) {
    this._initializeLibrary();
    return this.library.findBooks(searchString);
  },
  checkoutBook: function(book) {
    this._initializeLibrary();
    return this.library.checkoutBook(book);
  },
  returnBook: function(book) {
    this._initializeLibrary();
    return this.library.returnBook(book);
  }
};
```

Der Hauptunterschied zwischen `PublicLibraryProxy` und `PublicLibraryVirtualProxy` ist, dass der virtuelle Proxy nicht sofort eine Instanz von `PublicLibrary` erstellt. Er speichert das Argument im Konstruktor und wartet, bis eine Methode aufgerufen wird, um die Instanziierung tatsächlich durchzuführen. Auf diese Weise wird das Objekt nie erstellt, wenn es nicht benötigt wird. Ein virtueller Proxy hat in der Regel eine bestimmte Art von Ereignis, das die Instanziierung des echten Subjekts auslöst. In diesem Fall verwenden wir die Methodenaufrufe als Trigger.

14.1.2 Virtueller Proxy, Remote Proxy und Protection Proxy

Der virtuelle Proxy ist wie gesagt für JavaScript-Programmierer wahrscheinlich der nützlichste Proxy-Typ. Sehen wir uns kurz die anderen Typen an und erläutern, warum sie in JavaScript nicht so anwendbar sind.

Ein *Remote-Proxy* dient zum Zugriff auf ein Objekt in einer anderen Umgebung. Bei Java kann dies ein Objekt auf einem anderen virtuellen System oder ein Objekt auf einem Computer irgendwo anders auf der Welt sein. Das Fernobjekt ist in der Regel persistent. Man kann darauf jederzeit aus einer anderen Umgebung darauf zugreifen. Dieser Proxy-Typ lässt sich aus zwei Gründen schwer in JavaScript übersetzen: Zunächst ist es wenig wahrscheinlich, dass eine JavaScript-Laufzeitumgebung persistent ist. Die meisten JavaScript-Umgebungen existieren im Kontext eines Web-Browsers, wobei jede Laufzeitumgebung in der Regel alle paar Minuten geladen und entladen wird, wenn der Benutzer durch das Web surft. Der zweite Grund ist, dass es keine Möglichkeit gibt, eine Socket-Verbindung zu einer anderen Laufzeitumgebung herzustellen und auf deren Variablenraum zuzugreifen, selbst wenn dieser persistent ist. Die engste Analogie wäre die Serialisierung von Methodenaufrufen mit JSON (JavaScript Object Notation) und das Senden dieser mit Ajax an eine Ressource.

Eine viel wahrscheinlichere Verwendung des Remote-Proxy ist die Steuerung des Zugriffs auf ein echtes Subjekt, das in einer anderen Sprache geschrieben ist. Dies kann eine Web Service-Ressource oder ein PHP-Objekt sein. Bei diesem Typ von Setup wird es etwas unklar, welcher Mustertyp verwendet wird: Dieser könnte genauso einfach als Adapter wie als Remote-Proxy betrachtet werden. Da dies eine Grauzone darstellt, ist es wichtig, für dieses Muster einen eindeutigen Namen zu verwenden. Wir haben uns für Remote-Proxy entschieden, da der Name anschaulicher und exakter ist, und da er mehr das Proxy-Muster als das Adapter-Muster repräsentiert. Wir sehen uns diese Unterscheidung im ersten Beispiel genauer an.

Ein Protection-Proxy ist ebenso schwer in JavaScript zu übersetzen. In anderen Sprachen wird er typischerweise zur Zugriffssteuerung auf bestimmte Methoden verwendet, basierend darauf, wer der Client ist. Angenommen, wir fügen ein paar Methoden zu der `PublicLibrary`-Klasse hinzu. Dies können Methoden sein, um Bücher zum Katalog hinzuzufügen oder daraus zu entfernen. In Java können Sie mit einem Protection-Proxy den Zugriff auf diese Methoden auf einen bestimmten Client-Typ beschränken, wie `Librarian`. Kein anderer Client-Typ wäre in der Lage, diese Methoden aufzurufen. In JavaScript kann man den Typ des Clients, der einen bestimmten Methodenaufruf durchführt, nicht bestimmen, wodurch dieses Muster unmöglich implementiert werden kann.

In diesem Kapitel konzentrieren wir uns auf den Virtual Proxy und den Remote Proxy.

14.1.3 Das Proxy-Muster und das Decorator-Muster im Vergleich

Ein Proxy ähnelt auf vielerlei Art dem Decorator-Muster. Beide, Decorator wie virtuelle Proxys, werden um andere Objekte gewrappt und implementieren dasselbe Interface wie das verpackte Objekt. Beide können Methodenaufrufe an dieses gewrappte Objekt übergeben. Worin liegt also der Unterschied?

Der größte Unterschied ist, dass ein Decorator das gewrappte Objekt verändert oder ergänzt, während ein Proxy den Zugriff darauf steuert. Ein Proxy modifiziert die an das echte Subjekt übergebenen Methodenaufrufe nicht, außer dass er möglicherweise etwas Steuercode hinzufügt. Ein Decorator existiert dagegen nur dazu, um die Methoden zu modifizieren. Ein weiterer Unterschied ist die Art und Weise, wie ein gewrapptes Objekt erstellt wird. Beim Decorator wird die Klasse auf vollkommen unabhängige

Weise instanziiert. Wenn ein Objekt einmal erstellt ist, können ein oder mehrere Decorators optional darum gewrappt werden. Bei Proxys wird das gewrappte Objekt als Teil der Proxy-Instanziierung gewrappt. Bei einigen Arten des virtuellen Proxy ist diese Instanziierung eng gesteuert, so dass sie innerhalb des Proxy ausgeführt werden *muss*. Ebenso werden Proxys nicht umeinander gewrappt, Decorators jedoch schon. Proxys werden nur einmal zu einem gegebenen Zeitpunkt verwendet.

14.2 Wann sollte das Proxy-Muster verwendet werden?

Das offensichtlichste Beispiel, wann ein Proxy verwendet werden sollte, findet sich in der Definition des virtuellen Proxy: ein Objekt, das den Zugriff auf eine Ressource steuert, deren Erstellung aufwendig ist. Der virtuelle Proxy ist ein Optimierungsmuster. Wenn Sie eine Klasse oder ein Objekt vorliegen haben, das einen berechnungsintensiven Konstruktor hat oder sehr viel Speicher zum Sichern der Daten benötigt, und Sie auf die Daten nicht sofort nach der Instanziierung zugreifen müssen, sollte ein virtueller Proxy verwendet werden, um die Setupkosten hinauszuzögern, bis die Daten benötigt werden. Er kann auch eine Meldung wie »Lade ...« anzeigen, während das Setup durchgeführt wird, so dass Sie eine benutzerfreundliche Oberfläche haben und eine leere Seite vermeiden, von der der Benutzer kein Feedback erhält, was passiert.

Bei einem Remote-Proxy sind die Anwendungsfälle nicht so eindeutig: Wenn Sie eine bestimmte Fern-Ressource vorliegen haben, auf die Sie zugreifen müssen, ist es stets nützlich, eine Klasse oder ein Objekt zu haben, die es wrappt, anstatt immer wieder von Hand `XMLHttpRequest`-Objekte einzurichten. Die Frage ist: In welchen Objekttyp sollte es verpackt werden? Das ist größtenteils eine Frage der Benennung. Wenn der Wrapper alle Methoden der entfernten Quelle implementiert, ist er ein Remote-Proxy. Wenn Methoden zur Laufzeit hinzugefügt werden, ist er ein Decorator. Wenn er das Interface der entfernten Ressource (oder mehrerer entfernter Ressourcen) vereinfacht, ist er ein Facade. Der Remote-Proxy ist ein Strukturmuster; er bietet einer Ressource in einer anderen Umgebung eine native JavaScript-API.

Um diesen Abschnitt zusammenzufassen: Ein virtueller Proxy sollte verwendet werden, wenn Sie es mit einer Klasse oder einem Objekt zu tun haben, dessen Einrichtung teuer ist und Sie nicht sofort nach der Instanziierung auf dessen Daten zugreifen müssen. Ein Remote Proxy sollte verwendet werden, wenn Sie dieselbe Art von Remote-Ressource vorliegen haben und Methoden implementieren, die allen Funktionen entsprechen, die diese Ressource zur Verfügung stellt.

14.3 Beispiel: Seitenstatistiken

In diesem Beispiel erstellen Sie einen Remote-Proxy, der einen Web Service zum Erstellen von Seitenstatistiken wrappt. Der Web Service besteht aus einer Serie von URLs, die Methoden entsprechen, jede mit optionalen Argumenten. Es spielt keine Rolle, in welcher Sprache der Web Service auf der Server-Seite implementiert ist. Die

Daten werden im JSON-Format zurückgegeben. Der Web Service implementiert fünf Methoden:

```
http://mydomain.com/stats/getPageviews/
http://mydomain.com/stats/getUniques/
http://mydomain.com/stats/getBrowserShare/
http://mydomain.com/stats/getTopSearchTerms/
http://mydomain.com/stats/getMostVisitedPages/
```

Jede kann ein optionales Argument aufnehmen, das den Zeitrahmen, in dem die Statistiken gesammelt werden (in der Form von `startDate` und `endDate`), einengt, und die ersten vier können auch angeben, dass Sie nur Statistiken von einer bestimmten Seite benötigen.

Diese Statistiken sollen auf der gesamten Site angezeigt werden, aber nur, wenn das ein Benutzer anfordert. Derzeit führen Sie die XHR-Aufrufe für jede Seite von Hand durch:

```
/* Aufrufe manuell erstellen. */

var xhrHandler = XhrManager.createXhrHandler();

/* Pageview-Statistiken abrufen. */

var callback = {
  success: function(responseText) {
    var stats = eval('(' + responseText + ')');
      // JSON-Daten parsen.
    displayPageviews(stats);
      // Statistiken auf der Seite anzeigen.
  },
  failure: function(statusCode) {
    throw new Error('Asynchronous request for stats failed.');
  }
};
xhrHandler.request('GET', '/stats/getPageviews/?page=index.html',
callback);

/* Browser-Statistiken abrufen. */

var callback = {
  success: function(responseText) {
    var stats = eval('(' + responseText + ')');
      // JSON-Daten parsen.
    displayBrowserShare(stats);
      // Statistiken auf der Seite anzeigen.
  },
  failure: function(statusCode) {
```

```
      throw new Error('Asynchronous request for stats failed.');
  }
};
xhrHandler.request('GET', '/stats/getBrowserShare/?page=index.html',
callback);
```

Es wäre prima, wenn man alle diese Aufrufe in ein Objekt packen könnte, das ein natives JavaScript-Interface für den Zugriff auf die Daten bieten würde. Dadurch könnte im obigen Beispiel viel doppelter Code verhindert werden. Dieses Objekt würde dieselben fünf Methoden wie der Web Service implementieren. Jede führt einen XHR-Aufruf an den Web Service aus, um die Daten abzurufen und sie dann an die Callback-Funktion weiterzugeben.

Als Erstes definieren wir das Interface für den Web Service. Dies ermöglicht später das Auslagern verschiedener Proxy-Typen, falls dies erforderlich ist:

```
/* PageStats-Interface. */

var PageStats = new Interface('PageStats', ['getPageviews', 'getUniques',
    'getBrowserShare', 'getTopSearchTerms', 'getMostVisitedPages']);
```

Dann wird der eigentliche Remote Proxy StatsProxy definiert:

```
/* StatsProxy-Singleton. */

var StatsProxy = function() { // implementiert PageStats

  /* Private Attribute. */

  var xhrHandler = XhrManager.createXhrHandler();
  var urls = {
    pageviews: '/stats/getPageviews/',
    uniques: '/stats/getUniques/',
    browserShare: '/stats/getBrowserShare/',
    topSearchTerms: '/stats/getTopSearchTerms/',
    mostVisitedPages: '/stats/getMostVisitedPages/'
  };

  /* Private Methoden. */

  function xhrFailure() {
    throw new Error('StatsProxy: Asynchronous request for stats failed.');
  }

  function fetchData(url, dataCallback, startDate, endDate, page) {
    var callback = {
      success: function(responseText) {
        var stats = eval('(' + responseText + ')');
        dataCallback(stats);
```

```
      },
      failure: xhrFailure
    };

    var getVars = [];
    if(startDate != undefined) {
      getVars.push('startDate=' + encodeURI(startDate));
    }
    if(endDate != undefined) {
      getVars.push('endDate=' + encodeURI(endDate));
    }
    if(page != undefined) {
      getVars.push('page=' + page);
    }

    if(getVars.length > 0) {
      url = url + '?' + getVars.join('&');
    }

    xhrHandler.request('GET', url, callback);
  }

  /* Public Methoden. */

  return {
    getPageviews: function(callback, startDate, endDate, page) {
      fetchData(urls.pageviews, callback, startDate, endDate, page);
    },
    getUniques: function(callback, startDate, endDate, page) {
      fetchData(urls.uniques, callback, startDate, endDate, page);
    },
    getBrowserShare: function(callback, startDate, endDate, page) {
      fetchData(urls.browserShare, callback, startDate, endDate, page);
    },
    getTopSearchTerms: function(callback, startDate, endDate, page) {
      fetchData(urls.topSearchTerms, callback, startDate, endDate, page);
    },
    getMostVisitedPages: function(callback, startDate, endDate) {
      fetchData(urls.mostVisitedPages, callback, startDate, endDate);
    }
  };
}();
```

Dies verwendet das fortgeschrittenere der beiden Singleton-Muster, mit dem Sie Attribute und Methoden erstellen können. Die zur Implementierung des Interface benötigten Methoden werden als öffentlich (public) definiert und die Hilfsmethoden als privat. Die öffentlichen Methoden rufen alle dieselbe Hilfsmethode fetchData auf, die den gesamten Code in der manuellen Implementierung an einen einzigen Speicherort verschiebt.

Was gewinnen wir durch die Verwendung eines Remote-Proxy in diesem Beispiel? Der Implementierungscode ist loser mit dem Web Service gekoppelt, und die Menge an doppeltem Code wird reduziert. Sie können das `StatsProxy`-Objekt wie jedes andere JavaScript-Objekt behandeln und es beliebig abfragen. Dies zeigt aber auch einen der Nachteile dieses Ansatzes: Der Remote-Proxy maskiert per Definition die echte Quelle der Daten. Selbst wenn Sie sie als lokale Ressource behandeln können, handelt es sich im Grunde um einen Aufruf zurück an den Server, der je nach Verbindungsgeschwindigkeit des Benutzers zwischen ein paar Millisekunden bis zu ein paar Sekunden dauern kann. Beim Erstellen eines Remote-Proxy ist es immer nützlich, diese Arten von Performance-Bedenken zu dokumentieren. In diesem Beispiel können Sie das Problem etwas lindern, indem der Aufruf asynchron durchgeführt wird und eine Callback-Funktion anstatt der Blockierung und dem Warten auf Ergebnisse verwendet wird. Aber die Erfordernis einer Callback-Funktion legt auch ein Stück der zugrunde liegenden Implementierung offen: Es wäre nicht notwendig, einen Callback zu verwenden, wenn wir nicht mit einem externen Service kommunizieren würden.

14.4 Allgemeines Muster zum Wrappen eines Web Service

Dieses Beispiel kann abstrahiert werden, um ein allgemeineres Muster zu erstellen, mit dem ein Web Service gewrappt werden kann. Die speziellen Details der Implementierung variieren basierend auf dem Typ des Web Service, aber dieses allgemeine Muster sollte einen generellen Rahmen zum Erstellen des eigenen Proxy bieten. Aufgrund der Restriktion derselben Domain muss der Web Service-Proxy von derselben Domain wie die Seite gespeist werden. Es ist eine normale Klasse mit einem Konstruktor, kein Singleton, so dass sie später erweitert werden kann:

```
/* WebserviceProxy-Klasse */

var WebserviceProxy = function() {
  this.xhrHandler = XhrManager.createXhrHandler();
};
WebserviceProxy.prototype = {
  _xhrFailure: function(statusCode) {
    throw new Error('StatsProxy: Asynchronous request for stats failed.');
  },
  _fetchData: function(url, dataCallback, getVars) {
    var that = this;
    var callback = {
      success: function(responseText) {
        var obj = eval('(' + responseText + ')');
        dataCallback(obj);
      },
```

```
        failure: that._xhrFailure
      };

      var getVarArray = [];
      for(varName in getVars) {
        getVarArray.push(varName + '=' + getVars[varName]);
      }
      if(getVarArray.length > 0) {
        url = url + '?' + getVarArray.join('&');
      }

      xhrHandler.request('GET', url, callback);
    }
};
```

Um dieses allgemeine Muster zu verwenden, erstellen Sie einfach eine eigene Klasse und erweitern sie mit `WebserviceProxy`. Dann implementieren Sie die benötigten Methoden mit der Methode `_fetchData`. Die `StatsProxy`-Klasse sieht wie eine Unterklasse von `WebserviceProxy` aus:

```
/* StatsProxy-Klasse. */

var StatsProxy = function() {}; // implementiert PageStats
extend(StatsProxy, WebserviceProxy);

/* Implementiert die benötigten Methoden. */

StatsProxy.prototype.getPageviews = function(callback, startDate, endDate,
    page) {
  this._fetchData('/stats/getPageviews/', callback, {
    'startDate': startDate,
    'endDate': endDate,
    'page': page
  });
};
StatsProxy.prototype.getUniques = function(callback, startDate, endDate,
    page) {
  this._fetchData('/stats/getUniques/', callback, {
    'startDate': startDate,
    'endDate': endDate,
    'page': page
  });
};
StatsProxy.prototype.getBrowserShare = function(callback, startDate,
endDate,
    page) {
  this._fetchData('/stats/getBrowserShare/', callback, {
    'startDate': startDate,
```

```
    'endDate': endDate,
    'page': page
  });
};
StatsProxy.prototype.getTopSearchTerms = function(callback, startDate,
    endDate, page) {
  this._fetchData('/stats/getTopSearchTerms/', callback, {
    'startDate': startDate,
    'endDate': endDate,
    'page': page
  });
};
StatsProxy.prototype.getMostVisitedPages = function(callback, startDate,
    endDate) {
  this._fetchData('/stats/getMostVisitedPages/', callback, {
    'startDate': startDate,
    'endDate': endDate
  });
};
```

14.5   Beispiel: Verzeichnissuche

Sie wurden beauftragt, ein durchsuchbares Verzeichnis der Mitarbeiter auf die Haupt-seite der Website Ihres Unternehmens hinzuzufügen. Es sollte die Seiten eines physika-lischen Verzeichnisses emulieren und alle Mitarbeiter anzeigen, deren Nachnamen mit einem bestimmten Buchstaben anfangen, beginnend bei A. Da dies eine Seite mit sehr vielen Zugriffen ist, soll es auch möglichst bandbreiteneffizient sein. Sie möchten nicht, dass dieses kleine Feature die gesamte Seite verlangsamt.

Da die Seitengröße hier so wichtig ist, entscheiden Sie, die Mitarbeiterdaten (die ziemlich groß sind) nur für Benutzer zu laden, die sie benötigen. Auf diese Weise müssen Benutzer, die es nicht brauchen, nie die zusätzlichen Daten downloaden. Das ist eine exzellente Einsatzmöglichkeit für einen virtuellen Proxy, da er die Kosten des Ladens einer bandbreitenintensiven Ressource erst dann vornimmt, wenn sie benötigt wird. Ebenso möchten Sie die Benutzer benachrichtigen und ihnen mitteilen, dass das Verzeichnis geladen wird, so dass die User nicht auf den leeren Bildschirm starren und sich fragen, ob die Verbindung unterbrochen wurde. Für diese Aufgaben ist der virtuelle Proxy hervorragend geeignet.

Als Erstes erstellen wir die Klasse, die das echte Subjekt des Proxy wird. Dies ist die Klasse, die die Mitarbeiterdaten abruft und das HTML zur Anzeige der Daten in Web-seiten, wie einem Telefonbuch, erstellt:

```
/* Directory-Interface. */

var Directory = new Interface('Directory', ['showPage']);
```

```
/* PersonnelDirectory-Klasse, das echte Subjekt */

var PersonnelDirectory = function(parent) {
  // implementiert Directory
  this.xhrHandler = XhrManager.createXhrHandler();
  this.parent = parent;
  this.data = null;
  this.currentPage = null;

  var that = this;
  var callback = {
    success: that._configure,
    failure: function() {
      throw new Error('PersonnelDirectory: failure in data retrieval.');
    }
  }
  xhrHandler.request('GET', 'directoryData.php', callback);
};
PersonnelDirectory.prototype = {
  _configure: function(responseText) {
    this.data = eval('(' + reponseText + ')');
    ...
    this.currentPage = 'a';
  },
  showPage: function(page) {
    $('page-' + this.currentPage).style.display = 'none';
    $('page-' + page).style.display = 'block';
    this.currentPage = page;
  }
};
```

Der Konstruktor führt einen XHR-Request aus, um die Mitarbeiterdaten abzurufen. Wenn die Daten zurückgegeben werden, wird die `_configure`-Methode aufgerufen, um das HTML zu erstellen und mit Daten zu füllen (der Großteil der Methode wird der Kürze halber weggelassen). Diese Klasse implementiert die gesamte Funktionalität, die Sie von einem Verzeichnis erwarten. Warum braucht man dann einen Proxy? Sobald die Klasse instanziiert wird, ruft sie große Datenmengen ab. Wenn Sie diese Klasse beim Laden der Seite instanziieren, muss jeder Benutzer die Daten laden, selbst die, die das Verzeichnis nie verwenden. Der Proxy verschiebt diese Instanziierung.

Um den virtuellen Proxy zu erstellen, erstellen Sie zuerst die Grundstruktur der Klasse mit allen erforderlichen Methoden. In diesem Fall müssen nur die `showPage`-Methode und der Konstruktor implementiert werden:

```
/* DirectoryProxy-Klasse, nur das Grundgerüst. */

var DirectoryProxy = function(parent) {
  // implementiert Directory
```

```
};
DirectoryProxy.prototype = {
  showPage: function(page) {


  }
};
```

Als Nächstes implementieren wir die Klasse als nutzlosen Proxy, wobei jeder Methodenaufruf einfach dieselben Methoden für das echte Subjekt aufruft:

```
/* DirectoryProxy-Klasse, als nutzloser Proxy. */

var DirectoryProxy = function(parent) {
// implementiert Directory
  this.directory = new PersonnelDirectory(parent);
};
DirectoryProxy.prototype = {
  showPage: function(page) {
    return this.directory.showPage(page);
  }
};
```

Der Proxy fungiert nun anstelle einer Instanz von `PersonnelDirectory`. Die beiden können transparent ausgetauscht werden. Aber in dieser Konfiguration gewinnen Sie noch nicht die Vorteile des virtuellen Proxy. Dafür müssen Sie eine Methode erstellen, um das echte Subjekt und einen Event Listener zu initialisieren, um diese Initialisierung auszulösen:

```
/* DirectoryProxy-Klasse, als virtueller Proxy. */

var DirectoryProxy = function(parent) {
  // implementiert Directory
  this.parent = parent;
  this.directory = null;
  var that = this;
  addEvent(parent, 'mouseover', that._initialize);
  // Initialisierungs-Trigger
};
DirectoryProxy.prototype = {
  _initialize: function() {
    this.directory = new PersonnelDirectory(this.parent);
  },
  showPage: function(page) {
    return this.directory.showPage(page);
  }
};
```

Der DirectoryProxy-Konstruktor instanziiert nicht mehr das echte Subjekt, stattdessen verschiebt er die Instanziierung auf eine Methode, nämlich _initialize. Wir fügen einen Event Listener hinzu, der als Auslöser für diese Methode fungiert. Der Trigger kann alles sein, was dem Objekt signalisiert, dass der Benutzer die Initialisierung des echten Subjekts benötigt. In diesem Fall wird die Klasse instanziiert, wenn der Benutzer die Maus über den Parent-Container bewegt. Eine komplexere Version dieses Codes kann eine leere Version der Benutzeroberfläche erstellen, und sobald der Fokus auf eines der Formularfelder gesetzt wird, wird es transparent durch das initialisierte echte Subjekt ersetzt.

Das Beispiel ist fast fertig. Nun ist nur noch der Benutzer zu informieren, dass das Verzeichnis geladen wird. Zudem sind alle Methodenaufrufe zu blockieren, bis das echte Subjekt erstellt wird:

```
/* DirectoryProxy-Klasse, mit Lade-Nachricht. */

var DirectoryProxy = function(parent) {
  // implementiert Directory
  this.parent = parent;
  this.directory = null;
  this.warning = null;
  this.interval = null;
  this.initialized = false;
  var that = this;
  addEvent(parent, 'mouseover', that._initialize);
  // Initialisierungs-Trigger
};
DirectoryProxy.prototype = {
  _initialize: function() {
    this.warning = document.createElement('div');
    this.parent.appendChild(this.warning);
    this.warning.innerHTML = 'The company directory is loading...';

    this.directory = new PersonnelDirectory(this.parent);
    var that = this;
    this.interval = setInterval(that._checkInitialization, 100);
  },
  _checkInitialization: function() {
    if(this.directory.currentPage != null) {
      clearInterval(this.interval);
      this.initialized = true;
      this.parent.removeChild(this.warning);
    }
  },
  showPage: function(page) {
    if(!this.initialized) {
      return;
    }
```

```
    return this.directory.showPage(page);
  }
};
```

Das Blockieren von Aufrufen von `showPage` ist einfach: Sie fragen einfach das `initialized`-Attribut ab. Wenn es True ergibt, können Sie die Methode des echten Subjekts aufrufen. Die Anzeige einer Warnmeldung, während das Objekt lädt, ist etwas schwieriger. Wie wissen Sie, wann die Klasse wirklich fertig geladen wurde? Das echte Subjekt kann ein angepasstes Ereignis erstellen, an das sich der Proxy anhängen kann, aber in diesem Beispiel verwenden wir eine einfachere Technik. Das `currentPage`-Attribut wird nur eingestellt, wenn die Daten geladen wurden. Fragen Sie einfach das Attribut alle 100 Millisekunden ab, bis Sie herausgefunden haben, dass es festgelegt wurde. An diesem Punkt entfernen Sie die Lade-Meldung und markieren das Objekt als initialisiert.

Der virtuelle Proxy ist nun komplett. Dies ist ein sehr einfaches Beispiel, wie dieser Proxy-Typ funktionieren kann. Eine komplexere Version kann robustere Initialisierungsprüfungen und exaktere Trigger implementieren. Jeder Proxy variiert je nach der exakten Benutzerinteraktion, die Sie erwarten. Als Nächstes behandeln wird einen dynamischen virtuellen Proxy, den Sie als Vorlage zum Erstellen Ihres eigenen Proxy verwenden können.

14.6   Allgemeines Muster zum Erstellen eines virtuellen Proxy

JavaScript ist eine ungemein flexible Sprache. Daher können Sie einen dynamischen virtuellen Proxy erstellen, der das Interface der daran übergebenen Klasse untersucht, seine eigenen zugehörigen Methoden erstellt und die Instanziierung der Klasse verschiebt, bis eine gegebene Bedingung erfüllt ist. Um diesen dynamischen Proxy zu erstellen, erstellen wir zuerst die Hülle der Klasse und die Methoden `_initialize` und `_checkInitialization`. Diese Klasse ist abstrakt. Sie muss nur noch mit Unterklassen versehen und konfiguriert werden, um korrekt zu funktionieren:

```
/* Abstrakte DynamicProxy-Klasse, unvollständig. */

var DynamicProxy = function() {
  this.args = arguments;
  this.initialized = false;
};
DynamicProxy.prototype = {
  _initialize: function() {
    this.subject = {}; // Klasse instanziieren.
    this.class.apply(this.subject, this.args);
    this.subject.__proto__ = this.class.prototype;

    var that = this;
```

```
    this.interval = setInterval(function() { that._checkInitialization();
}, 100);
  },
  _checkInitialization: function() {
    if(this._isInitialized()) {
      clearInterval(this.interval);
      this.initialized = true;
    }
  },
  _isInitialized: function() {
    // Muss in der Unterklasse implementiert werden.
    throw new Error('Unsupported operation on an abstract class.');
  }
};
```

Sie können den Konstruktor nun im Großen und Ganzen ignorieren. Wir kommen später darauf zurück und füllen den Rest aus. Diese Klasse implementiert drei Methoden: Die _initialize-Methode dient zum Auslösen der Initialisierung des echten Subjekts. Sie kann mit einem beliebigen Trigger oder einer Bedingung verknüpft werden. Die _checkInitialization-Methode ruft _isInitialized in eingestellten Abständen auf und setzt die initialized-Variable auf true, wenn sie ihrerseits den Rückgabewert true erhält. Das bedeutet, dass der Proxy alle Methoden des echten Subjekts am Aufruf hindert, bis es vollständig initialisiert ist. Die _isInitialized-Methode bestimmt, wann dies passiert. Sie muss durch die Unterklasse implementiert werden.

Sie fügen nun Code zum Konstruktor hinzu, der dynamisch Methoden für jede der Methoden im echten Subjekt erstellt. Die sieht sehr ähnlich wie der Code aus dem dynamischen Decorator aus, hat aber ein paar erhebliche Unterschiede:

```
/* Abstrakte DynamicProxy-Klasse, vollständig. */

var DynamicProxy = function() {
  this.args = arguments;
  this.initialized = false;

  if(typeof this.class != 'function') {
    throw new Error('DynamicProxy: the class attribute must be set before '
+
      'calling the super-class constructor.');
  }

  // Erstellt die Methoden, die zur Implementierung desselben
  // Interface erforderlich sind.
  for(var key in this.class.prototype) {
  // Sicherstellen, dass die Eigenschaft eine Funktion ist.
    if(typeof this.class.prototype[key] !== 'function') {
      continue;
```

```
  }

  // Methode hinzufügen.
  var that = this;
  (function(methodName) {
    that[methodName] = function() {
      if(!that.initialized) {
        return
      }
      return that.subject[methodName].apply(that.subject, arguments);
    };
  })(key);
  }
};
DynamicProxy.prototype = {
_initialize: function() {
  this.subject = {}; // Klasse instanziieren.
  this.class.apply(this.subject, this.args);
  this.subject.__proto__ = this.class.prototype;

  var that = this;
  this.interval = setInterval(function() { that._checkInitialization();
}, 100);
  },
_checkInitialization: function() {
  if(this._isInitialized()) {
    clearInterval(this.interval);
    this.initialized = true;
  }
  },
_isInitialized: function() {
  // Muss in der Unterklasse implementiert sein.
  throw new Error('Unsupported operation on an abstract class.');
  }
};
```

Der wichtigste Unterschied ist, dass Sie den prototype der Klasse durchlaufen, nicht das Objekt selbst. Der Grund liegt darin, dass das echte Subjekt noch nicht instanziiert wurde und sein Objekt nicht existiert, so dass Sie die Klasse anstatt des echten Subjekt-Objekts untersuchen, um zu bestimmen, welche Methoden implementiert werden sollen. Jede Methode, die Sie hinzufügen, besteht aus zwei Teilen: einer Prüfung, um sicherzustellen, dass das echte Subjekt initialisiert wurde und ein Pass Through-Aufruf an die Methode desselben Namens für das echte Subjekt.

Um diese Klasse zu verwenden, müssen Sie erst eine Unterklasse dafür bilden. Um zu zeigen, wie dies geht, haben wir die TestProxy-Klasse erstellt, die als Proxy für die fiktive TestClass konfiguriert ist.

```
/* TestProxy-Klasse. */

var TestProxy = function() {
  this.class = TestClass;
  var that = this;
  addEvent($('test-link'), 'click', function() { that._initialize(); });
    // Initialisierungs-Trigger.
  TestProxy.superclass.constructor.apply(this, arguments);
};
extend(TestProxy, DynamicProxy);
TestProxy.prototype._isInitialized = function() {
  ... // Hier steht die Initialisierungsbedingung.
};
```

In der Unterklasse gibt es vier Anforderungen: `this.class` muss auf das echte Subjekt der Klasse festgelegt sein. Eine gewisse Art eines Initialisierungs-Auslösers muss erstellt werden. In diesem Beispiel soll die Initialisierung erfolgen, wenn ein Link angeklickt wird. Der Konstruktor der Superklasse muss aufgerufen werden (wie in allen Unterklassen). Zuletzt muss die `_isInitialized`-Methode implementiert werden. Sie sollte `true` oder `false` zurückgeben, je nachdem, ob das echte Subjekt initialisiert wird oder nicht.

Dieser dynamische Proxy verschiebt die Instanziierung, bis Sie entscheiden, dass sie erforderlich ist. Alle Methoden tun nichts, bis diese Initialisierung vollständig ist. Diese Klasse kann zum Wrappen von Klassen verwendet werden, die berechnungsintensiv sind oder die lange Zeit für die Instanziierung benötigen.

14.7 Vorteile des Proxy-Musters

Jeder Proxy-Typ zeichnet sich durch andere Vorteile aus. Der Remote-Proxy ermöglicht Ihnen, eine entfernte Ressource als lokales JavaScript-Objekt zu behandeln. Das ist offensichtlich ein riesiger Vorteil. Es reduziert die Menge an Bindecode, den Sie erstellen müssen, um auf entfernte Ressourcen zuzugreifen, und bietet ein Interface zur Interaktion damit. Sie müssen den Code nur an einer Stelle ändern, wenn sich die von der entfernten Ressource bereitgestellte API ändert. Er speichert auch alle mit der Ressource verknüpften Daten an einem einzigen Ort. Dies umfasst die URL der Ressource, das verwendete Datenformat sowie die Struktur der Befehle und Antworten. Wenn es mehr als einen Web-Service gibt, kann ein allgemeiner Remote-Proxy als abstrakte Klasse erstellt werden und dann können für die Web Services, auf die Sie zugreifen müssen, Unterklassen gebildet werden.

Der virtuelle Proxy hat wiederum ganz andere Vorteile. Im Unterschied zu den meisten in diesem Buch beschriebenen Mustern reduziert er weder doppelten Code noch macht er die Objekte modularer. Es wird de facto mehr Code zu den Seiten hinzufügen – Code, der streng genommen nicht benötigt wird. Aber dafür gewinnen Sie Effizienz. Dies ist ein Optimierungsmuster und sollte nur verwendet werden, wenn eine Ressource aufwendig zu erstellen oder zu unterhalten ist und einen Proxy benötigt, um zu steuern, wann und wie sie erstellt wird. In dieser Situation ist das Muster hervorragend. Sie können damit auf alle Features des echten Subjekts zugreifen, ohne sich darum sorgen zu müssen, ob es instanziiert wurde. Es übernimmt auch die Anzeige von Lademeldungen oder Dummy-Benutzeroberflächen, bis das echte Subjekt das Laden abgeschlossen hat. Auf einer Seite, in der Geschwindigkeit entscheidend ist, kann ein virtueller Proxy verwendet werden, um die Instanziierung von großen Objekten zu verschieben, bis andere Elemente auf der Seite geladen wurden. Dem Endanwender vermittelt dies häufig den Eindruck einer deutlichen Geschwindigkeitssteigerung. Es kann auch dazu verwendet werden, das Laden einer Ressource zu verhindern, wenn sie nicht benötigt wird. Der Hauptvorteil eines virtuellen Proxy ist, dass Sie ihn anstelle des echten Subjekts verwenden können, ohne sich um die Instanziierungskosten kümmern zu müssen.

14.8 Nachteile des Proxy-Musters

Auch wenn die diversen Proxy-Typen verschiedene Vorteile aufweisen, so sind die Nachteile für alle gleich. Aufgrund seines Designs maskiert ein Proxy viel an komplexem Verhalten. Beim Remote-Proxy gehören hierzu XHR-Requests, das Warten auf die Antworten, das Parsen der Antwort und die Ausgabe der empfangenen Daten. Für den Programmierer, der den Remote-Proxy nutzt, kann er wie eine lokale Ressource aussehen, aber der Zugriff darauf kann mehrere Größenordnungen länger dauern wie bei einer lokalen Ressource. Was weiterhin die Illusion einer lokalen Ressource zerstört, ist die Anforderung, Callbacks zu verwenden, anstatt die Ergebnisse direkt aus einer Methode zu erhalten, was den Code etwas komplizierter macht. Es erfordert auch, dass der Proxy mit der entfernten Ressource kommunizieren kann, so dass auch einige Probleme bei der Zuverlässigkeit auftreten können. Wie die meisten Nachteile bei Entwurfsmustern kann dies durch gute Dokumentation eliminiert (oder zuminderst verringert) werden. Wenn Programmierer wissen, was sie hinsichtlich der Performance und Zuverlässigkeit erwartet, können sie den Proxy entsprechend einsetzen.

All dies gilt auch für den virtuellen Proxy. Er maskiert die Logik, um die Instanziierung des echten Subjekts zu verschieben. Für einen Programmierer, der diesen Proxy-Typ verwendet, ist es nicht klar, was die Objekterstellung auslöst und was nicht. Diese Implementierungsdetails müssen nicht unbedingt bekannt sein, aber wenn Programmierer erwarten, dass sie sofort auf ein echtes Subjekt zugreifen, können sie eine Überraschung erleben. Eine gute Dokumentation kann in dieser Situation hilfreich sein.

Beide Proxy-Typen können sich unter den richtigen Umständen als unglaublich nützlich erweisen. Sie können auch abträglich sein, wenn sie ohne Grund verwendet werden, da sie unnötige Komplexität und Code in das Projekt einführen. Ein Proxy ist vollkommen mit dem echten Subjekt austauschbar. Wenn es also keinen überzeugenden Grund für den Proxy gibt, ist es viel einfacher, direkt auf das reale Subjekt zuzugreifen. Vergewissern Sie sich, dass Sie die Features des Proxy-Musters wirklich benötigen, bevor Sie sich die Mühe machen, es zu erstellen.

14.9 Zusammenfassung

In diesem Kapitel haben wir die verschiedenen Arten des Proxy-Musters erörtert. Jeder Typ steuert den Zugriff auf eine Ressource in einer bestimmten Weise. Diese Ressource wird als echtes Subjekt bezeichnet.

Der Protection Proxy steuert, welche Clients auf die Methoden im echten Subjekt zugreifen können. Er kann in JavaScript nicht implementiert werden und daher haben wir ihn in diesem Kapitel nicht behandelt.

Der Remote-Proxy steuert den Zugriff auf eine entfernte Ressource. In anderen Sprachen, wie Java, meldet sich ein Remote-Proxy einfach bei einer persistenten virtuellen Java Machine an und gibt die Methodenaufrufe weiter. Das ist beim Client-seitigen JavaScript nicht möglich. Der Remote-Proxy kann aber sehr nützlich sein, um einen Web Service zu kapseln, der in einer anderen Sprache geschrieben wurde. Dieser Proxy-Typ ermöglicht den Zugriff auf die entfernten Ressourcen wie auf ein lokales Objekt.

Der virtuelle Proxy steuert den Zugriff auf eine Klasse oder ein Objekt, dessen Erstellung oder Pflege aufwendig ist. Das kann in JavaScript dort nützlich sein, wo der Browser des Endanwenders eventuell nur begrenzten Speicher zur Ausführung des Codes zur Verfügung hat. Es kann auch nützlich sein, wenn Sie entdecken, dass ein echtes Subjekt langsam geladen wird, da der Virtual Proxy eine Lade-Nachricht oder eine Dummy-Benutzeroberfläche anzeigen kann, mit der der Endanwender interagieren kann, bis die echte Benutzeroberfläche geladen ist.

Das Proxy-Muster kann jederzeit durch das echte Subjekt ersetzt werden und macht Projekte komplexer. Es ist wichtig, es nur zu verwenden, wenn es den Code weniger redundant, modularer oder effizienter macht. Wenn es in diesen Situationen verwendet wird, kann ein Proxy den Zugriff auf andernfalls problematische Ressourcen erheblich vereinfachen.

15 Das Observer-Muster

In einer ereignisgesteuerten Umgebung, wie einem Browser, in dem ständig die Aufmerksamkeit des Benutzers gesucht wird, ist das Observer-Muster, das auch als Publisher-Subscriber-Muster bekannt ist, ein exzellentes Tool, um die Beziehung zwischen Personen und deren Tätigkeiten oder allgemeiner zwischen Objekten, ihren Aktionen und deren Zuständen zu verwalten. In JavaScript formuliert, ermöglicht dieses Muster im Grunde die Beobachtung des Zustands eines Objekts in einem Programm und die Benachrichtigung, wenn er sich ändert.

Im Observer-Muster gibt es zwei Rollen: der Beobachter und den Beobachteten. In dem vorliegenden Buch bezeichnen wir diese allgemein als Herausgeber (Publisher) und Abonnent (Subscriber). Dieses Modell kann in JavaScript auf verschiedene Weisen implementiert werden. Wir sehen uns in diesem Kapitel einige Möglichkeiten an. Aber zuerst erläutern wir die Publisher- und Subscriber-Rollen. Das Beispiel im nächsten Abschnitt zeigt anhand der Zeitungsbranche die Funktionsweise des Observer-Musters auf.

15.1 Beispiel: Zeitungszustellung

In der Zeitungsbranche gibt es Schlüsselrollen und Aktionen, durch die das Publizieren und das Abonnieren nahtlos funktionieren. Als Erstes und Wichtigstes sind da die Leser. Sie sind die Abonnenten, Leute wie Sie und ich. Wir konsumieren die Informationen und reagieren auf das, was wir lesen. Wir sollten auch unseren Aufenthaltsort wählen können und die Zeitung persönlich zugestellt erhalten. Die andere Rolle übernimmt hier der Herausgeber. Der Herausgeber produziert die Zeitungen, wie den San Francisco Chronicle, die New York Times und die Sacramento Bee.

Nachdem die Identitäten nun bekannt sind, können wir untersuchen, was die Aufgaben einer jeden Identität sind. Als Abonnenten von Zeitungen führen wir ein paar Dinge aus: Wir werden benachrichtigt, wenn Informationen ankommen. Wir konsumieren die Informationen. Und dann reagieren wir darauf. An diesem Punkt ist es den einzelnen Abonnenten überlassen, was er mit der Zeitung tut, wenn er sie einmal in den Händen hält. Einige werden sie lesen und wegwerfen. Andere können die Zeitungen an Freunde oder die Familie weitergeben, und wieder andere können die Zeitung zurückschicken. Nichtsdestotrotz erhalten die Abonnenten die Informationen von den Herausgebern.

Herausgeber senden die Informationen. In diesem Beispiel sind die Herausgeber die Lieferanten. Insgesamt betrachtet haben Herausgeber meist viele Abonnenten. Ebenso ist es sehr wahrscheinlich, dass ein Abonnent mehrere Zeitungen oder Zeitschriften verschiedener Herausgeber abonniert haben kann. Der Hauptpunkt ist, dass dies eine

Viele-zu-Viele-Beziehung ist, die eine erweiterte Abstraktionsstrategie ermöglicht, wobei Abonnenten unabhängig von anderen Abonnenten sind und Herausgeber alle Abonnenten beliefern, die Informationen konsumieren möchten.

15.1.1 Push und Pull im Vergleich

Es ist für die Herausgeber von Zeitungen nicht praktisch, nur für ein paar Abonnenten um die Welt zu reisen. Noch macht es für jemanden Sinn, der in New York City lebt, nach San Francisco zu fliegen, nur um den Chronicle zu erhalten, wenn er auch vor die Haustür zugestellt werden kann.

Es gibt zwei Zustellmethoden für Abonnenten, um die Zeitungen in der Hand zu halten: Push oder Pull. In einer Push-Umgebung werden Herausgeber wahrscheinlich Zusteller anstellen, um die Zeitungen vor Ort auszutragen. Anders ausgedrückt, sie geben ihre Zeitungen weg (Push) und die Abonnenten erhalten sie. In einer Pull-Umgebung bieten kleinere lokale Verlage die Daten an den Straßenecken an, damit die Abonnenten sie mitnehmen (Pull). Das ist in den Vereinigten Staaten oftmals eine hervorragende Strategie für kleinere Verlage mit Wachstumschancen, die nicht die Ressourcen haben, hohe Auflagen zuzustellen und so die Distribution optimieren, indem die Abonnenten die Zeitung im Lebensmittelladen oder vom Zeitungsstand mitnehmen können.

15.1.2 Das Muster in der Praxis

Es gibt verschiedene Möglichkeiten, ein Publisher-Subscriber-Muster in JavaScript zu implementieren. Aber bevor wir Sie mit den Beispielen vertraut machen, stellen wir noch sicher, dass alle richtigen Rollenspieler (Objekte) und deren Aktionen (Methoden) in Ordnung sind:

- Abonnenten können abonnieren und das Abonnement beenden. Sie empfangen auch. Sie haben die Option der Zustellung oder der Abholung.

- Herausgeber liefern. Sie haben die Option der Lieferung oder der Abholung.

Es folgt ein Beispiel aus der Vogelperspektive, wie Publisher und Subscriber miteinander interagieren. Es veranschaulicht den Sellsian-Ansatz. Das ist eine Technik ähnlich der testgesteuerten Entwicklung (TDD, Test-driven Development), wobei hier aber zuerst der Implementierungscode geschrieben wird, als ob die API bereits existieren würde. Der Programmierer macht dann daraus eine echte Implementierung, was die API beeinflusst:

```
http://pluralsight.com/blogs/dbox/archive/2007/01/24/45864.aspx
/*
  * Publisher müssen "Herausgeben" d.h., das Ereignis erzeugen.
  * Sie müssen auch "Benachrichtigen", (das Ereignis auslösen).
*/
var Publisher = new Observable;

/*
```

```
 * Abbonnenten "abonnieren" im Wesentlichen... (oder prüfen).
 * Nach einer "Benachrichtigung" werden deren Callback-Funktionen
 * aufgerufen.
*/
var Subscriber = function(news) {
  // News direkt an mich gesendet
};
Publisher.subscribeCustomer(Subscriber);


/*
 * Zeitung zustellen:
 * sendet die Zeitung an alle Abonnenten.
*/
Publisher.deliver('extre, extre, read all about it');


/*
 * Der Kunde vergaß zu zahlen.
*/
Publisher.unSubscribeCustomer(Subscriber);
```

In diesem Modell sehen Sie, dass hier die Herausgeber das Heft in der Hand haben. Sie melden das Abo ihrer Kunden an und können sie ebenso wieder aus der Belieferungs-route herausnehmen. Und nicht zuletzt liefern sie an Kunden, wenn eine neue Zeitung herausgekommen ist.

In Code-Begriffen gesprochen, haben wir im Wesentlichen ein neues beobachtbares Objekt eingerichtet. Das beobachtbare Objekt hat mit der Instanz drei Methoden ver-knüpft: `subscribeCustomer`, `unSubscribeCustomer` und `deliver`. Die Abonne-ment-Methoden nehmen im Wesentlichen Subscriber-Funktionen als Callbacks auf. Wenn die `deliver`-Methode aufgerufen wird, sendet sie die Daten an jeden der Abonnenten durch diese Callback-Methoden zurück.

Hier ist eine andere Möglichkeit – dasselbe Szenario mit einem anderen Verarbei-tungsstil von Herausgeber und Abonnent:

```
/*
 * Zeitungsanbieter
 * eingerichtet als neue Publisher-Objekte
*/
var NewYorkTimes = new Publisher;
var AustinHerald = new Publisher;
var SfChronicle = new Publisher;


/*
 * Leute, die gerne lesen
 * (Abonnenten)
 *
```

```
  * Jeder Abonnent wird als Callback-Methode eingerichtet.
  * Sie erben alle von dem Function-Prototypobjekt.
*/
var Joe = function(from) {
  console.log('Delivery from '+from+' to Joe');
};
var Lindsay = function(from) {
  console.log('Delivery from '+from+' to Lindsay');
};
var Quadaras = function(from) {
  console.log('Delivery from '+from+' to Quadaras');
};


/*
  * Hier ermöglichen wir ihnen, neue Zeitungen zu abonnieren,
  * die die Publisher-Objekte sind.
  * In dem Fall, dass Joe die NY Times und
  * den Chronicle abonniert, abonniert Lindsay die NY Times,
  * Austin Herald und Chronicle. Und die Quadaras
  * abonnieren den Herald und den Chronicle
*/
Joe.
  subscribe(NewYorkTimes).
  subscribe(SfChronicle);

Lindsay.
  subscribe(AustinHerald).
  subscribe(SfChronicle).
  subscribe(NewYorkTimes);

Quadaras.
  subscribe(AustinHerald).
  subscribe(SfChronicle);

/*
  * Dann kann der Herausgeber in unserer Anwendung jederzeit Daten
  * an die Abonnenten schicken, die diese konsumieren und darauf
  * reagieren.
*/
NewYorkTimes.
  deliver('Here is your paper! Direct from the Big apple');
AustinHerald.
  deliver('News').
  deliver('Reviews').
  deliver('Coupons');
SfChronicle.
```

```
deliver('The weather is still chilly').
deliver('Hi Mom! I\'m writing a book');
```

In diesem Szenario haben wir nicht viel an der Art und Weise geändert, wie wir Herausgeber einrichten oder Abonnenten Daten empfangen. Aber Abonnenten sind in diesem Fall diejenigen, die die Macht haben, zu abonnieren und das Abonnement zu kündigen. Und natürlich sind Herausgeber immer noch in der Lage, Daten zu senden.

Auch hier, in Code-Begriffen gesprochen, werden Herausgeber als `Publisher`-Objekte mit einer Methode eingerichtet: `deliver`. Und die Abonnenten-Funktionen verfügen über die Methoden `subscribe` und `unsubscribe`. Da dies nur normale Callback-Funktionen sind, impliziert dies, dass wir den `Function`-Prototyp erweitert haben, um diese Funktionalität zu verwirklichen.

Gehen wir Schritt für Schritt weiter und erstellen eine API, die zu den Anforderungen passt.

15.2   Observer-API errichten

Nachdem nun die Kernelemente, die das Observer-Muster bilden, identifiziert wurden, können wir mit der Konstruktion der API beginnen. Als Erstes benötigen wir einen Publisher-Konstruktor, der einen Array der Subscriber enthält:

```
function Publisher() {
  this.subscribers = [];
}
```

15.2.1 Liefermethoden

Alle `Publisher`-Instanzen benötigen die Fähigkeit, Daten zu liefern. Sie können einfach den `Publisher`-Prototype mit einer `deliver`-Methode erweitern, die alle `Publisher`-Objekte gemeinsam nutzen:

```
Publisher.prototype.deliver = function(data) {
  this.subscribers.forEach(
    function(fn) {
      fn(data);
    }
  );
  return this;
};
```

Dies durchläuft jeden Subscriber mit `forEach`, eine der neuen Array-Methoden von JavaScript 1.6 (siehe die Mozilla Developer Center-Website unter `http://developer.mozilla.org/`). Diese Methode iteriert durch einen Heuhaufen und gibt eine Nadel, den Index, und den gesamten Array an eine Callback-Methode zurück. Jede Nadel im Array des Subscribers ist ein Callback, wie Joe, `Lindsay` und `Quadaras`.

Wie in Kapitel 6 bei den Verkettungstechniken erläutert, können Sie die Fähigkeit nutzen, mehrere Datengruppen in einem Aufruf zu liefern, wobei ein Datenstück nach dem anderen abgefeuert wird, indem am Ende der Liefermethode einfach `this` zurückgegeben wird.

15.2.2 Abonnieren (Subscribe)

Im nächsten Schritt erhalten die Abonnenten die Fähigkeit, ein Abonnement zu unterhalten:

```
Function.prototype.subscribe = function(publisher) {
  var that = this;
  var alreadyExists = publisher.subscribers.some(
    function(el) {
      if ( el === that ) {
        return;
      }
    }
  );
  if ( !alreadyExists ) {
    publisher.subscribers.push(this);
  }
  return this;
};
```

Bei diesem Code-Stück wird der `Function`-Objektprototyp erweitert, der allen in den Speicher geladenen Funktionen die Fähigkeit verleiht, eine `subscribe`-Methode aufzurufen, die ein `Publisher`-Objekt übernimmt. Die erste in den `subscribe`-Methoden definierte Variable ist `that`. Wir werden dies später in unserem Iterator verwenden, es wird aber im Wesentlichen dazu verwendet, den Zugriff auf einen anderen Gültigkeitsbereich in einer Closure zu ermöglichen. Dann verwenden wir eine andere Iteratormethode namens `some`, die auch eine JavaScript 1.6-Array-Iteratormethode ist. Sie gibt einen Booleschen Wert zurück, je nachdem, ob einige (oder zumindest einer) der Callbacks `true` liefert. Dann gibt die gesamte Funktion `true` zurück. Nur wenn alle Callback-Funktionen `false` melden, erhalten wir ein `false` zurück. Nach Abschluss wird er der `alreadyExists`-Variablen zugewiesen, die zur Bestimmung verwendet wird, ob ein neuer Subscriber hinzugefügt werden soll. Schließlich wird `this` zurückgegeben, so dass man später die Verkettung fortsetzen kann.

15.2.3 Abonnement kündigen (Unsubscribe)

Die `unsubscribe`-Methode ermöglicht den Abonnenten, die Beobachtung eines Herausgebers zu beenden:

```
Function.prototype.unsubscribe = function(publisher) {
  var that = this;
  publisher.subscribers = publisher.subscribers.filter(
    function(el) {
```

```
        if ( el !== that ) {
            return el;
        }
    }
    );
    return this;
};
```

Oftmals kann eine Anwendung vorliegen, die nur auf ein einmaliges Ereignis prüft und sich dann während der Callback-Phase sofort für das Ereignis abmeldet. Die sieht in etwa so aus:

```
var publisherObject = new Publisher;

var observerObject = function(data) {
    // Verarbeite die Daten.
    console.log(data);
    // Beende das Abonnement von diesem Herausgeber.
    arguments.callee.unsubscribe(publisherObject);
};

observerObject.subscribe(publisherObject);
```

15.3 Observer in der Praxis

In der Praxis sind Observer extrem nützlich bei einer großen Codebasis, bei der mehrere JavaScript-Autoren zusammenarbeiten. Sie verbessern die Flexibilität der APIs und ermöglichen, dass sich Implementierungen unabhängig von anderen daneben bestehenden Implementierungen verändern. Als Entwickler müssen Sie sich entscheiden, was die »entscheidenden Augenblicke« in Ihrer Anwendung sind. Sie müssen nicht mehr länger auf Browser-Ereignisse wie `click`, `load`, `blur`, `mouseover` usw. warten. Entscheidende Augenblicke in einer reichhaltigen UI-Anwendung können `drag`, `drop`, `moved`, `complete` oder `tabSwitch` sein. Diese abstrahieren sämtlich die normalen Browser-Ereignisse zu beobachtbaren Ereignissen, die Publisher-Objekte an ihre jeweiligen Listener senden können.

15.4 Beispiel: Animation

Die Animation ist ein hervorragender Startpunkt für beobachtbare Objekte in einer Anwendung. Sie haben auf Anhieb zumindest drei Augenblicke, die sehr einfach als beobachtbar identifizierbar sind: Starten, Beenden und Ausführen. In diesem Beispiel können wir das als `onStart`, `onComplete` und `onTween` bezeichnen. Der folgende Code zeigt, wie dies mit dem zuvor erstellten `Publisher`-Utility geschrieben werden kann:

```
// Publisher-API
var Animation = function(o) {
  this.onStart = new Publisher,
  this.onComplete = new Publisher,
  this.onTween = new Publisher;
};
Animation.
  method('fly', function() {
    // Animation beginnen
    this.onStart.deliver();
    for ( ... ) { // Frames durchlaufen
      // Frame-Nummer zurückgeben
      this.onTween.deliver(i);
    }
    // Animation beenden
    this.onComplete.deliver();
  });

// Account mit dem Animation-Manager einrichten
var Superman = new Animation({...config properties...});

// Beginn der Implementierung der Subscriber
var putOnCape = function(i) { };
var takeOffCape = function(i) { };

putOnCape.subscribe(Superman.onStart);
takeOffCape.subscribe(Superman.onComplete);


// Fly kann überall aufgerufen werden
Superman.fly();
// zum Beispiel:
addEvent(element, 'click', function() {
  Superman.fly();
});
```

Wie Sie sehen, funktioniert dies recht gut. Da der Publisher Ihnen ermöglicht, zu prüfen, wann Superman abhebt und wieder landet, müssen Sie nur diese Augenblicke abonnieren, und er fliegt!

15.5   Event Listener sind auch Observer

Im fortgeschrittenen Ereignismodell in DOM-Skripting-Umgebungen sind Event Listener im Grunde integrierte Observer. Der Unterschied zwischen Event Handlern und Event Listenern ist, dass ein Handler im Grunde ein Mittel ist, das Ereignis an eine zugeordnete Funktion zu übergeben. Auch dürfen Sie im Handler-Modell nur an eine

Callback-Methode übergeben. Im Listener-Modell können jedem gegebenen Objekt verschiedene Listener zugeordnet sein. Jeder Listener kann sich unabhängig von anderen Listenern verändern. Anders ausgedrückt: Es spielt für den San Francisco Chronicle keine Rolle, dass Joe auch noch die New York Times abonniert hat. Ebenso spielt es für Joe keine Rolle, dass Lindsay auch den Chronicle abonniert hat. Jeder entscheidet, wie die eigenen Daten und die eigenen Aktionen verarbeitet werden.

Zum Beispiel ist es möglich, mehrere Funktionen vorliegen zu haben, die mit Event Listenern auf dasselbe Ereignis reagieren:

```
// Beispiel der Verwendung von Listenern
var element = $('example');
var fn1 = function(e) {
  // handle click
};
var fn2 = function(e) {
  // Anderes mit Klick ausführen
};

addEvent(element, 'click', fn1);
addEvent(element, 'click', fn2);
```

Es ist jedoch nicht möglich, Event Handler zu verwenden, wie im Folgenden gezeigt:

```
// Beispiel der Verwendung von Handlern
var element = document.getElementById('b');
var fn1 = function(e) {
  // Behandle den Klick
};
var fn2 = function(e) {
  // Anderes mit Klick ausführen
};

element.onclick = fn1;
element.onclick = fn2;
```

Im ersten Beispiel bei der Verwendung von Listenern werden sowohl `fn1` als auch `fn2` ausgelöst, wenn das `click`-Ereignis auftritt. Aber im zweiten Beispiel, bei der Verwendung von Handlern, wird `fn1` durch `fn2` ersetzt, und somit wird `fn1` nie aufgerufen, da die `onclick`-Eigenschaft neu zugewiesen wird, um stattdessen von `fn2` verarbeitet zu werden.

Nichtsdestotrotz können Sie die Parallele zwischen Listenern und Observern erkennen. In Wirklichkeit sind sie eigentlich synonym zueinander. Sie abonnieren beide ein bestimmtes Ereignis und warten darauf, dass das Ereignis eintritt. Und wenn dies stattfindet, benachrichtigt es die Subscriber-Callbacks, übergibt wertvolle Informationen durch das Ereignisobjekt, das Informationen liefert, wie: wann ist das Ereignis eingetreten, welche Art von Ereignis ist eingetreten oder welches Ursprungsziel hat das Ereignis ursprünglich gesendet.

15.6 Wann sollte das Observer-Muster verwendet werden?

Das Observer-Muster sollte in Situationen verwendet werden, in denen Sie das menschliche Verhalten vom Anwendungsverhalten abstrahieren möchten. Es ist am besten, nichts zu implementieren, das an eine Benutzerinteraktion gebunden ist und aus dem Browser stammt, wie grundlegende DOM-Ereignisse, wie `click`, `mouseover` oder `keypress`. Keines dieser Ereignisse sind nützliche Informationsstücke für einen Implementierer, der einfach wissen möchte, wann eine Animation beginnt, oder in einer Rechtschreibprüfung, wann ein Wort falsch geschrieben ist.

Angenommen, ein Benutzer klickt in einem Navigationssystem auf eine Registerkarte, so wird ein Menü mit weiteren Informationen zu der Registerkarte eingeblendet. Sie könnten natürlich nur auf das `click`-Ereignis prüfen, aber dafür müssen Sie wissen, auf welches Element geprüft werden soll. Es gibt einen weiteren Nachteil: Sie haben nun die Implementierung direkt mit dem `click`-Ereignis verknüpft. Anstatt auf das `click`-Ereignis zu prüfen, wäre es besser, einfach ein beobachtbares `onTabChange`-Objekt zu erstellen und zuzulassen, dass die Observer benachrichtigt werden, wenn ein bestimmtes Ereignis eintritt. Da diese Registerkarten bei `mouseover` oder sogar bei `focus` ein- und ausgeblendet werden sollten, ist das etwas, was das beobachtbare Objekt für Sie übernehmen sollte.

15.7 Vorteile des Observer-Musters

Das Observer-Muster ist im Grunde eine hervorragende Möglichkeit, in großen Architekturen aktionsbasierte Anwendungen beizubehalten. In jeder Anwendung können Sie Dutzende, Hunderte oder Tausende von Ereignissen haben, die sporadisch in einer Browser-Sitzung auftreten. Weiterhin können Sie sich auf die Ereigniszuordnung beschränken und den beobachtbaren Objekten erlauben, die Aktionen für Sie durch einen Event Listener zu verarbeiten und die Informationen an alle seine Abonnenten zu delegieren, was den Speicherverbrauch verringert und die Performance von Interaktionen beschleunigt. Auf diese Weise müssen Sie nicht immer neue Listener zu denselben Elementen hinzufügen, was kostenintensiv und unwartbar werden kann.

15.8 Nachteile des Observer-Musters

Ein Nachteil der Verwendung dieses Observer-Interface sind die Kosten bei der Ladezeit, wenn beobachtbare Objekte eingerichtet werden. Sie können dies lindern, indem Sie eine Technik namens Lazy Loading verwenden, die Ihnen im Grunde erlaubt, die Instanziierung neuer beobachtbarer Objekte bis zur Lieferzeit hinauszuzögern. Auf diese Weise können Subscriber mit dem Abonnieren eines Ereignisses beginnen, das noch erstellt werden muss, wodurch vermieden wird, dass sich die anfängliche Ladezeit der Anwendung verlangsamt.

15.9 Zusammenfassung

Das Observer-Muster ist eine wunderbare Möglichkeit, Anwendungen zu abstrahieren. Sie können Ereignisse übermitteln und jedem Entwickler ermöglichen, diese Ereignisse zu abonnieren, ohne dass sie je in den Implementierungscode der anderen Entwickler eintauchen müssen. Fünf Personen können dasselbe Ereignis abonnieren, ebenso können fünf getrennte Ereignisse an denselben Subscriber geliefert werden. In einer Interaktionsumgebung wie einem Browser ist das ideal. Wenn neuere größere Webanwendungen erstellt werden, ist das Hinzufügen beobachtbarer Objekte in der Code-Basis eine gute Möglichkeit, den Code wartbar und sauber zu halten. Sie halten Third-Party-Entwickler davon ab, in den Tiefen Ihrer Anwendung zu graben und dort eventuell einiges durcheinanderzubringen. Beeindrucken Sie Ihre Freunde und Manager, indem Sie das Observer-Muster in der Praxis umsetzen.

Im Publisher-Utility haben wir ein »Push-«System entwickelt, in dem die Herausgeber ein Ereignis kommunizieren, indem sie die Daten an jeden Abonnenten »pushen«. Versuchen Sie, ein Utility zu schreiben, das jedem Abonnenten ermöglicht, Daten von jedem der Herausgeber »herauszuziehen« (Pull). Tipp: Sie können versuchen, mit einer Pull-Funktion als Subscriber-Methode zu beginnen, die ein `Publisher`-Objekt als Argument übernimmt.

16 Das Command-Muster

In diesem Kapitel untersuchen wir, wie man den Aufruf einer Methode kapseln kann. Das Command-Muster unterscheidet sich von einer normalen Funktion auf mehrere Weisen: Ein Methodenaufruf kann damit parametrisiert und weitergegeben werden, der dann jederzeit bei Bedarf ausgeführt werden kann. Ebenso kann das die Aktion aufrufende Objekt von dem die Aktion implementierenden Objekt entkoppelt werden, wodurch konkrete Klassen sehr flexibel ausgelagert werden können. Das Command-Muster kann in vielen verschiedenen Situationen verwendet werden. Es ist jedoch besonders nützlich zum Erstellen von Benutzeroberflächen, vor allem dann, wenn eine uneingeschränkte Undo-Aktion erforderlich ist. Dieses Muster kann auch anstelle einer Callback-Funktion verwendet werden, da es eine höhere Modularität bei der Übergabe der Aktion von Objekt zu Objekt ermöglicht.

In den nächsten Abschnitten erörtern wir die Struktur des Command-Musters und geben einige praktische Beispiele, wie es in JavaScript genutzt werden kann. Wir behandeln auch, an welchen Stellen die Command-Objekte am besten verwendet werden können, und die Situationen, in denen sie nicht verwendet werden sollten.

16.1 Die Struktur des Command-Musters

In der einfachsten Form bindet ein Command-Objekt zwei Dinge zusammen: eine Aktion und ein Objekt, das eine Aktion aufrufen möchte. Alle Command-Objekte haben eines gemeinsam: eine Ausführungs-Operation, die die Aktion aufruft, an die sie gebunden ist. In den meisten Command-Objekten wird diese Operation als execute oder run bezeichnet. Alle Command-Objekte, die dasselbe Interface verwenden, können gleich behandelt und beliebig ausgelagert werden. Das macht den Reiz des Befehls aus.

Um eine typische Verwendungsweise des Command-Musters zu zeigen, nehmen wir uns ein Beispiel mit einer dynamischen Benutzeroberfläche vor. Angenommen, Sie haben eine Werbeagentur und möchten eine Webseite erstellen, auf der Kunden bestimmte Aktionen für ihre Accounts durchführen können, wie das Starten und Stoppen bestimmter Anzeigen. Es ist nicht bekannt, wie viele Anzeigen vorhanden sein werden, daher sollten Sie eine Benutzeroberfläche (UI, User Interface) erstellen, die möglichst flexibel ist. Hierzu verwenden Sie das Command-Muster, um UI-Elemente wie Schaltflächen lose mit Aktionen zu koppeln.

Zuerst benötigen Sie ein Interface, auf das alle Befehle reagieren sollen:

```
/* AdCommand-Interface. */

var AdCommand = new Interface('AdCommand', ['execute']);
```

Als Nächstes benötigen Sie zwei Klassen, eine zum Kapseln der `start`-Methode für die Anzeige und eine andere zum Kapseln der `stop`-Methode:

```
/* StopAd-Command-Klasse. */

var StopAd = function(adObject) { // implementiert AdCommand
  this.ad = adObject;
};
StopAd.prototype.execute = function() {
  this.ad.stop();
};


/* StartAd-Command-Klasse. */

var StartAd = function(adObject) { // implementiert AdCommand
  this.ad = adObject;
};
StartAd.prototype.execute = function() {
  this.ad.start();
};
```

Das sind ganz typische Command-Klassen. Sie nehmen ein anderes Objekt als Argument für den Konstruktor und implementieren eine `execute`-Methode, die eine bestimmte Methode dieses Objekts aufruft. Es gibt nun zwei Klassen mit identischen Interfaces, die für die UI verwendet werden können. Sie müssen die konkrete Implementierung von `adObject` nicht kennen und sich nicht darum kümmern – solange sie die Methoden `start` und `stop` implementiert, funktioniert sie. Das Command-Muster ermöglicht Ihnen, die UI-Objekte von den Ad-Objekten zu entkoppeln.

Um zu zeigen, wie dies funktioniert, hat die folgende UI zwei Schaltflächen für jede Anzeige im Account des Benutzers: eine, die die Rotation der Anzeige beginnt und eine andere, die sie stoppt:

```
/* Implementierungs-Code. */

var ads = getAds();
for(var i = 0, len = ads.length; i < len; i++) {
  // Command-Objekte zum Starten und Stoppen der Anzeige
  //erstellen.
  var startCommand = new StartAd(ads[i]);
  var stopCommand = new StopAd(ads[i]);

  // UI-Elemente erstellen, die den Befehl nach einem Klick
```

```
//ausführen.
new UiButton('Start ' + ads[i].name, startCommand);
new UiButton('Stop ' + ads[i].name, stopCommand);
}
```

Der `UiButton`-Klassenkonstruktor übernimmt ein Button-Label und ein Command-Objekt. Er erstellt dann eine Schaltfläche (Button) auf der Seite, die beim Anklicken die `execute`-Methode des Commands ausführt. Das ist ein anderes Modul, das nicht die exakte Implementierung der verwendeten Command-Objekte kennen muss. Da jedes Command eine `execute`-Methode implementiert, kann jede Art von Anweisung übergeben werden und die `UiButton`-Klasse weiß genau, wie sie damit interagieren kann. Dies ermöglicht die Erstellung von sehr modularen und entkoppelten Benutzeroberflächen.

16.1.1 Commands mit Closures erstellen

Es gibt eine weitere Möglichkeit, gekapselte Funktionen zu erstellen. Anstatt ein Objekt zu erstellen und dieses mit einer `execute`-Methode zu versehen, können Sie die auszuführende Methode einfach in einer Closure wrappen. Dies funktioniert besonders gut, wenn Sie ein Command-Objekt mit nur einer Methode erstellen möchten, wie im obigen Beispiel. Anstatt die `execute`-Methode aufzurufen, können Sie sie direkt als Funktion aufrufen. Dies erspart Ihnen auch, sich um den Gültigkeitsbereich und das Einbinden des `this`-Schlüsselwort kümmern zu müssen.

Hier ist dasselbe Beispiel für die Verwendung mit Closures umgeschrieben:

```
/* Commands mit Closures. */

function makeStart(adObject) {
  return function() {
    adObject.start();
  };
}
function makeStop(adObject) {
  return function() {
    adObject.stop();
  };
}

/* Implementierungscode. */

var startCommand = makeStart(ads[0]);
var stopCommand = makeStop(ads[0]);

startCommand();
// Funktion direkt ausführen, anstatt Methode aufzurufen.
stopCommand();
```

Diese Command-Funktionen können genauso wie Command-Objekte übergeben und ausgeführt werden, wann immer es erforderlich ist. Sie können als eine einfachere Alternative zum Erstellen einer vollständigen Klasse verwendet werden. Sie sind aber nicht für Situationen geeignet, die mehr als eine Command-Methode erfordern, wie im Undo-Beispiel später in diesem Kapitel.

16.1.2 Der Client, der Aufrufer und der Empfänger

Nachdem Sie nun ein allgemeines Verständnis haben, was das Command-Muster macht, beschreiben wir es etwas formeller. Es gibt drei Akteure in dem System: den Client, den Aufrufer und den Empfänger. Der Client instanziiert den Befehl und übergibt ihn an den Aufrufer. Im obigen Beispiel ist der Client der Code in der for-Schleife. Dieser wird normalerweise in einem Objekt gekapselt, was aber keine unbedingte Voraussetzung ist. Der Aufrufer übernimmt dann das Command und behält es. Irgendwann kann er die execute-Methode des Command aufrufen oder dieses an einen anderen möglichen Aufrufer weitergeben. Der Aufrufer ist in diesem Beispiel die Schaltfläche, die durch die UiButton-Klasse erstellt wird. Wenn ein Benutzer die Schaltfläche anklickt, wird die execute-Methode aufgerufen. Der Empfänger ist das Objekt, das die Aktion konkret ausführt. Wenn der Aufrufer commandObject. execute() aufruft, führt diese Methode receiver.action() aus, was immer das auch sein mag. Die Empfänger in dem Beispiel sind die Ad-Objekte, und die Aktionen sind die Methode start oder stop.

Unter Umständen fällt es schwer, zurückzuverfolgen, welcher Akteur welche Aufgabe ausführt. Der Client erstellt das Command. Der Aufrufer führt das Command aus. Der Empfänger führt die Aktion durch, wenn das Command ausgeführt wird. Abgesehen vom Client beschreiben die Namen in einem gewissen Maß, was sie tun, was hilfreich sein kann.

Alle Systeme, die das Command-Muster verwenden, haben Clients und Aufrufer, aber Empfänger sind nicht immer erforderlich. Es ist möglich, komplexe (obgleich weniger modulare) Befehle zu erstellen, die keine Methode von einem Empfängerobjekt aufrufen. Stattdessen können sie komplexe Abfragen oder Befehle ausführen. Wir betrachten diesen Command-Typ näher im Abschnitt »Typen von Command-Objekten.«

16.1.3 Interfaces mit dem Command-Muster verwenden

Das Command ist ein Muster, das eine gewisse Art von Interface erfordert. Dieses Interface wird verwendet, um sicherzustellen, dass der Empfänger die benötigte Aktion implementiert und dass das Command-Objekt die korrekte Execute-Operation implementiert (die durchaus einen beliebigen Namen haben kann, der aber typischerweise execute, run oder – in Sonderfällen – undo lautet). Mit dem Einbau dieser Prüfungen wird der Code weniger zerbrechlich und anfällig für Laufzeitfehler, die sehr schwer zu debuggen sein können. Es kann im Code nützlich sein, ein einzelnes Command-Interface zu deklarieren und es immer dann zu verwenden, wenn ein Command-Objekt benötigt wird. Auf diese Weise verwenden alle Command-Objekte denselben Namen für die Execute-Operation und sie können auch ohne Änderungen ausgetauscht werden. Das Interface kann wie folgt aussehen:

```
/* Command-Interface. */

var Command = new Interface('Command', ['execute']);
```

Sie können dann mit folgendem Code das Command prüfen, das die korrekte Execute-Operation implementiert:

```
/* Prüfen des Interface eines Command-Objekts. */

// Sicherstellen, dass die Execute-Operation definiert ist.
// Wenn nicht, wird eine beschreibende Exception ausgegeben.
Interface.ensureImplements(someCommand, Command);

// Wird keine Exception ausgegeben, können Sie die Execute-
// Operation sicher aufrufen.
someCommand.execute();
```

Wenn Sie Command-Funktionen mit Closures erstellen, ist diese Prüfung sogar noch einfacher, da sie nur prüfen müssen, ob der Befehl wirklich eine Funktion ist:

```
If(typeof someCommand != 'function') {
   throw new Error('Command isn't a function');
}
```

Wir haben diese Art von Prüfungen im ersten Beispiel der Einfachheit halber weggelassen, aber wir verwenden sie in einem späteren Beispiel in diesem Kapitel. Wir legen es Ihnen sehr ans Herz, sie auch zu verwenden.

16.2 Typen von Command-Objekten

Alle Typen von Command-Objekten führen dieselbe Aufgabe aus: Sie entkoppeln das Objekt, das die Operation aufruft, von dem Objekt, das die Operation tatsächlich durchführt. Diese Definition beschreibt einen Bereich, der aus zwei Extremen besteht. Am einen Ende gibt es ein Command-Objekt wie das oben erstellte, das nicht mehr ist als eine Bindung zwischen der Aktion eines bestehenden Empfängers (die Methoden start und stop der Ad-Objekte) und einem Aufrufer (der Schaltfläche). Die Command-Objekte an diesem Ende des Bereichs sind die einfachsten und besitzen den höchsten Grad an Modularität. Sie sind nur lose mit dem Client, dem Empfänger und dem Aufrufer gekoppelt:

```
/* SimpleCommand, eine lose gekoppelte einfache Command-Klasse. */

var SimpleCommand = function(receiver) {
// implementiert Command
  this.receiver = receiver;
```

```
};
SimpleCommand.prototype.execute = function() {
  this.receiver.action();
};
```

Am anderen Ende des Bereichs steht ein Bereichsobjekt, das eine komplexe Menge an Anweisungen kapselt. Es muss nicht unbedingt einen Empfänger haben, da die Aktion konkret im Command-Objekt selbst implementiert ist. Anstatt eine Aktion an einen Empfänger zu delegieren, enthält dieser Command-Typ den gesamten Code, um die Aktion selbst auszuführen:

```
/* ComplexCommand, eine eng gekoppelte, komplexe Command-Klasse. */

var ComplexCommand = function() { // implementiert Command
  this.logger = new Logger();
  this.xhrHandler = XhrManager.createXhrHandler();
  this.parameters = {};
};
ComplexCommand.prototype = {
  setParameter: function(key, value) {
    this.parameters[key] = value;
  },
  execute: function() {
    this.logger.log('Executing command');
    var postArray = [];
    for(var key in this.parameters) {
      postArray.push(key + '=' + this.parameters[key]);
    }
    var postString = postArray.join('&');
    this.xhrHandler.request(
      'POST',
      'script.php',
      function() {},
      postString
    );
  }
};
```

Es gibt auch eine Grauzone zwischen diesen beiden Extremen. Eine Command-Struktur kann eine gewisse Menge an Implementierungscode in seiner `execute`-Methode zusammen mit der Aktion eines Empfängers haben, wodurch es zwischen den beiden Extremen liegt:

```
/* GreyAreaCommand, zwischen einfach und komplex. */

var GreyAreaCommand = function(receiver) {
// implementiert Command
  this.logger = new Logger();
```

```
  this.receiver = receiver;
};
GreyAreaCommand.prototype.execute = function() {
  this.logger.log('Executing command');
  this.receiver.prepareAction();
  this.receiver.action();
};
```

Jeder dieser Typen kann nützlich sein und jeder hat in einem Projekt seine Berechtigung. Die einfachen Command-Objekte werden eher dazu verwendet, zwei Objekte zu entkoppeln (den Empfänger und den Aufrufer), während die komplexen Command-Objekte eher dazu verwendet werden, um atomare oder transaktionale Anweisungen zu kapseln. Wir konzentrieren uns in diesem Kapitel überwiegend auf einfache Command-Objekte.

16.3   Beispiel: Menüeinträge

Das erste Beispiel beschäftigt sich mit dem einfachsten Command-Typ und wie er zum Errichten modularer Benutzeroberflächen verwendet werden kann. Wir errichten eine Klasse zum Erstellen von Menüleisten im Stile von Desktop-Anwendungen und verwenden Command-Objekte, um für diese Menüs eine große Bandbreite an Aktionen zu realisieren. Das Command-Muster ermöglicht Ihnen, den Aufrufer (den Menüeintrag) vom Empfänger (dem Objekt, das tatsächlich die Aktion ausführt) zu entkoppeln. Die Menüeinträge müssen nicht wissen, wie die Empfängerobjekte verwendet werden. Sie müssen nur wissen, dass alle Command-Objekte eine `execute`-Methode implementieren. Dies bedeutet, dass dieselben Command-Objekte auch in anderen UI-Elementen, wie Menüleisten-Symbole, ohne Änderungen verwendet werden können.

Dieses Beispiel zeigt nicht, wie die Empfänger-Klassen implementiert werden. Die Idee dahinter ist, dass Sie nichts darüber wissen müssen, außer welche Aktion sie aufrufen. Abb. 16.1 zeigt die Empfänger-Klassen und die Methoden, die sie implementieren.

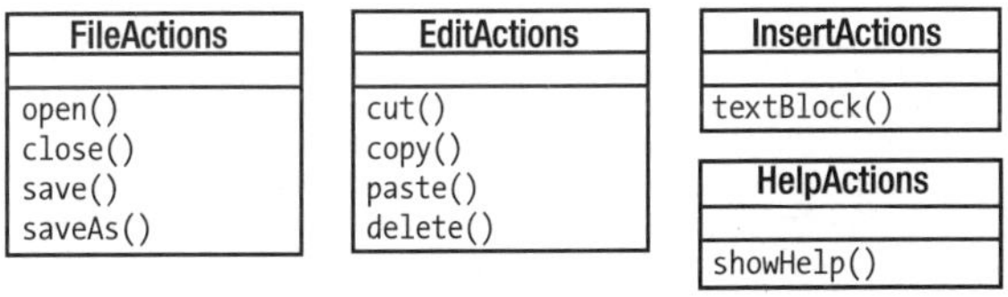

FileActions	EditActions	InsertActions
open() close() save() saveAs()	cut() copy() paste() delete()	textBlock()

		HelpActions
		showHelp()

Abb. 16.1: Die von den Empfänger-Klassen unterstützten Methoden

Wie oben erwähnt, sind Interfaces für das Command-Muster extrem wichtig. Sie sind vor allem in diesem Beispiel von Bedeutung, da wir das Composite-Muster für die Menüs verwenden. Für Composite-Objekte sind Interfaces sehr wichtig. Wir definieren für dieses Beispiel drei Interfaces:

```
/* Command-, Composite- und MenuObject-Interfaces. */

var Command = new Interface('Command', ['execute']);
var Composite = new Interface('Composite', ['add', 'remove', 'getChild',
    'getElement']);
var MenuObject = new Interface('MenuObject', ['show']);
```

16.3.1 Die Menü-Composites

Als Nächstes kommen die Klassen `MenuBar`, `Menu` und `MenuItem`. Sie müssen in der Lage sein, alle verfügbaren Aktionen anzuzeigen und diese bei Anforderung aufzurufen. `MenuBar` und `Menu` sind Composite-Klassen, und `MenuItem` ist die Leaf-Klasse. Die `MenuBar`-Klasse enthält alle `Menu`-Instanzen:

```
/* MenuBar-Klasse, ein Composite. */

var MenuBar = function() { // implementiert Composite, MenuObject
  this.menus = {};
  this.element = document.createElement('ul');
  this.element.style.display = 'none';
};
MenuBar.prototype = {
  add: function(menuObject) {
    Interface.ensureImplements(menuObject, Composite, MenuObject);
    this.menus[menuObject.name] = menuObject;
    this.element.appendChild(this.menus[menuObject.name].getElement());
  },
  remove: function(name) {
    delete this.menus[name];
  },
  getChild: function(name) {
    return this.menus[name];
  },
  getElement: function() {
    return this.element;
  },

  show: function() {
    this.element.style.display = 'block';
for(name in this.menus) {
// Aufruf hinunter an das Composite übergeben.
      this.menus[name].show();
    }
  }
};
```

`MenuBar` ist ein ziemlich einfaches Composite. Es erstellt ein Tag einer ungeordneten Liste und stellt Methoden bereit, um Menüobjekte zur Liste hinzuzufügen. Die Menu-Klasse ist fast identisch. Sie führt dasselbe für die `MenuItem`-Instanzen aus:

```
/* Menu-Klasse, ein Composite. */

var Menu = function(name) {
// implementiert Composite, MenuObject
  this.name = name;
  this.items = {};
  this.element = document.createElement('li');
  this.element.innerHTML = this.name;
  this.element.style.display = 'none';
  this.container = document.createElement('ul');
  this.element.appendChild(this.container);
};
Menu.prototype = {
  add: function(menuItemObject) {
    Interface.ensureImplements(menuItemObject, Composite, MenuObject);
    this.items[menuItemObject.name] = menuItemObject;

this.container.appendChild(this.items[menuItemObject.name].getElement());
  },
  remove: function(name) {
    delete this.items[name];
  },
  getChild: function(name) {
    return this.items[name];
  },
  getElement: function() {
    return this.element;
  },

  show: function() {
    this.element.style.display = 'block';
for(name in this.items) {
// Aufruf hinunter an das Composite übergeben.
      this.items[name].show();
    }
  }
};
```

Wichtig ist hier, dass das `items`-Attribut in der `Menu`-Klasse als Lookup-Tabelle verwendet wird und nicht dazu, um die Reihenfolge der Menüeinträge einzuhalten. Die Reihenfolge wird durch das DOM eingehalten. Jeder hinzugefügte Menüeintrag wird angehängt. Wenn die Neuordnung dieser Elemente wichtig ist, kann das `items`-Attribut stattdessen als Array implementiert werden.

Bei der `MenuItem`-Klasse werden die Dinge wirklich interessant. Dies ist die Aufru-
ferklasse. Wenn ein Benutzer eine Instanz von `MenuItem` anklickt, ruft er das
Command auf, welches damit verbunden ist. Hierzu stellen wir zuerst sicher, dass das
an den Konstruktor übergebene Command-Objekt die `execute`-Methode implementiert. Dann ordnen wir es als Ereignis dem Anker-Tag des `MenuItem`-Objekts zu:

```
/* MenuItem-Klasse, ein Leaf-Element. */

var MenuItem = function(name, command) {
  // implementiert Composite, MenuObject
  Interface.ensureImplements(command, Command);
  this.name = name;
  this.element = document.createElement('li');
  this.element.style.display = 'none';
  this.anchor = document.createElement('a');
  this.anchor.href = '#'; // Es anklickbar machen.
  this.element.appendChild(this.anchor);
  this.anchor.innerHTML = this.name;

  addEvent(this.anchor, 'click', function(e) {
// Befehlsaufruf bei Klick.
    e.preventDefault();
    command.execute();
  });
};
MenuItem.prototype = {
  add: function() {},
  remove: function() {},
  getChild: function() {},
  getElement: function() {
    return this.element;
  },

  show: function() {
    this.element.style.display = 'block';
  }
};
```

Hier beginnen sich nun die Vorteile des Command-Musters zu zeigen. Sie können eine
unglaublich komplexe Menüleiste mit vielen Auswahllisten, die wiederum Menüeinträge enthalten, erstellen. Diese Elemente wissen nicht, wie die damit verbundenen
Aktionen ausgeführt werden, und sie müssen es auch nicht. Sie müssen nur wissen,
dass das Command-Objekt eine `execute`-Methode aufweist.

Jedes `MenuItem` ist mit einem Command verbunden. Dieses kann geändert werden,
aufgrund der Art und Weise, wie es in einer Closure gekapselt und als Event Listener
angehängt ist. Wenn Sie das Command ändern müssen, mit dem ein Menüeintrag verbunden ist, müssen Sie ein neues `MenuItem`-Objekt erstellen.

16.3.2 Die Command-Klasse

Die Command-Klasse `MenuCommand` ist sehr einfach, es ist eigentlich die einfachste Form einer Command-Klasse. Der Konstruktor nimmt ein Argument an: die Methode, die als Aktion aufgerufen wird. Da JavaScript dann Referenzen an die Methoden als Argumente übergeben kann, muss die Command-Klasse nur diese Referenz speichern und sie dann aufrufen, wenn die `execute`-Methode aufgerufen wird. Dies ist im Grunde nur ein Objekt, das um eine Funktion gewrappt wird:

```
/* MenuCommand-Klasse, ein Command-Objekt. */

var MenuCommand = function(action) { // implementiert Command
  this.action = action;
};
MenuCommand.prototype.execute = function() {
  this.action();
};
```

Wenn die `action`-Methode intern das `this`-Schlüsselwort verwendet, muss dies in eine anonyme Funktion gewrappt werden. Hier ein Beispiel dafür:

```
var someCommand = new MenuCommand(function() { myObj.someMethod(); });
```

16.3.3 Alles zusammengenommen

Das Endergebnis des Einrichtens dieser komplexen Architektur ist, dass der Implementierungscode sehr lose gekoppelt und einfach zu verstehen ist. Sie müssen eine Instanz der `MenuBar`-Klasse erstellen und ihr `Menu`- und `MenuItem`-Objekte zuordnen. Jedes `MenuItem`-Objekt ist mit einem Befehl verbunden:

```
/* Implementierungscode. */

/* Empfängerobjekte, aus bestehenden Klassen instanziiert. */
var fileActions = new FileActions();
var editActions = new EditActions();
var insertActions = new InsertActions();
var helpActions = new HelpActions();

/* Menüleiste erstellen. */
var appMenuBar = new MenuBar();

/* Das File-Menü. */
var fileMenu = new Menu('File');

var openCommand = new MenuCommand(fileActions.open);
var closeCommand = new MenuCommand(fileActions.close);
var saveCommand = new MenuCommand(fileActions.save);
var saveAsCommand = new MenuCommand(fileActions.saveAs);
```

```
fileMenu.add(new MenuItem('Open', openCommand));
fileMenu.add(new MenuItem('Close', closeCommand));
fileMenu.add(new MenuItem('Save', saveCommand));
fileMenu.add(new MenuItem('Save As...', saveAsCommand));

appMenuBar.add(fileMenu);

/* Das Edit-Menü. */
var editMenu = new Menu('Edit');

var cutCommand = new MenuCommand(editActions.cut);
var copyCommand = new MenuCommand(editActions.copy);
var pasteCommand = new MenuCommand(editActions.paste);
var deleteCommand = new MenuCommand(editActions.delete);

editMenu.add(new MenuItem('Cut', cutCommand));
editMenu.add(new MenuItem('Copy', copyCommand));
editMenu.add(new MenuItem('Paste', pasteCommand));
editMenu.add(new MenuItem('Delete', deleteCommand));

appMenuBar.add(editMenu);

/* Das Insert-Menü. */
var insertMenu = new Menu('Insert');

var textBlockCommand = new MenuCommand(insertActions.textBlock);
insertMenu.add(new MenuItem('Text Block', textBlockCommand));

appMenuBar.add(insertMenu);

/* Das Help-Menü. */
var helpMenu = new Menu('Help');

var showHelpCommand = new MenuCommand(helpActions.showHelp);
helpMenu.add(new MenuItem('Show Help', showHelpCommand));

appMenuBar.add(helpMenu);

/* Menüleiste erstellen. */
document.getElementsByTagName('body')[0].appendChild(appMenuBar.getElement(
));
appMenuBar.show();
```

16.3.4   Später weitere Menüeinträge hinzufügen

Es ist sehr einfach, später weitere Menüeinträge hinzuzufügen. Wenn Sie zum Beispiel einen Image Command in das Insert-Menü einfügen möchten, brauchen Sie dafür nur zwei Codezeilen (vorausgesetzt, die `InsertActions`-Klasse implementiert die benötigte Aktion):

```
var imageCommand = new MenuCommand(insertActions.image);
insertMenu.add(new MenuItem('Image', imageCommand));
```

Wir sehen: Das Objekt, das die Anforderung des Benutzers aufnimmt, wurde von dem Objekt, das es implementiert, entkoppelt. Das Command-Muster ist gut für das Erstellen von Benutzeroberflächen geeignet, da die Klassen, die die Arbeit erledigen, von denen getrennt werden können, die die UI errichten. Es ist sogar möglich, mehrere Benutzeroberflächen zu haben, die dieselben Empfänger oder sogar dieselben Command-Objekte nutzen. Ein Command-Element kann dann wiederverwendet und als erstklassiges Objekt weitergegeben werden, so dass es keinen Grund gibt, dass es nicht noch einmal ausgeführt werden kann, selbst von verschiedenen Aufrufern.

16.4   Beispiel: Undo und Protokollierung

Es gibt eine weitere Methode, die manchmal in Command-Objekten implementiert wird: `undo`. Damit kann der Aufrufer die mit `execute` ausgeführte Aktion zurücksetzen. Diese Undo-Methode kann zur Implementierung eines unbeschränkten Undo verwendet werden. Sie müssen nur alle ausgeführten Commands verfolgen, indem das Command-Objekt im Stapel ganz oben platziert wird. Wenn die Benutzer die letzte Aktion zurücknehmen möchten, können sie auf die Undo-Schaltfläche klicken, und der letzte Befehl wird aus dem Stapel entfernt und die dazugehörige `undo`-Methode aufgerufen. Benutzer können potenziell alle vorgenommenen Aktionen rückgängig machen, bis zum Ende des Stapels.

Um die Implementierung eines unbeschränkten Undo mit dem Command-Muster zu veranschaulichen, erstellen wir ein Spiel ähnlich wie Etch A Sketch. Es gibt vier Bewegungsschaltflächen, die jeweils den Cursor zehn Pixel nach oben, unten, links oder rechts bewegen, und eine Undo-Schaltfläche, mit der die Aktionen rückgängig gemacht werden können. Als Erstes müssen wir das `Command`-Interface modifizieren, um die `undo`-Methode hinzuzufügen:

```
/* ReversibleCommand-Interface. */

var ReversibleCommand = new Interface('ReversibleCommand', ['execute',
'undo']);
```

Dann erstellen Sie die vier Command-Klassen, jeweils eine, um den Cursor nach oben, unten, links und rechts zu bewegen:

```
/* Bewegungsbefehle. */

var MoveUp = function(cursor) {
// implementiert ReversibleCommand
  this.cursor = cursor;
};
MoveUp.prototype = {
  execute: function() {
    cursor.move(0, -10);
  },
  undo: function() {
    cursor.move(0, 10);
  }
};

var MoveDown = function(cursor) {
// implementiert ReversibleCommand
  this.cursor = cursor;
};
MoveDown.prototype = {
  execute: function() {
    cursor.move(0, 10);
  },
  undo: function() {
    cursor.move(0, -10);
  }
};

var MoveLeft = function(cursor) {
// implementiert ReversibleCommand
  this.cursor = cursor;
};
MoveLeft.prototype = {
  execute: function() {
    cursor.move(-10, 0);
  },
  undo: function() {
    cursor.move(10, 0);
  }
};

var MoveRight = function(cursor) {
// implementiert ReversibleCommand
  this.cursor = cursor;
};
MoveRight.prototype = {
  execute: function() {
```

```
    cursor.move(10, 0);
  },
  undo: function() {
    cursor.move(-10, 0);
  }
};
```

Sie sind ziemlich einfach. Die `execute`-Methode bewegt den Cursor in die entspre-chende Richtung. Die `undo`-Methode bewegt ihn in der entgegengesetzten Richtung zurück. Die ist ganz typisch für einen Befehl, der Undo implementiert. Die Aktionen müssen einfach umkehrbar sein, ohne dass der vorherige Zustand des Systems bekannt sein muss.

Die zuletzt benötigten Elemente sind die Aufrufer-Schaltflächen und der Empfänger, der konkret die Cursor-Bewegung implementiert. Als Erstes beschäftigen wir uns mit dem Empfänger:

```
/* Cursor-Klasse. */

var Cursor = function(width, height, parent) {
  this.width = width;
  this.height = height;
  this.position = { x: width / 2, y: height / 2 };

  this.canvas = document.createElement('canvas');
  this.canvas.width = this.width;
  this.canvas.height = this.height;
  parent.appendChild(this.canvas);

  this.ctx = this.canvas.getContext('2d');
  this.ctx.fillStyle = '#cc0000';
  this.move(0, 0);
};
Cursor.prototype.move = function(x, y) {
  this.position.x += x;
  this.position.y += y;

  this.ctx.clearRect(0, 0, this.width, this.height);
  this.ctx.fillRect(this.position.x, this.position.y, 3, 3);
};
```

Die `Cursor`-Klasse implementiert die von den Command-Klassen angeforderte Aktion. In diesem Fall besteht die Aktion darin, nur ein Quadrat an einer bestimmten Position zu zeichnen. Die Befehle werden durch die Schaltflächen auf der Seite aufge-rufen. Es sind zwei Arten von Schaltflächen erforderlich: Command-Schaltflächen, die die `execute`-Methode aufrufen können, und Undo-Schaltflächen, die die `undo`-Methode aufrufen können.

Bevor wir zu den Klassen für die Schaltflächen kommen, sehen wir uns an, wie man die Command-Klassen durch Verwendung des Decorator-Musters modularer gestalten kann. In diesem System benötigen Sie noch Code, um jeden Befehl in den Undo-Stapel zu schieben, wenn er ausgeführt wird. Sie können diesen Code zu den UI-Klassen (d. h. die Button-Klassen) hinzufügen, aber dann müssen Sie den Code für jede erstellte UI-Klasse duplizieren. Wenn Sie diese Befehle als Tastenkürzel verwenden möchten, müssen Sie den Stapel-Push-Code erneut implementieren. Eine bessere Lösung ist jeden Befehl in einen Decorator zu wrappen, der diesen Code für Sie implementiert. Sie können dann jeden Befehl an ein beliebiges UI-Element übergeben, ohne sich um den Undo-Code kümmern zu müssen.

Hier ist ein Decorator, der den Befehl vor Ausführung in einen Stapel schiebt:

```
/* UndoDecorator-Klasse. */

var UndoDecorator = function(command, undoStack) {
// implementiert ReversibleCommand
  this.command = command;
  this.undoStack = undoStack;
};
UndoDecorator.prototype = {
  execute: function() {
    this.undoStack.push(this.command);
    this.command.execute();
  },
  undo: function() {
    this.command.undo();
  }
};
```

Das ist eine hervorragende Verwendung des Decorator-Musters. Sie können damit ein zusätzliches Feature zu den Befehlen hinzufügen, während immer noch dasselbe Interface beibehalten wird. Diese Decorator-Objekte können austauschbar mit allen Command-Objekten in diesem Beispiel verwendet werden.

Als Nächstes kommen die UI-Klassen. Diese erstellen die erforderlichen HTML-Elemente und ordnen ihnen Click Listener zu, die entweder `execute` oder `undo` aufrufen.

```
/* CommandButton-Klasse. */

var CommandButton = function(label, command, parent) {
  Interface.ensureImplements(command, ReversibleCommand);
  this.element = document.createElement('button');
  this.element.innerHTML = label;
  parent.appendChild(this.element);

  addEvent(this.element, 'click', function() {
    command.execute();
```

```
  });
};


/* UndoButton-Klasse. */

var UndoButton = function(label, parent, undoStack) {
  this.element = document.createElement('button');
  this.element.innerHTML = label;
  parent.appendChild(this.element);

  addEvent(this.element, 'click', function() {
    if(undoStack.length === 0) return;
    var lastCommand = undoStack.pop();
    lastCommand.undo();
  });
};
```

Bei der UndoButton-Klasse muss ein Stapel als Argument an den Konstruktor übergeben werden, wie die UndoDecorator-Klasse. Dieser Stapel ist nichts anderes als ein
Array. Das Command-Objekt wird bei Aufruf der execute-Methode auf den Stapel
geschoben. Um ein Undo auszuführen, entfernt die Undo-Schaltfläche den letzten
Befehl vom Stapel und ruft seine undo-Methode auf, die die zuvor ausgeführte Aktion
zurücksetzt.

Wie bei den meisten Beispielen des Command-Musters ist der Implementierungscode
sehr einfach. Sie instanziieren den Cursor und alle Befehle, erstellen Schaltflächen, die
diese Befehle nutzen, und einen leeren Stapel:

```
/* Implementierungscode. */

var body = document.getElementsByTagName('body')[0];
var cursor = new Cursor(400, 400, body);
var undoStack = [];

var upCommand = new UndoDecorator(new MoveUp(cursor), undoStack);
var downCommand = new UndoDecorator(new MoveDown(cursor), undoStack);
var leftCommand = new UndoDecorator(new MoveLeft(cursor), undoStack);
var rightCommand = new UndoDecorator(new MoveRight(cursor), undoStack);

var upButton = new CommandButton('Up', upCommand, body);
var downButton = new CommandButton('Down', downCommand, body);
var leftButton = new CommandButton('Left', leftCommand, body);
var rightButton = new CommandButton('Right', rightCommand, body);
var undoButton = new UndoButton('Undo', body, undoStack);
```

Dies erstellt ein Interface mit einer Leinwand und fünf Schaltflächen. Wird einer der
vier Command-Schaltflächen angeklickt, setzt dies den Cursor in die entsprechende

Richtung. Durch Anklicken der Undo-Schaltfläche werden diese Bewegungen rückgängig gemacht.

16.4.1 Undo bei nicht umkehrbaren Aktionen durch Protokollierungsbefehle implementieren

Der bislang erörterte Undo-Typ funktioniert nur für Aktionen, die einfach umkehrbar sind, wie das Bewegen eines Cursors. Es ist viel schwieriger, ein uneingeschränktes Undo zu implementieren, wenn die Aktionen von Natur aus irreversibel sind. Wenn Sie zum Beispiel das obige Beispiel in eine exaktere Darstellung von Etch A Sketch umwandeln möchten, muss eine Spur hinter dem Cursor folgen. Es ist einfach, eine Linie mit dem Canvas-Tag zu zeichnen, aber es ist unmöglich, diese Linie rückgängig zu machen. Eine Aktion, wie das Bewegen von einem Punkt zu einem anderen, hat eine exakt entgegengesetzte Aktion, durch die es aussieht, als ob die erste Aktion rückgängig gemacht wird. Wenn Sie aber eine Linie von Punkt A zu Punkt B zeichnen, so wird durch Zeichnen einer Linie von Punkt B zu Punkt A die Aktion nicht rückgängig gemacht, sondern nur eine andere Linie über der ersten gezeichnet.

Die einzige Möglichkeit, eine Aktion wirklich rückgängig zu machen, ist, den Zustand zu entfernen, alle bislang vorgenommenen Aktionen rückgängig zu machen und die letzte übrig zu lassen. Dies kann man ganz einfach dadurch erreichen, indem alle ausgeführten Commands in einem Stapel protokolliert werden. Wenn Sie eine Aktion rückgängig machen möchten, entfernen Sie das letzte Command aus dem Stapel und verwerfen es, dann säubern Sie die Leinwand und durchlaufen alle Commands seit Beginn. Ein System, das die Command-Protokollierung zur Implementierung von Undo verwendet, benötigt keine umkehrbaren Befehle. In diesem Beispiel verwenden wir nur das originale Command-Interface.

Die Änderungen zwischen dem vorherigen Beispiel und diesem sind subtiler Natur. Der meiste Code ist gleich, so dass wir nur den Code erörtern, der sich geändert hat. Die erste Änderung ist, dass wir die undo-Methode aus allen Befehlen entfernt haben, da die Aktionen nicht mehr umkehrbar sind. Das ist eine der Command-Klassen mit entfernter undo-Methode:

```
/* Movement-Befehle. */

var MoveUp = function(cursor) { // implementiert Command
  this.cursor = cursor;
};
MoveUp.prototype = {
  execute: function() {
    cursor.move(0, -10);
  }
};
```

Die nächste und größte Änderung am Code findet in der Cursor-Klasse statt. undoStack wurde in einen internen Befehlsstapel konvertiert. Alle anderen Referenzen

auf `undoStack` wie auch die `UndoDecorator`-Klasse wurden entfernt. So sieht die
neue `Cursor`-Klasse aus:

```
/* Cursor-Klasse, mit internem Befehlsstapel. */

var Cursor = function(width, height, parent) {
  this.width = width;
  this.height = height;
  this.commandStack = [];

  this.canvas = document.createElement('canvas');
  this.canvas.width = this.width;
  this.canvas.height = this.height;
  parent.appendChild(this.canvas);

  this.ctx = this.canvas.getContext('2d');
  this.ctx.strokeStyle = '#cc0000';
  this.move(0, 0);
};
Cursor.prototype = {
  move: function(x, y) {
    var that = this;
    this.commandStack.push(function() { that.lineTo(x, y); });
    this.executeCommands();
  },
  lineTo: function(x, y) {
    this.position.x += x;
    this.position.y += y;
    this.ctx.lineTo(this.position.x, this.position.y);
  },
  executeCommands: function() {
    this.position = { x: this.width / 2, y: this.height / 2 };
this.ctx.clearRect(0, 0, this.width, this.height);
// Leinwand löschen.
    this.ctx.beginPath();
    this.ctx.moveTo(this.position.x, this.position.y);
    for(var i = 0, len = this.commandStack.length; i < len; i++) {
      this.commandStack[i]();
    }
    this.ctx.stroke();
  },
  undo: function() {
    this.commandStack.pop();
    this.executeCommands();
  }
};
```

Es wurden drei neue Methoden hinzugefügt. Die `move`-Methode wurde geändert. Sie tut nichts anderes, als die Aktion ganz oben auf den Befehlsstapel zu setzen und `executeCommands` aufzurufen. `lineTo` führt die Aktion konkret aus und zieht eine Linie. `executeCommands` setzt die Leinwand zurück und durchläuft dann den Befehlsstapel, wobei jede Aktion ausgeführt wird. `undo` entfernt den letzten Befehl und ruft dann `executeCommands` auf, um den Systemzustand wieder herzustellen.

In der `Cursor`-Klasse scheint es ein kleines Benennungsproblem zu geben. Der `commandStack` enthält keine konkreten Command-Objekte, sondern Referenzen auf Funktionen. Die `executeCommands`-Methode ruft nicht für jedes Command-Objekt `execute` auf, sondern nur die Funktionen im Stapel. Müssen wir nun zurückgehen und die den Konflikt verursachenden Attribute und Methoden umbenennen? Nicht unbedingt. Es gibt viele verschiedene Command-Arten, und nur, weil die hier verwendeten nicht gekapselt sind, bedeutet dies nicht, dass sie nicht auch Commands sind. Durch Verwendung von Closures zur Kapselung von Methodenaufrufen wird ein perfekt gültiges Command erstellt. Wichtig ist hier, dass ein konsistentes Interface besteht, so dass die `executeCommands`-Methode die Commands aufrufen kann, ohne zu wissen, was sie tun. Da diese Befehle nichts anderes als Referenzen auf Funktionen sind, kann `executeCommands` sie aufrufen, indem dahinter `()` angefügt wird. Dadurch ist es bestmöglich konsistent.

Die anderen Änderungen an diesem Code sind trivial. Alle Referenzen auf `undoStack` werden entfernt, und der Code im `UndoButton`-Click Handler wird ersetzt:

```
/* UndoButton-Klasse. */

var UndoButton = function(label, parent, cursor) {
  this.element = document.createElement('button');
  this.element.innerHTML = label;
  parent.appendChild(this.element);

  addEvent(this.element, 'click', function() {
    cursor.undo();
  });
};
```

Der Implementierungscode ist fast identisch. Die einzigen Änderungen sind das Entfernen von `undoStack` und die Übergabe einer Instanz von `Cursor` an den `UndoButton`-Konstruktor:

```
/* Implementierungscode. */

var body = document.getElementsByTagName('body')[0];
var cursor = new Cursor(400, 400, body);

var upCommand = new MoveUp(cursor);
var downCommand = new MoveDown(cursor);
var leftCommand = new MoveLeft(cursor);
```

```
var rightCommand = new MoveRight(cursor);

var upButton = new CommandButton('Up', upCommand, body);
var downButton = new CommandButton('Down', downCommand, body);
var leftButton = new CommandButton('Left', leftCommand, body);
var rightButton = new CommandButton('Right', rightCommand, body);
var undoButton = new UndoButton('Undo', body, cursor);
```

Nun haben wir ein Online-Etch A Sketch mit uneingeschränktem Undo. Da die über die Schaltflächen abgesetzten Befehle modular sind, können Sie einfach neue hinzufügen. Zum Beispiel können Sie eine Schaltfläche hinzufügen, die einen Kreis oder einen Smiley zeichnet. Da die Aktionen nun nicht mehr umkehrbar sein müssen, können Sie viel komplexere Verhaltensweisen implementieren.

16.4.2 Befehle für ein Crash Recovery protokollieren

Eine interessante Verwendung der Protokollierung von Befehlen ist die Wiederherstellung des Zustands eines Programms nach einem Absturz. Im letzten Beispiel ist es möglich, mit XHR serialisierte Versionen der Befehle zurück zum Server zu protokollieren. Wenn ein Besucher eine Seite das nächste Mal besucht, können diese Befehle abgerufen werden und damit die Zeilen auf der Leinwand in exakt dem Zustand, als der Browser geschlossen wurde, wiederhergestellt werden. Hierdurch können Sie den Zustand für den Benutzer beibehalten und ihm ermöglichen, Aktionen aus vorherigen Sitzungen rückgängig zu machen. In einer komplexeren Anwendung können die Speicheranforderungen für diesen Protokollierungstyp sehr groß werden, so dass Benutzer eine Schaltfläche zur Verfügung haben können, die alle Aktionen bis zu diesem Punkt festschreibt und den Befehlsstapel löscht.

16.5 Einsatzbereich des Command-Musters

Der Hauptzweck des Command-Musters ist, ein aufrufendes Objekt (ein UI, eine API, ein Proxy usw.) von dem Objekt zu entkoppeln, das die Aktion implementiert. Als solches sollte es immer dann verwendet werden, wenn eine höhere Modularität in der Interaktion zwischen zwei Objekten erforderlich ist. Es ist ein organisatorisches Muster und kann auf nahezu jedes System angewendet werden. Aber es ist am wirksamsten in Situationen, in denen Aktionen normalisiert werden müssen, so dass eine einzelne Aufrufer-Klasse eine Vielzahl an Methoden aufrufen kann, ohne etwas darüber zu wissen. Viele Benutzeroberflächenelemente sind hierfür hervorragend geeignet, so wie das Menü im letzten Beispiel. Mit diesen Befehlen können die UI-Elemente vollständig von der Klasse, die die Arbeit ausführt, entkoppelt bleiben. Dies bedeutet, dass Sie diese Elemente auf jeder Seite oder in jedem Projekt wiederverwenden können, weil sie vollständig unabhängig von den anderen Klassen genutzt werden können. Sie können auch von verschiedenen UI-Elementen verwendet werden. Sie können ein einzelnes Command-Objekt für eine Aktion erstellen und es dann aus einem Menüeintrag aufrufen, oder einem Menüleisten-Symbol und einem Tastenkürzel.

Es gibt einige andere spezialisierte Klassen, die vom Command-Muster profitieren können. Mit dem Muster kann eine Callback-Funktion gekapselt werden, zur Verwendung in einem XHR-Aufruf oder für einige andere Situationen mit verzögerten Aufrufen. Anstatt eine Callback-Funktion zu übergeben, können Sie einen Callback-Command übergeben, mit dem mehrere Funktionsaufrufe in einem Package gekapselt werden können. Command-Objekte vereinfachen auch die Implementierung eines Undo-Mechanismus in einer Anwendung erheblich. Indem die ausgeführten Befehle in einen Stapel geschoben werden, steht Ihnen ein unbeschränktes Undo zur Verfügung. Mit dieser Befehlsprotokollierung kann ein Undo auch für Aktionen implementiert werden, die an und für sich nicht umkehrbar sind. Sie kann auch dazu verwendet werden, um den Gesamtzustand einer Anwendung nach einem Absturz wiederherzustellen.

16.6   Vorteile des Command-Musters

Das Command-Muster zeichnet sich durch zwei große Vorteile aus. Der erste ist, dass bei richtiger Verwendung das Programm modularer und flexibler wird. Der zweite ist, dass Sie sehr einfach komplexe und nützliche Features wie Undo und die Wiederherstellung von Zuständen implementieren können.

Manche sind der Ansicht, dass ein Command-Muster nicht mehr ist als eine unnötig komplizierte Methode, und dass in neun von zehn Fällen dafür eine reine Methode verwendet werden kann. Dies gilt nur für triviale Implementierungen des Command-Musters. Command-Objekte geben Ihnen viel mehr Features an die Hand, als dies eine einfache Referenz auf eine Methode je könnte. Sie können sie parametrisieren und die Parameter über mehrere Aufrufe speichern. Sie können andere Methoden als `execute`, wie `undo`, definieren, die Ihnen ermöglichen, dieselbe Aktion auf unterschiedliche Weise auszuführen. Sie können Metadaten für eine Aktion definieren, die für die Objekt-Introspektion oder zu Event Logging-Zwecken verwendet werden können. Command-Objekte sind gekapselte Methodenaufrufe, und diese Kapselung verleiht ihnen viele Features, die ein Methodenaufruf selbst nicht hat.

16.7   Nachteile des Command-Musters

Beim Command-Muster gilt wie bei jedem anderen Muster auch: Es kann Ihr Programm beschädigen, wenn es falsch oder unnötig eingesetzt wird. Es kann nicht effizient sein, ein Command-Objekt um einen einzelnen Methodenaufruf zu erstellen, wenn das alles ist, wofür es benötigt wird. Wenn Sie keine der Zusatzfunktionen benötigen, die Ihnen das Command-Muster bietet, oder die Modularität einer Klasse mit einem konsistenten Interface zu haben, kann es besser sein, anstelle der vollständigen Objekte Referenzen auf Methoden zu übergeben. Command-Objekte können auch das Debuggen schwieriger machen, da sie eine weitere Schicht über den Methoden darstellen, die Fehler enthalten kann. Dies gilt vor allem, wenn Command-Objekte dynamisch zur Laufzeit erstellt werden, und Sie nie ganz sicher sind, welche Aktion sie enthalten. Die Tatsache, dass alle dasselbe Interface haben und beliebig ausgetauscht werden können, ist ein zweischneidiges Schwert. Das kann beim Debuggen komplexer Anwendungen schwer zu debuggen sein.

16.8   Zusammenfassung

In diesem Kapitel haben wir uns mit dem Command-Muster befasst. Das ist ein Strukturmuster, das zum Kapseln einer eigenständigen Aktion verwendet wird. Diese Aktion kann so einfach sein wie ein Aufruf nur einer Methode oder so komplex wie das Ausführen eines ganzen Unterprogramms. Durch Kapselung der Aktion können Sie sie als Objekt erster Klasse weitergeben. Command-Objekte werden hauptsächlich zum Entkoppeln der Aufrufer von den Empfängern verwendet, die sehr modular sind und nichts über die Aktionen, die sie aufrufen, wissen müssen. Sie können damit auch Empfänger implementieren, ohne sich darum kümmern zu müssen, dass sie in ein festgelegtes Interface passen. Einige komplexe Benutzer-Features können mit dem Befehlsmuster einfach implementiert werden, wie ein uneingeschränktes Undo und die Herstellung eines Zustands nach einem Crash. Sie können damit auch Transaktionen implementieren, indem Commands in einen Stapel geschoben und gelegentlich festgeschrieben werden.

Das größtes Plus des Command-Musters ist, dass jede beliebige Menge an Aktionen, die in einer `execute`-Methode implementiert werden kann, genau wie jeder andere Befehl auch weitergegeben und aufgerufen werden kann, unabhängig davon, wie diversifiziert oder kompliziert sie sind. Hierdurch können Sie Ihren Code praktisch unbeschränkt weiterverwenden, was Zeit und Aufwand spart.

17 Das Chain of Responsibility-Muster

In diesem Kapitel beschäftigen wir uns mit dem Chain of Responsibility-Muster, mit dem Sie den Absender und den Empfänger eines Requests voneinander entkoppeln können. Das wird durch die Implementierung einer Kette von Objekten ereicht, die die Anfrage implizit verarbeiten. Jedes Objekt in der Kette kann den Request verarbeiten oder ihn an das nächste weitergeben. Dieses Muster wird in JavaScript intern zur Verarbeitung der Ereignis-Erfassung und zum Bubbling verwendet. Wir ergründen, wie mit diesem Muster lose gekoppelte Module erstellt werden können und wie sich die Ereigniszuordnung optimieren lässt.

17.1 Die Struktur der Chain of Responsibility

Eine Chain of Responsibility besteht aus mehreren verschiedenen Objekttypen. Der Sender ist das Objekt, von dem der Request ausgeht. Die Empfänger sind die Objekte in der Kette, die ihn empfangen und verarbeiten oder weitergeben. Der Request selbst ist manchmal ein Objekt, das alle mit der Aktion verknüpften Daten kapselt. Der typische Ablauf kann wie folgt aussehen:

- Der Sender kennt den ersten Empfänger in der Kette. Er sendet einen Request an diesen ersten Empfänger.

- Jeder Empfänger analysiert den Request und verarbeitet ihn oder gibt ihn weiter.

- Jeder Empfänger kennt nur ein anderes Objekt, den Nachfolger in der Kette.

- Wenn keiner der Empfänger den Request verarbeitet, fällt er unverarbeitet aus der Kette. Je nach Implementierung kann dies entweder ganz unauffällig geschehen oder einen Fehler auslösen.

Um den Aufbau eines Chain of Responsibility-Musters zu erklären (und wie Sie davon profitieren können), gehen wir zum Bibliotheksbeispiel aus Kapitel 3 und 14 zurück. Die `PublicLibrary`-Klasse enthält einen Katalog von Büchern, der nach der ISBN der Bücher aufgeschlüsselt ist. Dies vereinfacht das Finden von Büchern, wenn Sie die ISBN kennen. Aber es ist nach wie vor schwierig, Bücher nach Thema oder Gebiet zu finden. Wie implementieren eine Reihe von Katalogobjekten, mit denen Sie die Bücher nach verschiedenen Kriterien sortieren können.

Als Erstes betrachten wir die Interfaces, die zum Einsatz kommen:

```
/* Interfaces. */

var Publication = new Interface('Publication', ['getIsbn', 'setIsbn',
'getTitle',
    'setTitle', 'getAuthor', 'setAuthor', 'getGenres', 'setGenres',
'display']);
var Library = new Interface('Library', ['addBook', 'findBooks',
'checkoutBook',
    'returnBook']);
var Catalog = new Interface('Catalog', ['handleFilingRequest', 'findBooks',
    'setSuccessor']);
```

Das `Publication`-Interface ist das Gleiche wie bisher, mit Ausnahme der zwei neuen Methoden `getGenres` und `setGenres`. Das `Library`-Interface hat drei ursprüngliche Methoden, mit denen Sie Buchobjekte finden, ausleihen und zurückgeben können, plus eine neue Methode, die die Aufnahme neuer Bücher in die Bibliothek erlaubt. Neu ist auch das `Catalog`-Interface. Damit werden Klassen erstellt, die Buchobjekte speichern. In diesem Beispiel werden Bücher nach Genre im Katalog gruppiert. Dieses Interface verfügt über drei Methoden: `handleFilingRequest` nimmt ein Buch und fügt es zum internen Katalog hinzu, wenn es bestimmte Kriterien erfüllt. `findBooks` durchsucht den internen Katalog auf der Basis bestimmter Parameter. `setSuccessor` legt das nächste Glied in der Chain of Responsibility fest.

Betrachten wir nun die zwei Objekte, die wir wiederverwenden werden: `Book` und `PublicLibrary`. Beide müssen etwas modifiziert werden, um eine Einordnung nach Genre zu implementieren:

```
/* Book-Klasse. */

var Book = function(isbn, title, author, genres) {
// implementiert Publication

    ...

}
```

Die `Book`-Klasse übernimmt nun ein zusätzliches Argument, das einen Array von Genres angibt, zu denen es gehört. Sie implementiert ebenso die Methoden `getGenres` und `setGenres`, aber diese werden hier weggelassen, weil sie einfache Zugriffs- und Bearbeitungsmethoden sind.

```
/* PublicLibrary-Klasse. */

var PublicLibrary = function(books) {
// implementiert Library
  this.catalog = {};
  for(var i = 0, len = books.length; i < len; i++) {
    this.addBook(books[i]);
  }
```

```
};
PublicLibrary.prototype = {
  findBooks: function(searchString) {
    var results = [];
    for(var isbn in this.catalog) {
      if(!this.catalog.hasOwnProperty(isbn)) continue;
      if(this.catalog[isbn].getTitle().match(searchString) ||
          this.catalog[isbn].getAuthor().match(searchString)) {
        results.push(this.catalog[isbn]);
      }
    }
    return results;
  },
  checkoutBook: function(book) {
    var isbn = book.getIsbn();
    if(this.catalog[isbn]) {
      if(this.catalog[isbn].available) {
        this.catalog[isbn].available = false;
        return this.catalog[isbn];
      }
      else {
        throw new Error('PublicLibrary: book ' + book.getTitle() +
            ' is not currently available.');
      }
    }
    else {
      throw new Error('PublicLibrary: book ' + book.getTitle() + ' not
found.');
    }
  },
  returnBook: function(book) {
    var isbn = book.getIsbn();
    if(this.catalog[isbn]) {
      this.catalog[isbn].available = true;
    }
    else {
      throw new Error('PublicLibrary: book ' + book.getTitle() + ' not
found.');
    }
  },
  addBook: function(newBook) {
    this.catalog[newBook.getIsbn()] = { book: newBook, available: true };
  }
};
```

PublicLibrary ist so weit unverändert – abgesehen von der Tatsache, dass der Code zum Hinzufügen von Büchern in die neue Methode addBook verschoben wurde. Wir verändern diese Methode und die findBooks-Methode später in diesem Beispiel.

Nachdem Sie nun die bestehenden Klassen vorliegen haben, implementieren wir die Katalogobjekte. Bevor Sie den Code für diese Objekte erstellen, überlegen wir uns deren Einsatz. Der gesamte Code, der bestimmt, ob ein Buch zu einem bestimmten Katalog hinzugefügt werden sollte, wird in der `Catalog`-Klasse gekapselt. Das bedeutet, dass Sie jedes Buch im `PublicLibrary`-Objekt an jeden Genre-Katalog senden müssen:

```
/* PublicLibrary-Klasse, mit hartkodierten Genre-Katalogen. */

var PublicLibrary = function(books) {
// implementiert Library
  this.catalog = {};
  this.biographyCatalog = new BiographyCatalog();
  this.fantasyCatalog = new FantasyCatalog();
  this.mysteryCatalog = new MysteryCatalog();
  this.nonFictionCatalog = new NonFictionCatalog();
  this.sciFiCatalog = new SciFiCatalog();

  for(var i = 0, len = books.length; i < len; i++) {
    this.addBook(books[i]);
  }
};
PublicLibrary.prototype = {
  findBooks: function(searchString) { ... },
  checkoutBook: function(book) { ... },
  returnBook: function(book) { ... },
  addBook: function(newBook) {
    // Buch immer in Hauptkatalog einfügen.
    this.catalog[newBook.getIsbn()] = { book: newBook, available: true };

    // Versuchen, Buch in jeden Genre-Katalog einzufügen.
    this.biographyCatalog.handleFilingRequest(newBook);
    this.fantasyCatalog.handleFilingRequest(newBook);
    this.mysteryCatalog.handleFilingRequest(newBook);
    this.nonFictionCatalog.handleFilingRequest(newBook);
    this.sciFiCatalog.handleFilingRequest(newBook);
  }
};
```

Der obige Code würde funktionieren, aber es sind Abhängigkeiten zu fünf verschiedenen Klassen darin festgeschrieben. Wenn Sie jemals weitere Genre-Kategorien hinzufügen möchten, müssen Sie den Code an zwei Stellen bearbeiten, im Konstruktor und in der `addBook`-Methode. Es ergibt also nicht viel Sinn, diese Genres im Konstruktor hartzukodieren, da verschiedene Instanzen von `PublicLibrary` die Implementierung von vollkommen unterschiedlichen Genres benötigen können. Sie können an den Genres nach der Instanziierung des Objekts keine Änderungen mehr vornehmen. Das spricht alles stark dafür, dass dieser Ansatz vermieden werden sollte. Sehen wir uns an, was die Chain of Responsibility hier zur Verbesserung beitragen kann:

```
/* PublicLibrary-Klasse, mit Genre-Katalogen in einer Chain of
Responsibility. */

var PublicLibrary = function(books, firstGenreCatalog) {
// implementiert Library
  this.catalog = {};
  this.firstGenreCatalog = firstGenreCatalog;

  for(var i = 0, len = books.length; i < len; i++) {
    this.addBook(books[i]);
  }
};
PublicLibrary.prototype = {
  findBooks: function(searchString) { ... },
  checkoutBook: function(book) { ... },
  returnBook: function(book) { ... },
  addBook: function(newBook) {
    // Buch immer zum Hauptkatalog hinzufügen.
    this.catalog[newBook.getIsbn()] = { book: newBook, available: true };

    // Versuchen, ein Buch zu jedem Genre-Katalog hinzufügen.
    this.firstGenreCatalog.handleFilingRequest(newBook);
  }
};
```

Das ist eine erhebliche Verbesserung. Nun müssen Sie nur eine Referenz auf das erste Glied in der Kette speichern. Wenn Sie ein neues Buch in die Genre-Kataloge einfügen möchten, geben Sie es einfach an den ersten weiter. Der erste Katalog kann entweder ein Buch zum Katalog hinzufügen (wenn es zu den erforderlichen Kriterien passt) oder nicht, und dann weitermachen, indem der Request an den nächsten Katalog übergeben wird. Da ein Buch zu mehr als einem Genre gehören kann, gibt jeder Katalog den Request unabhängig vom Inhalt weiter.

Es liegen nun keine hartkodierten Abhängigkeiten mehr vor. Alle Genre-Kataloge werden extern instanziiert, so dass verschiedene Instanzen von PublicLibrary verschiedene Genres verwenden können. Sie können auch, wann immer Sie wollen, Kataloge zur Kette hinzufügen. Hier ein Verwendungsbeispiel:

```
// Kataloge instanziieren.
var biographyCatalog = new BiographyCatalog();
var fantasyCatalog = new FantasyCatalog();
var mysteryCatalog = new MysteryCatalog();
var nonFictionCatalog = new NonFictionCatalog();
var sciFiCatalog = new SciFiCatalog();
```

```
// Glieder in der Kette festlegen.
biographyCatalog.setSuccessor(fantasyCatalog);
fantasyCatalog.setSuccessor(mysteryCatalog);
mysteryCatalog.setSuccessor(nonFictionCatalog);
nonFictionCatalog.setSuccessor(sciFiCatalog);

// Das erste Glied in der Kette als Argument an den
// Konstruktor übergeben.
var myLibrary = new PublicLibrary(books, biographyCatalog);

// Weitere Links können jederzeit hinzugefügt werden.
var historyCatalog = new HistoryCatalog();
sciFiCatalog.setSuccessor(historyCatalog);
```

In diesem Beispiel ist die ursprüngliche Kette fünf Glieder lang, das sechste Glied wird später hinzugefügt. Dies bedeutet, dass jedes zur Bibliothek hinzugefügte Buch durch die `handleFilingRequest`-Methode einen Request für das erste Glied in der Kette initiiert, um das Buch zu katalogisieren. Dieser Request wird die Kette hinunter zu jedem der sechs Kataloge geschickt und fällt dann am Ende der Kette heraus. Alle weiteren zur Kette hinzugefügten Kataloge werden am Ende angehängt.

Bislang haben wir uns damit beschäftigt, was für die Verwendung des Chain of Responsibility-Musters spricht, und mit der allgemeinen Struktur für dessen Verwendung, aber wir haben noch keinen Blick auf die konkreten Objekte in der Kette geworfen. Diese Objekte weisen allesamt gewisse Gemeinsamkeiten auf. Sie haben alle eine Referenz auf das nächste Objekt in der Kette, das als Nachfolger bezeichnet wird. Diese Referenz kann Null sein, wenn das Objekt das letzte Glied in der Kette ist. Sie implementieren zumindest *eine* gemeinsame Methode, also diejenige, die den Request verarbeitet. Die Objekte in der Kette müssen nicht unbedingt Instanzen derselben Klasse sein, wie im obigen Beispiel dargestellt. Sie müssen aber dasselbe Interface implementieren. Oftmals sind es Unterklassen einer Klasse, die Standardversionen aller Methoden implementieren. So werden die Genre-Katalogobjekte implementiert:

```
/* GenreCatalog-Klasse, als Superklasse für bestimmte Katalogklassen
verwendet. */

var GenreCatalog = function() { // implementiert Catalog
  this.successor = null;
  this.catalog = [];
};
GenreCatalog.prototype = {
  _bookMatchesCriteria: function(book) {
    return false;
      // Standardimplementierung; Diese Methode wird in den
      // Unterklassen überschrieben.
  }
  handleFilingRequest: function(book) {
    // Prüfen, ob das Buch zu dieser Kategorie gehört.
```

```
    if(this._bookMatchesCriteria(book)) {
      this.catalog.push(book);
    }
    // Request an den nächsten Link übergeben.
    if(this.successor) {
      this.successor.handleFilingRequest(book);
    }
  },
  findBooks: function(request) {
    if(this.successor) {
      return this.successor.findBooks(request);
    }
  },
  setSuccessor: function(successor) {
    if(Interface.ensureImplements(successor, Catalog) {
      this.successor = successor;
    }
  }
};
```

Diese Superklasse erstellt Standardimplementierungen aller benötigten Methoden, die die Unterklassen erben können. Die Unterklassen müssen lediglich zwei Methoden überschreiben: findBooks (im nächsten Abschnitt behandelt) und _bookMatchesCriteria, eine pseudoprivate Methode, die prüft, ob ein Buch zu dieser Genre-Kategorie hinzugefügt werden soll. Diese beiden Methoden werden in GenreCatalog mit der einfachsten möglichen Implementierung definiert, falls eine Unterklasse sie nicht überschreibt.

Ein Genre-Katalog kann aus dieser Superklasse sehr einfach erstellt werden:

```
/* SciFiCatalog-Klasse. */

var SciFiCatalog = function() {}; // implementiert Catalog
extend(SciFiCatalog, GenreCatalog);
SciFiCatalog.prototype._bookMatchesCriteria = function(book) {
  var genres = book.getGenres();
  if(book.getTitle().match(/space/i)) {
    return true;
  }
  for(var i = 0, len = genres.length; i < len; i++) {
    var genre = genres[i].toLowerCase();
    if(genres === 'sci-fi' || genres === 'scifi' || genres === 'science
fiction') {
      return true;
    }
  }
  return false;
};
```

Sie erstellen einen leeren Konstruktor, erweitern `GenreCatalog` und implementieren die `_bookMatchesCriteria`-Methode. In dieser Implementierung prüfen wir den Titel des Buches und die Genres, um zu untersuchen, ob es für die Suchbegriffe Treffer gibt. Das ist eine sehr grundlegende Implementierung. Bei einer robusteren Lösung müssten viel mehr Begriffe geprüft werden.

17.2   Requests weitergeben

Es gibt mehrere verschiedene Möglichkeiten, den Request an die Kette zu übergeben. Die gängigsten sind entweder die Verwendung eines dedizierten Request-Objekts oder aber gar kein Argument zu verwenden, wobei man sich darauf verlässt, dass der Methodenaufruf die Nachricht von sich aus übergibt. Die einfachste Möglichkeit ist, nur die Methode ohne Argument aufzurufen. Wir untersuchen diese Technik am praktischen Beispiel später in diesem Kapitel im Abschnitt »Beispiel: Überarbeitete Fotogalerie.« Im vorherigen Beispiel haben wir eine andere gängige Technik benutzt, die darin besteht, das Buch-Objekt als Request zu übergeben. Das Buch-Objekt kapselt alle Daten, die nötig sind, um herauszufinden, welche Glieder in der Kette das Buch in ihre Kataloge aufnehmen sollten und welche nicht. In diesem Fall wird ein bestehendes Objekt als Request-Objekt wiederverwendet. In diesem Abschnitt implementieren wir die `findBooks`-Methode der Genre-Kataloge und sehen uns an, wie mit einem dedizierten Request-Objekt Daten von jedem der Glieder an die Kette übergeben werden.

Als Erstes müssen wir die `findBooks`-Methode von `PublicLibrary` abändern, damit die Suche basierend auf dem Genre eingeengt werden kann. Wenn das optionale `genre`-Argument angegeben wird, werden nur diese Genres durchsucht:

```
/* PublicLibrary-Klasse. */

var PublicLibrary = function(books) {
// implementiert Library

  ...
};
PublicLibrary.prototype = {
  findBooks: function(searchString, genres) {
// Wenn das optionale genres-Argument angegeben ist, wird
// nur in diesen Genres nach Büchern gesucht. Die Suche
// erfolgt mit der Chain of Responsibility.
    if(typeof genres === 'object' && genres.length > 0) {
      var requestObject = {
        searchString: searchString,
        genres: genres,
        results: []
      };
      var responseObject = this.firstGenreCatalog.findBooks(requestObject);
      return responseObject.results;
    }
```

```
    // Andernfalls: alle Bücher durchsuchen.
    else {
      var results = [];
      for(var isbn in this.catalog) {
        if(!this.catalog.hasOwnProperty(isbn)) continue;
        if(this.catalog[isbn].getTitle().match(searchString) ||
            this.catalog[isbn].getAuthor().match(searchString)) {
          results.push(this.catalog[isbn]);
        }
      }
      return results;
    }
  },
  checkoutBook: function(book) { ... },
  returnBook: function(book) { ... },
  addBook: function(newBook) { ... }
};
```

Die `findBooks`-Methode erstellt ein Objekt, das alle Informationen bezüglich des Requests kapselt, einschließlich einer Liste der zu durchsuchenden Genres, den Suchbegriffen und einem leeren Array, um die gefundenen Ergebnisse aufzunehmen. Die offensichtliche Frage ist, warum man sich mit der Erstellung dieses Objekts abmühen soll, wenn man genauso einfach diese Informationsteile als eigene Argumente übergeben kann? Sie erstellen das Objekt ja vor allem deswegen, weil die Daten viel einfacher zu verfolgen sind, wenn sie an einem einzigen Ort stehen. Sie müssen diese Information über alle Glieder der Kette intakt halten, wobei die Kapselung in einem Objekt dies erheblich vereinfacht. In diesem Beispiel übergeben Sie dasselbe Objekt an den Client als Antwort zurück. Dies hilft, die Ergebnisse mit den Begriffen und durchsuchten Genres zusammenzuhalten, falls Sie zu einem Zeitpunkt mehr als eine Suche durchführen.

Wir implementieren nun die `findBooks`-Methode in der `GenreCatalog`-Superklasse. Diese Methode wird von allen Unterklassen verwendet und sollte nicht überschrieben werden müssen. Der Code ist etwas komplex, daher gehen wir ihn im Detail durch:

```
/* GenreCatalog-Klasse, als Superklasse für bestimmte Katalogklassen. */

var GenreCatalog = function() { // implementiert Catalog
  this.successor = null;
  this.catalog = [];
  this.genreNames = [];
};
GenreCatalog.prototype = {
  _bookMatchesCriteria: function(book) { ... }
  handleFilingRequest: function(book) { ... },
  findBooks: function(request) {
    var found = false;
    for(var i = 0, len = request.genres.length; i < len; i++) {
```

```
          for(var j = 0, nameLen = this.genreNames.length; j < nameLen; j++) {
            if(this.genreNames[j] === request.genres[i]) {
              found = true; // Dieser Link in der Kette sollte
                            // den Request verarbeiten.
              break;
            }
          }
        }

        if(found) { // Durchsuchen des Katalogs nach Büchern, die
                    // zum Suchstring passen und noch nicht in
              // den Ergebnissen stehen.
          outerloop: for(var i = 0, len = this.catalog.length; i < len; i++) {
            var book = this.catalog[i];
            if(book.getTitle().match(searchString) ||
                book.getAuthor().match(searchString)) {
              for(var j = 0, requestLen = request.results.length; j <
requestLen; j++) {
                if(request.results[j].getIsbn() === book.getIsbn()) {
                  continue outerloop;
          // Buch steht bereits in den Ergebnissen; überspringen.
                }
              }
              request.results.push(book);
          // Das Buch passt und steht noch nicht in den
          // Ergebnissen. Hinzufügen.
            }
          }
        }

// Request durch die Kette weitergeben, wenn der
// Nachfolger festgelegt ist.
    if(this.successor) {
      return this.successor.findBooks(request);
    }
    // Andernfalls sind wir am Ende der Kette. Rückgabe des
    // Request-Objekts zurück durch die Kette.
    else {
      return request;
    }
  },
  setSuccessor: function(successor) { ... }
};
```

Die Methode kann in drei Teile aufgeteilt werden. Der erste Teil durchläuft die Namen der Genres in dem Request und versucht, sie mit den Namen der Genres im Objekt abzustimmen. Bei einem Treffer durchläuft der zweite Teil des Codes dann alle Bücher im Katalog und versucht, die Titel und die Autoren mit den Suchbegriffen abzugleichen. Die Bücher, die zu den Suchbegriffen passen, werden in den `results`-Array im Request-Objekt aufgenommen, aber nur, wenn sie nicht bereits drinstehen. Der letzte Teil gibt entweder den Request durch die Kette weiter oder beginnt damit – wenn er am Ende der Kette angelangt ist – die Antwort zurück die Kette hochzumelden, wo sie letztlich zum Client gelangt.

Die Unterklassen müssen nur den `genres`-Array definieren, um diese Methode, so wie sie ist, zu verwenden. Die `SciFiCatalog`-Klasse benötigt fast keine Veränderungen im Vergleich zur Superklasse:

```
/* SciFiCatalog-Klasse. */

var SciFiCatalog = function() { // implementiert Catalog
    this.genreNames = ['sci-fi', 'scifi', 'science fiction'];
};
extend(SciFiCatalog, GenreCatalog);
SciFiCatalog.prototype._bookMatchesCriteria = function(book) { ... };
```

Durch Kapselung des Requests in einem einzigen Objekt ist er viel einfacher verfolgbar, vor allem im komplexen Code der `findBooks`-Methode in der `GenreCatalog`-Klasse. Es hilft, die Suchbegriffe, Genres und Ergebnisse durch all die verschiedenen Links, die durchlaufen werden müssen, intakt zu halten.

17.3 Chain of Responsibility in bestehender Hierarchie implementieren

Im obigen Beispiel haben wir eine Chain of Responsibility von Grund auf erstellt, aber es ist oftmals viel einfacher, das Muster in einer bestehenden Objekthierarchie zu implementieren. Das geschieht im Allgemeinen mit dem Composite-Muster. Da das Muster bereits eine Hierarchie besitzt, ist es einfach, Methoden hinzuzufügen, die Requests verarbeiten (oder weitergeben).

Aber dies weicht davon ab, wie Methoden normalerweise in einem Composite funktionieren. Im Composite-Muster implementieren die Composite-Objekte dasselbe Interface wie die Leaf-Objekte. Alle Methodenaufrufe, die für die Composite-Objekte vorgenommen werden, werden an alle Unterobjekte weitergegeben, ganz gleich, ob dies nun Leaf-Elemente oder Composite-Elemente sind. Wenn der Methodenaufruf die Leaf-Elemente erreicht, führen sie die Aktion aus und übernehmen die eigentliche Arbeit.

Durch Einbinden des Chain of Responsibility-Musters in das Composite-Muster werden Methodenaufrufe nicht immer blind weitergegeben, bis sie die Leaf-Elemente erreichen. Stattdessen wird der Request auf jeder Ebene analysiert, um zu bestimmen, ob das aktuelle Objekt ihn verarbeiten oder weitergeben soll. Die Composite-Objekte erledigen tatsächlich einige Arbeit, anstatt sich allein auf die Leaf-Elemente zur Durchführung aller Aktionen zu verlassen.

Die Kombination dieser beiden Muster scheint den Code etwas zu verkomplizieren, aber de facto gewinnen Sie viel durch die Wiederverwendung einer bestehenden Hierarchie, um die Chain of Responsibility zu implementieren. Sie müssen weder eigene Objekte für die Glieder in Ihrer Kette instanziieren, noch müssen Sie die Nachfolgerobjekte manuell angeben. All dies wird für Sie erledigt. Es macht auch das Composite-Muster robuster, indem Situationen angegeben werden, in denen einige Methodenaufrufe auf einer höheren Ebene in der Hierarchie verarbeitet werden können, was vermeidet, dass die unteren Ebenen und die Leaf-Knoten je davon erfahren.

Dieser Vorteil wird vor allem bei tiefen Hierarchien deutlich. Stellen Sie sich vor, dass Sie ein Composite mit fünf Ebenen haben und jedes Composite-Objekt wieder fünf untergeordnete Objekte hat. Dadurch erhalten Sie insgesamt 625 Leaf-Knoten und 781 Objekte insgesamt. Normalerweise werden alle Methodenaufrufe bis an jedes Objekt hinunter übergeben, das heißt, die Aktion durchläuft 156 Composite-Objekte und wird am Ende von 625 Leaf-Knoten bearbeitet. Wenn stattdessen diese Methode in der zweiten Ebene verarbeitet werden kann, würde sie nur ein Objekt durchlaufen und von fünf ausgeführt werden. Das bedeutet Einsparungen in zwei Zehnerpotenzen.

Die Kombination des Chain of Responsibility-Musters mit dem Composite-Muster führt für beide zu Optimierungen. Die Kette ist bereits vorhanden, was den Umfang des Setup-Codes und die Anzahl der Zusatzobjekte, die Sie für die Chain of Responsibility benötigen, verringert. Die Tatsache, dass eine Methode potenziell auf einer hohen Ebene in der Composite-Hierarchie verarbeitet werden kann, reduziert den Berechnungsaufwand, der zur Ausführung der Methode für den gesamten Baum notwendig ist. Das praktische Beispiel später in diesem Kapitel behandelt die Integration dieser beiden Muster, um Methodenaufrufe in einer Hierarchie von HTML-Elementen effizienter zu gestalten.

17.4 Delegation von Ereignissen

Mit dem Chain of Responsibility-Muster wird in JavaScript bestimmt, wie Events verarbeitet werden. Immer wenn ein Ereignis ausgelöst wird (wie ein Klick-Ereignis), geschieht dies in zwei Phasen. Die erste Phase ist das Erfassen des Ereignisses. In dieser Phase geht das Ereignis durch die HTML-Hierarchie durch, von oben beginnend und durch die Tags der untergeordneten Elemente fortlaufend, bis es beim angeklickten Element ankommt. An diesem Punkt beginnt die zweite Phase: Event Bubbling. Das Ereignis wird durch dieselben Elemente wieder nach oben getragen, bis es den Vorfahren der höchsten Ebene erreicht. Ein diesen Elementen zugeordneter Event Listener kann entweder das Weiterreichen des Ereignisses stoppen oder es in der Hierarchie nach oben und unten durchlassen. Das übergebene Request-Objekt wird als Ereignisobjekt bezeichnet und enthält alle Informationen über das Ereignis, einschließlich den Namen des Ereignisses und das Element, für das es ursprünglich ausgelöst wurde.

Da das Ereignismodell im Wesentlichen als eine Chain of Responsibility implementiert wird, können Sie einiges von dem, was Sie über Muster gelernt haben, auf die Verarbeitung von Ereignissen übertragen. Eine dieser Lektionen ist, dass es vorteilhaft sein kann, einen Request weiter oben in der Hierarchie zu verarbeiten. Stellen Sie sich vor, dass Sie eine Liste vorliegen haben, die ein paar Dutzend Elemente enthält. Anstatt jeden dieser `li`-Elemente einem Click Event Listener zuzuordnen, können Sie dem `ul`-Element einen einzelnen Listener zuordnen. Beide Möglichkeiten erreichen dasselbe Ziel und beide haben Zugriff auf exakt dasselbe Ereignisobjekt. Aber durch Zuordnen eines einzelnen Event Listeners an `ul` wird Ihr Skript schneller, verbraucht weniger Speicher und ist später einfacher zu warten. Diese Technik wird als Event Delegation bezeichnet und ist eine der Möglichkeiten der Chain of Responsibility, um den Code zu optimieren.

17.5 Wann sollte das Chain of Responsibility-Muster verwendet werden?

Es gibt verschiedene Situationen, in denen die Chain of Responsibility verwendet werden sollte. Im Bibliotheksbeispiel haben Sie einen Request zum Einsortieren eines Buches abgesetzt. Sie wussten vorab nicht, welcher Katalog sortiert werden sollte, falls überhaupt. Sie wussten auch nicht, wie viele oder welche Art von Katalogen verfügbar sind. Um diese Probleme zu lösen, haben Sie eine Kette von Katalogen verwendet, wobei das Buch-Objekt die Kette hinunter an die Nachfolger übergeben wurde.

Das Beispiel zeigt eine der Situationen, in denen die Chain of Responsibility besonders vorteilhaft ist. Das Muster sollte in Situationen verwendet werden, in denen Sie vorab nicht wissen, welche Objekte einen Request verarbeiten können. Es sollte auch verwendet werden, wenn die Liste der Handler-Objekte bei der Entwicklung nicht bekannt ist und dynamisch spezifiziert wird. Die Chain of Responsibility kann auch verwendet werden, wenn jeder Request von mehr als einem Objekt verarbeitet werden soll. Im Bibliotheksbeispiel kann zum Beispiel jedes Buch in mehr als einen Katalog einsortiert werden. Der Request kann durch ein Objekt verarbeitet werden und dann weiter übergeben werden, um möglicherweise von einem anderen Objekt weiter unten in der Kette verarbeitet zu werden.

Dieses Muster ermöglicht Ihnen die Entkopplung spezieller konkreter Klassen von den Clients und stattdessen die Angabe einer Kette loser gekoppelter Objekte, die implizit den Request verarbeiten. Dadurch kann der Code modularer und wartungsfreundlicher gestaltet werden.

17.6 Beispiel: Überarbeitete Fotogalerie

In Kapitel 9 haben wir eine Fotogalerie zur Veranschaulichung des Composite-Musters erstellt. Wir kommen hier nochmals auf das Beispiel zurück und sehen uns an, wie es durch die Chain of Responsibility effizienter gestaltet werden kann und sich weitere Features hinzufügen lassen. Als Erstes nutzen wir die Composite-Hierarchie zur Neuimplementierung der Methoden `hide` und `show` mit einer Chain of Responsibility.

Als Nächstes zeigen wir, wie Bilder auf jeder Hierarchieebene dynamisch hinzugefügt werden können, indem man oben beginnt und den Request nach unten weitergibt.

Das Fotogalerie-Composite besteht aus nur zwei Klassen: `DynamicGallery` ist die Composite-Klasse und `GalleryImage` ist die Leaf-Klasse. Dies sind die Originalimplementierungen dieser Klassen aus Kapitel 9:

```
/* Interfaces. */

var Composite = new Interface('Composite', ['add', 'remove', 'getChild']);
var GalleryItem = new Interface('GalleryItem', ['hide', 'show']);


/* DynamicGallery-Klasse. */

var DynamicGallery = function(id) { // implement. Composite, GalleryItem
  this.children = [];
  this.element = document.createElement('div');
  this.element.id = id;
  this.element.className = 'dynamic-gallery';
}
DynamicGallery.prototype = {
  add: function(child) {
    Interface.ensureImplements(child, Composite, GalleryItem);
    this.children.push(child);
    this.element.appendChild(child.getElement());
  },
  remove: function(child) {
    for(var node, i = 0; node = this.getChild(i); i++) {
      if(node == child) {
        this.formComponents[i].splice(i, 1);
        break;
      }
    }
    this.element.removeChild(child.getElement());
  },
  getChild: function(i) {
    return this.children[i];
  },

  hide: function() {
    for(var node, i = 0; node = this.getChild(i); i++) {
      node.hide();
    }
    this.element.style.display = 'none';
  },
  show: function() {
    this.element.style.display = '';
    for(var node, i = 0; node = this.getChild(i); i++) {
```

```
        node.show();
      }
    },

    getElement: function() {
      return this.element;
    }
  };

  /* GalleryImage-Klasse. */

  var GalleryImage = function(src) { // implement. Composite, GalleryItem
    this.element = document.createElement('img');
    this.element.className = 'gallery-image';
    this.element.src = src;
  }
  GalleryImage.prototype = {
    add: function() {},        // Das ist ein Leaf-Knoten, daher
    remove: function() {},     // implementieren wir diese
                    // Methoden nicht,
    getChild: function() {},   // wir definieren sie nur.

    hide: function() {
      this.element.style.display = 'none';
    },
    show: function() {
      this.element.style.display = '';
    },

    getElement: function() {
      return this.element;
    }
  };
```

17.6.1 Composites mit der Chain of Responsibility effizienter gestalten

In diesem Composite legen die Methoden hide und show auf jeder Ebene einen Stil fest und geben dann den Aufruf an alle untergeordneten Elemente weiter. Dieser Ansatz ist gründlich, aber ineffizient. Da die display-Eigenschaft eines Elements von allen untergeordneten Elementen geerbt wird, müssen Sie den Methodenaufruf nicht durch die Hierarchie hinunter durchreichen. Ein besserer Ansatz wäre die Implementierung dieser Methoden als Requests, die in einer Chain of Responsibility weitergegeben werden.

Hierzu müssen Sie wissen, wann der Request gestoppt werden und wann er an die untergeordneten Knoten weitergegeben werden soll. Das ist der Kern des Chain of Responsibility-Musters: zu wissen, wann ein Request verarbeitet und wann er weitergegeben werden soll. Jedes Composite und jeder Leaf-Knoten kann sich in einem von zwei Zuständen befinden: angezeigt und verborgen. Der `hide`-Request muss nie weitergegeben werden, da das Verbergen des Composite-Knotens mit CSS automatisch alle untergeordneten Elemente verbirgt. Der `show`-Request muss immer weitergegeben werden, da Sie den Zustand aller untergeordneten Elemente des Composites vorab nicht kennen. Die erste Optimierung, die Sie durchführen können, ist den Code aus der `hide`-Methode zu entfernen, der den Methodenaufruf an die untergeordneten Elemente weitergibt:

```
/* DynamicGallery-Klasse. */

var DynamicGallery = function(id) {
// implementiert Composite, GalleryItem
  ...
}
DynamicGallery.prototype = {
  add: function(child) { ... },
  remove: function(child) { ... },
  getChild: function(i) { ... },
  hide: function() {
    this.element.style.display = 'none';
  },
  show: function() { ... },
  getElement: function() { ... }
};
```

Sie können nun jeden einzelnen Teil der Composite-Hierarchie als eine Chain of Responsibility behandeln. Wenn Sie die `hide`- oder `show`-Requests weitergeben, wissen Sie nicht oder kümmern sich nicht darum, welche konkreten Objekte tatsächlich die Aktionen des Anzeigens oder Verbergens durchführen, solange der Request implizit verarbeitet wird.

17.6.2 Tags zu Fotos hinzufügen

Das obige Beispiel ist ein extrem einfacher Fall, wie die Chain of Responsibility zur Optimierung eines Composite verwendet werden kann. Wir werden dieses Konzept etwas erweitern, indem wir Fotos durch *Tags* ergänzen. Ein Tag ist ein beschreibendes Etikett, das zu einem Foto hinzugefügt werden kann, um es zu kategorisieren. Tags können zu einzelnen Fotos und auch zu Galerien hinzugefügt werden. Indem ein Tag zu einer Galerie hinzugefügt wird, weisen Sie das Tag allen Bildern in der Galerie zu. Sie können die Suche auf jeder Ebene in der Hierarchie für alle Bilder mit einem bestimmten Tag durchführen. An diesem Punkt tritt die Optimierung aus der Chain of Responsibility auf den Plan: Wenn in der Suche ein Composite-Knoten mit dem angeforderten Tag vorkommt, können Sie den Request stoppen und einfach alle unter-geordneten Knoten als Suchergebnisse zurückgeben:

```
var Composite = new Interface('Composite', ['add', 'remove', 'getChild',
    'getAllLeaves']);
var GalleryItem = new Interface('GalleryItem', ['hide', 'show', 'addTag',
    'getPhotosWithTag']);
```

Fügen wir drei Methoden zum Interface hinzu: addTag fügt ein Tag zum Objekt hinzu, für das es aufgerufen wird, und zu allen untergeordneten Objektes. getPhotosWithTag gibt einen Array aller Fotos zurück, die ein bestimmtes Tag besitzen, und getAllLeaves kann für jedes Composite aufgerufen werden, um einen Array aller Leaf-Knoten abzurufen. Der Aufruf dieser Methode für einen Leaf-Knoten gibt nur einen Array zurück, der aus sich selbst besteht. Wir beginnen mit addTag, da dies das einfachste ist:

```
/* DynamicGallery-Klasse. */

var DynamicGallery = function(id) {
// implement. Composite, GalleryItem
  this.children = [];
  this.tags = [];
  this.element = document.createElement('div');
  this.element.id = id;
  this.element.className = 'dynamic-gallery';
}
DynamicGallery.prototype = {
  ...
  addTag: function(tag) {
    this.tags.push(tag);
    for(var node, i = 0; node = this.getChild(i); i++) {
      node.addTag(tag);
    }
  },
  ...
};


/* GalleryImage-Klasse. */

var GalleryImage = function(src) {
// implementiert Composite, GalleryItem
  this.element = document.createElement('img');
  this.element.className = 'gallery-image';
  this.element.src = src;
  this.tags = [];
}
GalleryImage.prototype = {
  ...
```

```
  addTag: function(tag) {
    this.tags.push(tag);
  },
  ...
};
```

Wir fügen einen Array namens `tags` zum Composite und den Leaf-Klassen hinzu. Dieser Array enthält die Strings, die die Tags darstellen. In der `addTag`-Methode der Leaf-Klasse setzen Sie einfach den als Argument übergebenen String in den `tags`-Array. Sie machen das in der Methode der Composite-Klasse und übergeben den Request die Hierarchie hinunter, wie jede andere normale Composite-Methode. Ungeachtet der Tatsache, dass die Zuordnung eines Tags an ein Composite-Objekt das Tag auch an alle untergeordneten Objekte weitergibt, müssen Sie das Tag immer noch zu jedem untergeordneten Objekt hinzufügen. Eine Suche kann in jeder Hierarchieebene gestartet werden. Wenn Sie das Tag nicht zu jedem Leaf-Knoten hinzufügen, kann es sein, dass eine auf einer unteren Ebene begonnene Suche die Tags, die weiter oben in der Hierarchie zugewiesen wurden, verfehlt.

Bei der `getPhotosWithTag`-Methode kommt die Optimierung der Chain of Responsibility ins Spiel. Wir sehen uns diese Methode in jeder Klasse eigens an. Zuerst betrachten wir die Composite-Klasse:

```
/* DynamicGallery-Klasse. */

var DynamicGallery = function(id) {
// implementiert Composite, GalleryItem
  ...
};
DynamicGallery.prototype = {
  ...
  getAllLeaves: function() {
    var leaves = [];
    for(var node, i = 0; node = this.getChild(i); i++) {
      leaves.concat(node.getAllLeaves());
    }
    return leaves;
  },
  getPhotosWithTag: function(tag) {
// Erste Suche in den Tags dieses Objekts; wenn das Tag
// hier gefunden wird, können wir aufhören und einfach
// alle Leaf-Knoten zurückgeben.
    for(var i = 0, len = this.tags.length; i < len; i++) {
      if(this.tags[i] === tag) {
        return this.getAllLeaves();
      }
    }

    // Wird das Tag nicht unter den Tags dieses Objekts
```

```
    // gefunden, wird der Request nach unten in der
    // Hierarchie weitergegeben.
    for(var results = [], node, i = 0; node = this.getChild(i); i++) {
      results.concat(node.getPhotosWithTag(tag));
    }
    return results;
  },
  ...
};
```

Zu `DynamicGallery` wurden zwei Methoden hinzugefügt, aber sie stehen eng miteinander in Beziehung, wie Sie gleich sehen werden. Die `getPhotosWithTag`-Methode wird im Chain of Responsibility-Stil implementiert. Sie bestimmt zuerst, ob sie den Request verarbeiten kann. Hierzu wird der eigene `tags`-Array auf den angegebenen String geprüft. Wird er gefunden, wissen Sie, dass alle Objekte in der Hierarchie unter diesem Composite auch ein Tag besitzen, und Sie können die Suche beenden und den Request auf dieser Ebene verarbeiten. Wenn das Tag nicht gefunden wird, melden Sie den Request an alle untergeordneten Elemente weiter und geben die Ergebnisse zurück.

Die `getAllLeaves`-Methode dient zum Abrufen aller Leaf-Knoten unter einem bestimmten Composite und deren Rückgabe in einem Array. Sie wird als eine normale Composite-Methode implementiert, wobei derselbe Methodenaufruf an jedes der untergeordneten Objekte weitergegeben wird. Die Implementierung dieser Methoden in der Leaf-Klasse ist ziemlich trivial. Jede gibt einfach einen Array der Ergebnisse zurück, der nur aus sich selbst besteht:

```
/* GalleryImage-Klasse. */

var GalleryImage = function(src) {
// implementiert Composite, GalleryItem

  ...
};
GalleryImage.prototype = {
  ...
  getAllLeaves: function() { // Gibt nur dies zurück.
    return [this];
  },
  getPhotosWithTag: function(tag) {
    for(var i = 0, len = this.tags.length; i < len; i++) {
      if(this.tags[i] === tag) {
        return [this];
      }
    }
return []; // Gibt leeren Array zurück, wenn keine Treffer
           // gefunden werden.
  },
  ...
};
```

Sehen wir uns an, was wir in diesem Beispiel durch die Chain of Responsibility gewinnen und wie das Composite-Muster dies unterstützt. Wenn Sie getPhotosWithTag als Composite-Methode implementiert haben und einfach den Methodenaufruf an jedes untergeordnete Objekt weitergegeben haben, muss jedes untergeordnete Objekt jedes seiner Tags durchlaufen und versuchen, es mit dem Such-Tag zu vergleichen. Bei unserem Ansatz verwenden wir das Chain of Responsibility-Muster zur Bestimmung, ob wir die Suche frühzeitig beenden können. Im schlimmsten Fall müssen immer noch die Leaf-Knoten den Request verarbeiten, aber wenn das Tag in einem der Composite-Knoten vorhanden ist, kann dieser Request unter Umständen auch mehrere Ebenen weiter oben in der Hierarchie verarbeitet werden.

Dieser Vorteil ist aber nicht gratis. Sie müssen immer noch jedes Foto-Objekt in der Hierarchie unter dem Composite mit dem übereinstimmenden Tag abrufen. Hierzu verwenden Sie die getAllLeaves-Methode, die erheblich weniger rechenintensiv ist als die getPhotosWithTag-Methode. Dieser Ansatz kann dann auch mit anderen Composite-Methoden verwendet werden. In der Tat, je rechenintensiver die Composite-Methode ist, umso mehr können Sie gewinnen, indem Sie den Request an einer hohen Stelle in der Hierarchie verarbeiten und gewisse Hilfsmethoden wie getAllLeaves zur effizienteren Verarbeitung des Requests verwenden.

17.7   Vorteile des Chain of Responsibility-Musters

Das Chain of Responsibility-Muster ermöglicht Ihnen die dynamische Auswahl, welches Objekt den Request verarbeitet. Dies bedeutet, dass Sie Bedingungen verwenden können, die nur zur Laufzeit bekannt sind, um Aufgaben an das am besten geeignete Objekt zuzuweisen. Wie im Photogalerie-Beispiel gezeigt, kann dies viel effizienter sein, als zu versuchen, ein Objekt statisch bei der Entwicklung zu beauftragen, um dieselbe Anfrage zu verarbeiten. Dieses Muster ermöglicht auch die Entkopplung des Objekts, das den Request macht, von dem, das ihn verarbeitet. Hierdurch können Sie Module flexibler strukturieren. Ebenso können Sie den umgebenden Code refaktorieren und verändern, ohne sich darum kümmern zu müssen, dass Klassennamen in den Algorithmen hartkodiert sind.

Das Chain of Responsibility-Muster ist am effektivsten, wenn bereits eine Kette oder Hierarchie vorliegt, wie beim Composite-Muster. Sie können die Struktur des Composite-Objekts wiederverwenden, um den Request bis zu einem Objekt weiterzugeben, der ihn verarbeiten kann. Sie müssen keinen Bindecode schreiben, um die Objekte zu instanziieren oder die Kette einzurichten, wenn Sie ein Composite verwenden, da all das für Sie erledigt wird. Sie können dies weiterhin nutzen, um Methoden zu implementieren, die Requests an den entsprechenden Handler weitergeben.

17.8   Nachteile des Chain of Responsibility-Musters

Da ein Request von einem bestimmten Handler entkoppelt wird, können Sie nie sichergehen, dass er verarbeitet wird. Es gibt keine Garantie, dass er nicht einfach am

Ende der Kette herausfällt. Dieses Muster verwendet implizite Empfänger, daher wissen Sie nie, welches spezielle Objekt einen Request verarbeitet – wenn er überhaupt verarbeitet wird. Diese Bedenken können etwas abgemildert werden, indem Catch-all-Empfänger erstellt werden und diese immer am Ende der Kette eingebaut werden. Aber das kann mühsam sein und Sie verlieren die Flexibilität, immer Objekte am Ende der Kette hinzufügen zu können.

Die Verwendung der Chain of Responsibility mit der Composite-Klasse kann etwas verwirrend sein. Das Versprechen des Composite-Knotens ist, dass er immer vollkommen austauschbar mit den Leaf-Knoten verwendet werden kann, wobei der Client-Code nie den Unterschied erkennt. Alle Methoden werden in der Hierarchie nach unten gegeben. Chain of Responsibility-Methoden verändern diesen Vertrag. Einige Methoden werden eventuell nie weitergegeben und stattdessen auf der Composite-Ebene verarbeitet. Es kann knifflig sein, diese Methoden so zu kodieren, dass sie mit den Leaf-Methoden austauschbar sind. Das kann sehr effizient sein, aber die Komplexität des Codes erhöhen.

17.9 Zusammenfassung

In diesem Kapitel haben wir eine Technik betrachtet, die die Absender von Requests von den Empfängern trennt. Mit dem Chain of Responsibility-Muster können Clients von Handlern entkoppelt werden und eine Kette von Objekten erstellt werden, die einen Request verarbeitet. Durch Einsatz dieses Musters können Sie vermeiden, dass konkrete Klassen als Empfänger angegeben werden und können stattdessen Code implementieren, um zur Laufzeit die am besten geeignete Klasse auszuwählen. Die Verwendung einer bestehenden Kette oder Hierarchie kann die Implementierung dieses Musters auch fast trivial werden lassen. Composite-Hierarchien eignen sich gut für diese Aufgabe und können durch Aufnahme in die Chain of Responsibility effizienter gestaltet werden.

Das Einrichten dieses Musters kann komplex sein, so dass es nur dann verwendet werden sollte, wenn die Situation es erfordert. Es ist auch ein impliziter Handler, kein expliziter, so dass Sie nie wissen, welches Glied in der Kette den Request verarbeitet. Es ist möglich, dass der Request nie verarbeitet wird. Aber in Situationen, die von diesem Muster profitieren, wie beim obigen Tag-Beispiel, kann es die Algorithmen effizienter und weniger berechnungsintensiv machen.

Stichwortverzeichnis